智能机器人
对公司治理的影响研究

Research on the Impact of
Intelligent Robots on Corporate Governance

赵烁　著

经济管理出版社
ECONOMY & MANAGEMENT PUBLISHING HOUSE

图书在版编目（CIP）数据

智能机器人对公司治理的影响研究/赵烁著．—北京：经济管理出版社，2023.10（2024.7重印）
ISBN 978-7-5096-9331-5

I.①智… Ⅱ.①赵… Ⅲ.①智能机器人—影响—公司—企业管理—研究 Ⅳ.①F276.6

中国国家版本馆 CIP 数据核字（2023）第 189164 号

责任编辑：梁植睿
责任印制：许　艳
责任校对：王淑卿

出版发行：经济管理出版社
　　　　　（北京市海淀区北蜂窝 8 号中雅大厦 A 座 11 层　100038）
网　　　址：www.E-mp.com.cn
电　　　话：（010）51915602
印　　　刷：唐山玺诚印务有限公司
经　　　销：新华书店
开　　　本：720mm×1000mm/16
印　　　张：15
字　　　数：278 千字
版　　　次：2023 年 10 月第 1 版　　2024 年 7 月第 2 次印刷
书　　　号：ISBN 978-7-5096-9331-5
定　　　价：88.00 元

前　言

　　人工智能是全球数字经济转型时代的核心特征，也是当今世界产业革命的重要突破口。世界各国都争先恐后地推出了相关政策和措施来大力支持人工智能的发展。根据国际机器人联合会的统计，我国自 2016 年开始就已经成为世界最大的智能机器人使用国，而我国政府在 2019 年又推出了以人工智能等技术为代表的新型基础设施建设政策来推动相关产业的发展。由此可见，人工智能已经是全球公认的社会经济持续发展的核心要素和世界技术进步变革的大趋势，对人工智能技术进行研究具有非常重要的时代意义。但是由于人工智能作为一个较为新颖的研究领域，其微观统计数据不易获取，这就造成以往文献缺乏对其进行严谨的实证研究，仅有的研究既不充分也缺乏定论。在此背景下，本书以公司水平面板数据为样本，实证探讨了智能机器人对公司生产率、公司治理及公司财务信息质量的影响。

　　首先，本书考察了智能机器人对公司生产率的影响，以增加人工智能促进公司层面社会生产的实证证据。我们以中国工业企业微观面板数据为样本，用每千人劳动力下的智能机器人数量构造了行业层面智能化指数，实证研究发现了智能机器人的使用可以显著提升公司的全要素生产率。智能机器人可以大规模地替代人类劳动力进行生产经营，从而会显著提升企业产量和生产效率，提高产品合格率，缩短产品生产周期，进而提高企业的生产力水平。此外，智能机器人虽然对国有企业生产率的影响相对不明显，但对高劳动力密集型、低产品市场竞争度以及重工业企业来说形成了较为显著的影响。

　　其次，本书在得到智能机器人可以显著提升公司生产率结论的基础上，从内源影响动机的角度考察了智能机器人对公司治理的影响。根据 Durnev 和 Kim（2005）的理论模型，企业的生产率水平得到提高后，企业经理人在最大化自身利益时会更倾向于持有具有增长潜力的公司股票，以便在未来获得更多的价值，即经理人从公司资源中获取现时个人利益的比重会大大减少，这也就使委托人与经理人对公司的发展有了更强的目的一致性，代理成本也大大降低，从而提高了企业的公司治理水平，本书以美国上市公司微观面板数据为样本证明了这一结论。我们通过行业层面智能化指数与公司各行业销售收入的占比构建了公司层面智能化指数，实证检验证实了智能机器人的使用可以显著提高公司治理中高管薪酬与企业绩效之间的黏性，从而有效缓解高管薪酬过高的资源浪费问题；同时，智能机器人的使用还显著增加了企业有效投资的获得机会并显著抑制了企业的过度投资行为，即显著提升了公司治理中的投资效率。此外，我们还发现，智能机器人对于公司治理的影响在 CEO 持股比例较高的企业中相对不明显，但对外部监管或市场竞争力较弱的企业，以及劳动力密集度高、低技能或男性劳动力占比高的企业形成了较为显著的影响。

最后，本书还从外源影响动机的角度考察了智能机器人对于公司治理重要外在体现指标——财务信息质量的影响。智能机器人的使用可以减少企业生产过程中的人为干预，使企业的生产经营过程更加标准化，从而减少企业层级和监督成本，同时提升企业生产总投入与总产出之间的黏性。在此渠道下，公司的财务信息质量会得到提高，我们同样以美国上市公司微观面板数据为样本，通过公司层面智能化指数实证证明了这一结论。最终发现，智能机器人的使用对于生产过程的标准化的确可以显著提升企业生产总投入与总产出之间的黏性，从而有效减少人为操纵企业会计信息的空间，借此显著抑制企业的应计、真实和整体盈余管理水平，并显著降低了企业会计造假的可能性，同时显著提高企业会计造假行为被揭发的概率。此外，智能机器人还显著提升了企业的特质性风险，并显著减少了分析师的预测误差，即显著降低了企业的信息不对称。我们同样发现，智能机器人对公司财务信息质量的影响在劳动力密集度高以及常规低技能或男性劳动力占比高的企业中更加明显。

为了解决内生性问题，本书使用了同行业其他地域前沿先进的智能机器人使用程度作为工具变量进行了 2SLS 估计，最终所得结果为本书结论提供了更加有效稳健的实证依据。本书结论在控制了其他技术冲击、替换智能化指数测度方式、替换工具变量构造方式、替换样本以及替换被解释变量测度方式后依然十分稳健。

本书的研究结论证明了智能机器人的使用可以有效提升公司的生产率水平，

有效改善公司治理状况并有效提升公司的财务信息质量。因此，智能机器人的使用对国家提高市场经济活跃度、稳定市场运行机制都具有重要的作用。在智能机器人的作用下，不仅企业的绩效得到了提高，企业的整体运营状况也会愈加积极，同时其财务信息的披露也会更加透明，这无疑会减轻政府的监管压力，有助于构建维护一个健康和谐的市场环境。

　　本专著获得中国社会科学院创新工程学术出版项目、中国社会科学院学科建设"登峰战略"资助计划（产业经济学）（项目批准号：DF2023YS24）以及国家社会科学基金重大项目（项目批准号：20&ZD108）的资助，在此表示感谢！

目　录

第一章　引言

第一节　研究背景与研究问题

"未来"究竟是什么样的？没有人能给出明确答案，但人类对未来的设想在很早之前就开始了。进入现代社会之后，人类对未来的幻想最直接的表达方式就是创作出来的已经风靡了几十年的科幻题材文学作品，其中人类所有的工作都由机器人完成，而人们只需要做好机器人的大管家。当今，虽然全机器化的生活没有实现，但之前人们幻想的在当时看来颇具"未来感"的设计，如智能扫地机器人、无人驾驶汽车等已经逐步走进人们的生活。智能机器人的影响不只局限在人们的日常生活中，近年来，随着大数据、云计算以及深度学习等相关技术的突破发展，智能机器人及其背后所包含的人工智能技术呈现了爆发式发展的态势，更是给社会生产和世界经济带来了深刻的变革。

人工智能（Artificial Intelligence，AI）这一概念的最早提出是在 1956 年 8 月由约翰·麦卡锡（John McCarthy）、马文·明斯基（Marvin Minsky）、克劳德·香农（Claude Shannon）、艾伦·纽厄尔（Allen Newell）、赫伯特·西蒙（Herbert Simon）等著名科学家在美国达特茅斯学院共同参与的主题为"如何用机器模拟人的智能"研讨会上，在这场研讨会之后，"人工智能"就被正式定义了"赋予机器人类智能"的本质。随着近 70 年的快速发展，人工智能已经成为目前全球最具发展前途的技术之一，智能机器人的运用正是人工智能技术影响社会发展的最主要方式。参考国际机器人联合会（International Federation of Robotics，IFR）

关于智能机器人的统计数据，我们绘制了本书样本区间内全球机器人市场存量、世界最大发达国家——美国机器人市场存量以及世界最大发展中国家——中国机器人市场存量的趋势变化图（见图1-1），从中我们可以看到，全球智能机器人的使用数量在急速上升，而在两大主要制造业市场中，中国市场的智能机器人在2008年之前相对较少，但在2008年之后开始大幅度增加；相比之下，美国机器人市场的存量增速较为稳定。

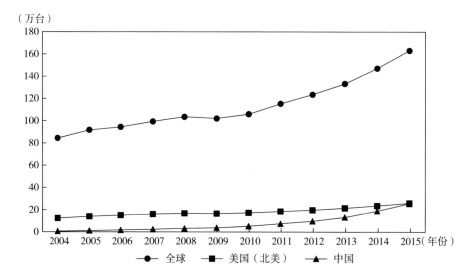

图1-1　2004~2015年全球、美国（北美）、中国机器人市场存量变化趋势

资料来源：IFR。

智能机器人技术之所以会引发巨大的关注，主要是因为其可以进行"机器学习"（Machine Learning）的特性使其相比于其他技术可以在更大范围、更大程度上实现对人类劳动力的替代（陈彦斌等，2019）。据估算，全球人工智能市场规模已经从2015年的1684亿元增长到2020年的约10795亿元，年均增长超过100%[①]。根据麦肯锡咨询公司（McKinsey）的预测，到2030年，人工智能预计将贡献104万亿元的全球经济产值，并将推动全球GDP年均增长1.2%，超过蒸汽机、信息和通信技术进步所带来的0.3%和0.6%的年均增长效应。在巨大的影响潜力下，世界各国都争先恐后地推出了相关政策来推动人工智能的发展，例

---

① 根据国际调研机构IDC及中国前瞻产业研究院相关研究报告计算所得。

如，日本政府在 2004 年所部署的《新产业创造战略》[①] 中，明确提出了为将日本早日建设成"世界技术创新中心"，在未来必将大力推动智能机器人发展的战略规划；另一个制造业大国德国从 2012 年开始也逐步实行了著名的智能制造"工业 4.0"计划[②]，即在全国范围内打造"智能工厂"，以此完成现代制造工业的多元化转型；同样，在国际智能制造趋势的推动下，2013 年，美国政府也推出了相应的智能发展计划——《美国机器人技术路线图》[③]，指出要大力凸显智能机器人在制造业中的核心地位；而不甘其后的欧盟在 2014 年启动全球最大民用机器人制造项目后，在 2016 年又启动了"'2020'地平线机器人项目"来大力发展智能制造业[④]。相比之下，我国的智能制造项目起步较晚，相应的政策实施也较为滞后，但如今，"智能制造"也已经成为我国国家层面的重要战略方针。习近平总书记在 2018 年 10 月 31 日举行的中共中央政治局第九次集体学习会议中，明确指出了人工智能在未来国家发展中的重要地位，并强调，"人工智能是新一轮科技革命和产业革命的重要驱动力量，加快发展新一代人工智能是事关我国能否抓住新一轮科技革命和产业变革机遇的战略问题……促进其同经济社会发展深度融合，推动我国新一代人工智能健康发展"；同时，习近平总书记还指出，要发挥好人工智能溢出带动性很强的"头雁"效应[⑤]；我国政府计划通过全面工业生产的智能升级来将我国打造成世界制造强国。由此可见，人工智能在全球各个国家的发展计划中都具有举足轻重的地位，正如习近平主席于 2018 年 9 月在"致 2018 世界人工智能大会的贺信"中所指出的："新一代人工智能正在全球范围内蓬勃兴起，为经济社会发展注入新动能，正在深刻改变人们的生产生活方式。"[⑥] 根据以上陈述，结合我国自 2016 年起就已经是智能机器人最大应用

① 范媛. 对标机器人全球竞技格局 中国需要深度布局［N/OL］. 中国经济时报，https：//baijia-hao. baidu. com/s？id=1606344894054275623&wfr=spider&for=pc，2018-07-19.

② 高婷. 德国是如何让"工业 4.0"落地生根的［N/OL］. 学习时报，http：//www. cac. gov. cn/2019-08/16/c_1124882615. htm？from=timeline，2019-08-16.

③ 美国发布机器人技术路线图［EB/OL］. 中华人民共和国科学技术部，http：//www. most. gov. cn/gnwkjdt/201304/t20130425_101089. html，2013-04-26.

④ Horizon 2020［EB/OL］. European Commission，http：//ec. europa. eu/programmes/horizon2020/en/h2020-section/robotics，2020.

⑤ 习近平：人工智能是新一轮科技革命和产业变革的重要驱动力量！［EB/OL］. 中联钢信网，ht-tps：//www. sohu. com/a/272893457_99913579，2018-11-02.

⑥ 习近平致信祝贺 2018 世界人工智能大会开幕［EB/OL］. 新华社，http：//www. gov. cn/xinwen/2018-09/17/content_5322670. htm，2018-09-17.

市场的客观事实（Cheng et al.，2019），我们可以清楚地意识到，人工智能课题的研究无论是对全球经济市场还是对国内经济市场，都具有非常重要的意义。以往学术界对人工智能或机器人的研究，主要呈现了两种态势：一部分学者认为自动化或智能化机器可以大规模地取代人类①，同时会增加市场对高学历劳动力的需求而牺牲中等学历劳动力，从而造成劳动力市场的两极分化（Michaels et al.，2014），并可能增加失业率和降低人力劳动力工资（Acemoglu et al.，2020a）。另一部分学者则对自动化机器或者更加先进的人工智能技术会对人类社会产生的影响持积极态度，例如，Boyer（1999）发现自动化可以显著提高社会的生产力水平；Kromann 等（2011）认为自动化技术在长短期内均会显著促进生产率的提升，对制造业生产率的影响更为明显；Aghion 等（2017）则认为自动化和智能化技术可以创造许多新的就业机会，因此我们不需要紧张地去考虑失业问题，相反，我们应该大力推进机器智能的进程。由此可见，有关智能机器人对人类社会影响的研究目前尚无明确结论，所以十分值得探讨。

无论是引进新的生产技术，还是对企业生产过程进行重组和改革，企业管理最核心的本质都是提高企业的公司治理状况，而其中，提高企业的绩效水平又是一切公司治理行为的出发点。企业的绩效水平与公司治理行为一直是学术界经久不衰的研究热点（Lang et al.，1996；Beaver and Ryan，2000；Delgado et al.，2002；Aw et al.，2008；Dutta，2008；Asmi et al.，2014；Tian and Xu，2015；Sunder et al.，2017）。人工智能技术作为一种替代企业劳动力的方式，其对于社会经济的具体影响尚不能完全确定，对于资本市场中波动不定的公司绩效与公司治理行为的影响更是不能一概而论。在此背景下，本书将深入探讨智能机器人技术对企业层面公司绩效和公司治理的影响。

智能机器人对企业劳动力的大规模替代，会提高产品产量，标准化企业的生产过程，并减少企业层级以及监督成本，进而会改变企业的公司绩效水平和公司治理行为。具体而言，由于公司生产率是反映企业经营状况最直接最综合的市场指标，而智能机器人对生产环节的革新式改变也必将改变企业的生产力水平，因此本书将实证考察智能机器人技术对公司生产率水平的影响，以丰富人工智能促进公司层面企业绩效的实证证据；在委托代理理论的框架下，企业

---

① 再见霍金！对于人工智能，这位伟人给世人留下这样的忠告［EB/OL］．翠鸟资本，https：//www.sohu.com/a/225555341_99993617，2018-03-14.

的公司治理行为在很大程度上取决于企业高管的决策行为是否与股东的目的保持一致，即企业高管从公司资源中获取多大程度上的个人利益会违背董事会初衷，因此高管薪酬与企业绩效的黏性是一个公司治理程度很直接的体现，本书也将实证考察智能机器人对此黏性的影响；由于企业每一次的技术革新都需要付出巨大的初期投入，并且采用新型生产技术后，企业的投资战略必将随着新技术的引进而发生变化，投入成本的回报率以及效率问题一直是业界关注的重点，因此本书还将实证考察智能机器人对公司投资效率的影响。此外，由于公司的财务信息是外部投资者了解企业经营状况，并做出投资行为最重要的参考依据，因此公司的财务信息质量对于外部资本市场而言异常重要；由于智能机器人对企业劳动力的大规模替代，会使生产过程更加标准化，从而增强生产投入与产出之间的黏性，并造成企业管理人员对于企业生产过程信息数据进行人为操纵或造假的可能性发生改变，因此本书还将实证考察智能机器人技术对公司财务信息质量的影响。

第二节　研究方法

如上所述，机器人以及人工智能的迅猛多元化发展深刻影响着世界经济的走向，在过去的半个世纪里，有关人工智能技术发展及影响的讨论也从未减少。伴随着近几年来大数据、云计算和物联网等新兴学科的兴起，以及互联网技术的不断更新换代，人工智能的发展迎来了一波又一波新的高潮（曹静、周亚林，2018）。而其最为重要的发展之一，就是可以替代人类劳动力并服务于企业生产的智能机器人开始越来越多地投入生产。

参考 Acemoglu 和 Restrepo（2020a）的研究方法，本书采用了国际机器人联合会（IFR）所定义的"产业机器人"数量与千人劳动力的比值来衡量智能机器人的应用程度。IFR 的年报①中对于"产业机器人"的定义是：在产业自动化生产应用过程中可以完全自主工作的、重复编程的、多用途的、具有三个或三个以

---

① 国际机器人联合会（IFR）的年报会提供每个国家分行业的机器人相关数据。

上轴的可固定或者移动的机器①。在 IFR 官方所列举出的"产业机器人"的样例中，包含了全自动化的汽车模板锻造设备、全自动化的装箱码垛设备以及全自动化的筛选归类设备。通过 IFR 的定义以及所举样例，我们可以给予"产业机器人"更通俗的定义：在接受过人类的编程教学，收到人类的开始任务指令后，可以不需要人为协助独立执行多项生产任务的全自动化机器。需要指出的是，IFR 根据机器人的既定用途将机器人分为了"产业机器人"和"服务机器人"。其中，"服务机器人"主要指不为产业主体业务提供帮助，只用于产业生产辅助服务的功能型机器人，如酒店帮助客人搬运行李的全自动化机器设备，服务于行动不便人群的全自动化轮椅或者义肢设备，以及公共或者家庭所用的智能清洁机器人等，这部分机器人不在本书的定义和研究范围内。本书所采用的"产业机器人"主要指代用于企业主体业务生产过程中的智能化设备。当然，企业的主体业务生产产出既可以是产品，也可以是服务，本书所采用的"产业机器人"不仅包括生产既定产品的机器设备，如农业中所用的全自动化收割设备、采矿业的全自动化采矿设备以及金属制造行业中所用的全自动化金属锻造设备等；也包括将提供某种服务作为主体业务的机器人，如物流业普遍使用的全自动化筛选分类设备等。同样需要明确的是，首先，本书所采用的不包括"专用产业机器人"，即被定义为只适用于一个产业应用的自动控制机器，如专用于装载/卸载机床的设备、专用装配设备、集成电路处理程序、自动存储与检索系统以及自动引导车辆等。其次，本书所指代的"产业机器人"不包括纺织机、电梯、起重机、咖啡制造机等具有独特用途，不能重新编程以执行其他任务，抑或需要人为协助进行工作的机器设备。最后，本书所采用的"产业机器人"不包含数字化的智能软件或操作系统等，只指代用于企业具体生产过程中的智能化设备。虽然这种数据统计方式忽略了许多同样可以取代劳动力的机器，但这的确是目前国际社会唯一可以对智能机器人进行可比量化的方法。

本书首先使用行业层面的智能机器人数量与劳动力人数（千人）构建了行业层面的智能化指数。在此基础上，我们又根据每家公司各行业销售收入所占的比重，针对每家公司行业层面的智能化指数进行了加权赋重，从而构建了公司层

---

① IFR 对于"产业机器人"的定义即为国际标准化组织（International Organization for Standardization，ISO）对于这一概念的定义。

面的智能指数，公司层面智能化指数作为本书基准回归结果的主要解释变量。①

尽管本书公司层面的智能化指数是由行业层面的智能化指数加权所得，但此变量仍然可能存在内生性问题，如可能有一些未观察到的因素会影响到人工智能技术的运用以及行业层面的公司绩效和公司治理。为了解决这一问题，并更加精准地明确智能机器人对企业绩效水平和公司治理行为的因果影响，本书使用工具变量估计了两阶段最小二乘法（Two Stage Least Square，2SLS）回归。

为了构造工具变量，我们遵循了 Acemoglu 和 Restrepo（2020a）的研究方法，选择了同一行业其他地域的先进智能化指数作为工具变量。参考王永钦和董雯（2020）的研究方法，本书对于工具变量构建国家的筛选标准是：第一，所选出国家的智能化水平需要达到世界较为先进的程度，因为在此情况下所构建的工具变量才能更好地反映出全球范围内行业先进智能化技术进步的发展趋势。第二，参考 Rajan 和 Zingales（1998）构建融资约束工具变量的思想，以及 Acemoglu 等（2020a）构建机器人工具变量的方法，本书在构建工具变量过程中所选出的一个或者几个国家某种数学关系下的智能化指数需要领先于样本研究国家，同时其劳动力市场也需要较为健全，因为在这种情况下所构建的工具变量对于公司绩效和公司治理行为所产生的影响才更有可能是先进的人工智能技术所带来的影响，从而规避其他技术因素的干扰。第三，根据工具变量的选择原则，在本书的样本期间内，所选用的一个或几个国家某种数学关系下的智能化指数需要保证其发展趋势与样本研究国家的发展趋势较为接近。简而言之，本书构建工具变量的基本思想就是利用所处行业在世界范围其他地域内智能化技术发展的前沿水平作为工具变量，但同时这一先进的技术水平又需要与样本研究国家有着密切的关系。虽然每个公司的人工智能技术都会受到世界上所处行业其他地域技术发展前沿水平的影响，但该行业其他地域的人工智能前沿技术对这部分企业来说都是外生的，因此不会直接影响到这部分企业的绩效水平和公司治理状况。在此逻辑下，如图1-2所示，我们选择了美国、丹麦和瑞典三个国家行业层面每千人劳动力下智能机器人数量的70%，即这三个国家智能化指数的70%数值作为中国行业层面智能化指数的工具变量，并在此基础上又根据每家公司各行业销售收入的占比进行了加权赋重，从而构建了公司层面智能化指数的工具变量。同理，如图1-3所示，

---

① 因为本书所使用的"中国工业企业数据库"无法获得每家公司各行业的销售收入，所以对中国市场的研究采用了行业层面的智能化指数。

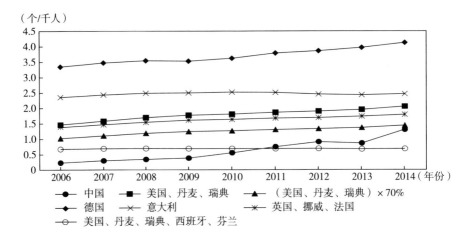

图 1-2　中国及相关工具变量国家智能化指数趋势

注：横轴为年份；纵轴为每千人劳动力下的智能机器人数量。此图分别呈现了中国、德国和意大利的智能化指数；美国、丹麦和瑞典三个国家智能化指数的平均值及平均值的 70%；英国、挪威和法国三个国家智能化指数的平均值；美国、丹麦、瑞典、西班牙和芬兰五个国家智能化指数的平均值。

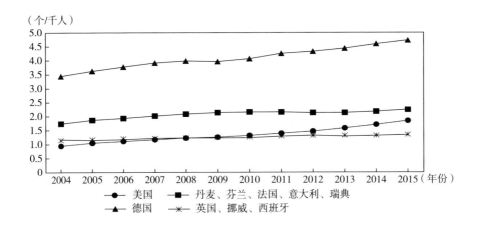

图 1-3　美国及相关工具变量国家智能化指数趋势

注：横轴为年份；纵轴为每千人劳动力下的智能机器人数量。此图分别呈现了美国和德国的智能化指数；丹麦、芬兰、法国、意大利和瑞典五个国家智能化指数的平均值；英国、挪威和西班牙三个国家智能化指数的平均值。

我们使用了丹麦、芬兰、法国、意大利和瑞典五个国家每千人劳动力下智能机器人使用数量的平均值，即这五个国家智能化指数的平均值，作为美国行业层面智能化指数的工具变量，并在此基础上根据每家公司各行业销售收入的占比加权构建了公司层面智能化指数的工具变量。①

在获得了公司层面的智能化指数之后，本书参考 Olley 和 Pakes（1996）、Levinsohn 和 Petrin（2003）、Ackerberg 等（2015）的研究方法，构建了公司的全要素生产率指标；参考 Parasuraman 等（1993）、Visser 和 Parasuraman（2011）以及 Azeez（2015）的研究方法，构建了其他公司绩效指标，以此来考察机器人对公司绩效水平的影响。同时，本书参考 Hartzell 和 Starks（2003）的研究方法，构建了高管薪酬与企业绩效的敏感度指标；参考 Richardson（2006）和 Zhu（2018）的研究方法，构建了有效投资获得机会和过度投资指标，来考察机器人对公司治理行为的影响。此外，本书参考 Roychowdhury（2006）、Lin 等（2015）和 Badertscher（2011）的研究方法，又构建了盈余管理指标；参考 Khanna 等（2015）的研究方法，构建了会计造假及其被揭发可能性指标；参考 Morck 等（2000）、Lang 等（1996）、Krishnaswami 和 Subramaniam（1999）的研究方法，构建了衡量企业信息透明度的非系统风险和分析师预测误差指标，以此来考察机器人对公司治理中财务信息质量的影响。

需要指明的是，为全面考察智能机器人对于公司绩效或生产率的影响，我们使用了可以综合衡量企业业绩水平的全要素生产率作为检验指标。但由于全要素生产率的计算涉及企业的工业增加值、劳动力投入、资本投入以及中间投入等变量，而无论是中国还是美国的上市公司数据，都无法准确获得此类数据，只能通过相关的价值变量进行估算②，而相关的估算方式均不准确且无法确切体现出全要素生产率的内在含义，因此为了最准确地构造企业的全要素生产率变量，本书使用以往文献中对于全要素生产率研究（鲁晓东、连玉君，2012；蔡跃洲、陈楠，2019；余淼杰等，2018）最常用的、可以最清晰计算得到全要素生产率相关中间变量的"中国工业企业数据库"③ 进行了考察研究，本书对机器人如何影响公司绩效的探讨所采用的样本主要为中国工业企业数据。

---

① 工具变量详细的构造方式请见每一章中具体的研究方法部分。

② 较多关于上市公司全要素生产率的研究都使用"企业年度营业收入"代替"工业总产值"；使用现金流量表中的"支付给职工以及为职工支付的现金"代替"劳动力投入"；使用"固定资产净值"代替"资本投入"；同时有关"中间投入"的计算大多使用了营业成本与支出费用的差值进行衡量。

③ "中国工业企业数据库"全称为"全部国有及规模以上〔企业每年主营业务收入（销售额）在500万元以上，2011 年起为 2000 万元以上〕非国有工业企业数据"，数据来源于国家统计局依据《工业统计报表制度》进行的工业调查统计。

同时，如前文所述，由于本书对于人工智能技术的衡量指标需要分行业的劳动力人数数据，尤其是将制造业进行细分后的数据，而目前官方统计机构对于我国制造业细分后的劳动力数据掌握均不够全面，因此本书所采取的方式是通过"中国工业企业数据库"计算得到了所需要行业的劳动力数据。尽管这一方式也无法准确得到全面中国市场的分行业劳动力数据，但考虑到 IFR 所统计的"产业机器人"大约 90% 都应用在了工业领域，而中国规模以上工业企业产值已经占据了中国工业总产值的 90% 以上，因此这一方式计算得到的分行业劳动力数据是可以与中国分行业的机器人数据相结合，在一定程度上反映出中国"产业机器人"的具体应用情况的。目前尚无其他可以更准确计算中国行业劳动力数据的方式，即"中国工业企业数据库"是目前本书研究方法下，中国市场人工智能技术量化研究的唯一可用数据库①。

然而，由于"中国工业企业数据库"并未提供可计算公司治理相关变量的数据，且如上文所述，这一数据库为目前量化中国市场人工智能技术的唯一可用数据库②，因此本书对机器人如何影响公司治理及财务信息质量的研究使用了美国上市公司为样本，进而又可以凸显出智能机器人对不同经济水平国家所产生的影响。

第三节　研究意义与研究特色

一、学术意义

第一，根据经典的内生经济增长理论，技术进步是经济持续增长的决定因素。在 20 世纪初凯恩斯做出"技术性失业"的预言之后（Keynes，1932），在学术界，有关新技术对社会影响的研究就始终是一个热度不减的研究课题。尤其在

---

① 在计算中国行业智能化指数时，采用"中国工业企业数据库"可将指标细分为 18 个行业，而其他数据库由于只能将整个"制造业"视为一个行业，因此只能得到不超过 6 个行业的具体指数。

② 有关中国市场上市公司的数据库，如中国经济金融研究数据库（CSMAR）（原国泰安数据库）或锐思（RESSET）数据库，由于其所统计数据涵盖的市场规模较小，因此其计算得到的分行业劳动力数据无法代表整个中国市场的劳动力结构，故本书弃用。

近几年，在有学者认为人工智能、数字化革命等推动的第二次机器革命将实现空前的技术进步后（Brynjolfsson and McAfee，2014），有关人工智能的研究就开始层出不穷地涌现（Nordhaus，2015；Aghion et al.，2017；Acemoglu and Restrepo，2018c；Agrawal et al.，2019）。与此同时，作为公司金融研究领域最核心的问题，公司绩效与公司治理也始终被学者关注（Shleifer and Vishny，1997；Gompers et al.，2003；Simerly and Li，2000；Richardson，2006；Sunder et al.，2017；权小锋、尹洪英，2017）。因此，本书的研究符合当前金融学的研究趋势，具有较高的现实意义和研究价值。

第二，已有的文献对自动化或者人工智能的研究主要集中在自动化或者人工智能技术对宏观经济或劳动力变量的影响，如社会生产力或 GDP（Aghion et al.，2017；Brynjolfsson et al.，2017；Autor and Salomons，2018）、就业结构（Acemoglu and Restrepo，2018b，2018c，2020a；Acemoglu et al.，2020b；陈彦斌等，2019；韩民春、乔刚，2020）、工资水平（Lankisch et al.，2017；Acemoglu et al.，2018a，2020b；Acemoglu and Restrepo，2020b；程虹等，2020；王永钦、董雯，2020；赵春明等，2020）、人口结构（Acemoglu and Restrepo，2017，2018c）等，目前少有文献采用可以具体体现人工智能内涵的可量化技术指标实证研究人工智能对企业层面公司行为的影响[①]，因此本书的研究为相关领域研究的一大创新之举。

第三，虽然已有的文献对于公司绩效或者公司治理的研究已经较为充分，如Jensen 和 Meckling（1976）研究了代理关系对公司绩效和公司治理的影响，Titman 和 Wessels（1988）研究了负债率与利润率的关系，Shleifer 和 Vishny（1986，1997）探讨了股权分散程度对公司治理的影响，Brynjolfsson 和 Hitt（2011）实证研究了商业分析技术对企业生产率的影响，徐向艺和李鑫（2008）探讨了企业负债对企业过度投资行为的影响，肖曙光和杨洁（2018）则实证探讨了内部高管的股权激励对公司绩效或者公司治理的显著影响，但目前仍然没有文献实证研究自

---

① 仅有程虹等（2018）使用了"中国企业-劳动力匹配"数据，以机器人使用数量、密度和投资价值衡量了人工智能技术，但该文章的样本仅为中国五个省的数据，因此代表性相对较低。赵烁等（2019）虽然实证论证了人工智能可以显著提升企业价值，但是这一研究是以国家工业和信息化部的"智能制造试点示范项目名单"作为研究事件，通过事件研究法进行的论证，并未量化出具体的人工智能衡量指标。程虹和袁璐雯（2020）通过"中国企业综合调查"（CEGS）数据，使用永续盘存法（Goldsmith，1951）计算出了企业机器人的资本存量作为人工智能技术的测度，由于人工智能微观数据的不易获取，此文献并未考虑机器人与劳动力之间的关系。

动化或者人工智能对公司绩效或者公司治理的影响。因此，本书在一定程度上丰富了公司绩效和公司治理的相关学术研究，即丰富了人工智能影响企业层面公司绩效的实证证据，并填补了以往文献还未有人工智能影响公司治理相关实证证据的学术空白。

二、政策意义

本书主要的研究结论证明了智能机器人的应用可以显著提升公司的生产率水平、显著加强公司治理并显著提升公司的财务信息质量。同时，机器人的影响在不同类型的企业中存在着异质性，在产业竞争度低、外部监管弱、CEO 持股比例低、劳动力密度高、常规低技能和男性劳动力占比低的企业中更为明显，同时对于中国市场的国有企业和轻工业企业影响相对较小。本书不仅丰富了相关领域文献的研究，更是对相关政府部门在制定相关政策、采取相关措施促进经济增长和企业发展方面提供了借鉴意义和实例依据。结合本书主要结论，我们提出了以下政策建议：

第一，在本书研究结论的基础上，我们认为未来无论是对发达国家还是对发展中国家，大力发展人工智能技术，增加智能机器人在社会生产中的应用都是国家经济市场持续发展的不二选择。未来技术进步的发展就是"智能化"，而人工智能技术的大力运用不仅可以促进社会经济增长，提高企业的业绩，还可以提高企业的公司治理水平，增加市场信息的透明度，减小国家机构的监管压力，使市场经济可以更优越地"健康"发展。

第二，根据本书得到的智能机器人可以显著提高我国工业企业生产率水平的结论，我们认为，对于我国的工业企业发展，各级政府部门应该继续推动智能机器人的应用，坚定不移地推进"智能制造"的结构优化转型。

第三，根据本书得到的智能机器人可以显著提高资本市场公司治理水平及信息对称性的结论，我们认为，国家应该继续推进相关政策，鼓励上市公司使用"智能制造"来推进生产，以此维护资本市场的健康运营环境并减小政府部门的监管压力。

第四，根据本书的异质性分析，因为智能机器人可以显著提高企业的公司绩效和治理水平，但对于不同行业或者不同性质的公司影响不同，所以国家在未来大力发展人工智能技术的同时，可以将政府的扶持和干预政策更多地放在人工智能技术所能起到作用相对较小的劳动力密集程度低、常规低技能和男性劳动力占比低以及主营业务为轻工业的企业中，以此促进社会经济的协调均衡发展。此外，中国市场中的国有企业虽然采用了大量的人工智能技术，但是由于其生产基数的问题和自身体制上的约束，智能机器人对其产生的实质性改变相对不够显著，因而其受到的人工智能技术监管作用也相对较小，这意味着我国政府更应加大对国有企业的监管力度，来保证其健康运营并发挥好其在国民经济中的重大作用。①

三、研究特色

本书主要有以下四点研究特色：

第一，以往对于人工智能技术的研究大部分为理论层面的研究（Acemoglu and Restrepo，2018c，2019a，2019b），较少有文献使用可测度量化指标来衡量人工智能技术的内涵（Acemoglu and Restrepo，2020a；王永钦和董雯，2020）②，本书是较少做到这一点的研究之一。同时，本书在行业层面智能化指数的基础上，通过每家公司各行业销售收入的占比计算得到公司层面的智能化指数来量化人工智能的应用程度，这同样是本书的一大特色。因为人工智能相关的微观数据较难获取，所以以往的文献仅有王永钦和董雯（2020）在行业智能化指数的基础上，通过公司生产部门员工占比与行业生产部门员工占比中位数的比值作为权重，构建了公司层面的智能化指数。除此之外，其余文献对于人工智能的衡量均没有精确到公司层面，本书使用公司各行业销售收入占比赋重于行业智能化指数构建公司层面智能化指数，也是相关研究中量化人工智能技术的创新之举。

第二，目前关于人工智能的研究大部分文献都着眼于智能机器人的兴起会如何影响欧美等发达国家的劳动力市场（Graetz and Michaels，2018；Dauth et al.，2018；Acemoglu and Restrepo，2020a），少有文献研究中国市场的人工智能技术，即便有，所关注的也大多侧重于理论层面的探讨（Cheng et al.，2019；陈彦斌等，2019），而实证研究中国市场的人工智能技术的文章极少（王永钦、董雯，2020）③，对人工智能技术如何影响中国市场公司层面企业行为的研究也是凤毛麟角④。因此，本书研究开辟了实证研究中国人工智能技术如何影响市场企业行

---

① 本书研究结论及其具体的政策性含义可参见本书第六章。

② Acemoglu 等（2020b）、程虹等（2020）虽然构建了企业是否使用机器人的虚拟变量作为人工智能技术的衡量指标，但两者都未深刻体现人工智能的技术内涵。

③ 王永钦和董雯（2020）所探讨的是机器人对中国劳动力市场的影响。

④ 前文列出的程虹等（2018）的研究样本量较少，无法全面衡量中国市场的人工智能应用情况。赵烁等（2019）以及程虹和袁璐雯（2020）虽然探讨了人工智能对公司绩效的影响，但是两者均未采用具体指标来刻画机器人与劳动力的替代关系。

为的先河。

第三，本书在构建智能化指数时，需要用到的一个很重要的指标是分行业的劳动力数量，尤其是制造业细分下的劳动力数量。在本书的样本区间内，中国制造业细分下的劳动力数量没有权威的官方统计，很难准确获得。因此本书对于中国市场人工智能技术的研究使用了"中国工业企业数据库"，并在此数据库中计算得到中国制造业按照证监会行业大类代码（2级行业代码）细分下的劳动力数据。尽管这一数据无法代表中国各行业的全面劳动力水平，但考虑到IFR所统计的机器人90%以上都为工业机器人，且中国规模以上工业企业的总产值占据了中国工业总产值的90%以上，我们可以认为IFR所统计的中国"产业机器人"绝大多数都应用在了中国规模以上工业企业的生产中，因此这一数据所计算出的智能化指数，在一定程度上可以比使用中国全面劳动力市场数据更准确地衡量中国市场的人工智能使用程度。通过这一数据库中劳动力数据的计算，我们获得了18个行业的机器人应用程度指标，这使我们在构建行业层面智能化指数时所划分的行业更加细致准确。① 以上做法均在一定程度上提高了本书研究结论的可靠性。

第四，本书重点考察了世界最大发展中国家和世界最大发达国家，即中国和美国智能机器人对公司绩效与公司治理行为的影响。中美两国是世界上两个最大的制造业国家，根据德勤公司2021年《中国人工智能产业白皮书》的推算，预计到2030年，人工智能将贡献约104万元人民币的全球经济产值，中美两国将占据其中的70%，因此本书对这两国的研究有助于了解全球市场中智能机器人技术在企业生产过程中的真实作用。

第四节　研究结构

一、逻辑结构

本书的整体逻辑结构如图1-4所示。

---

① 如前文所述，使用其他数据库最终只能计算获得中国不超过6个行业的机器人应用指标。

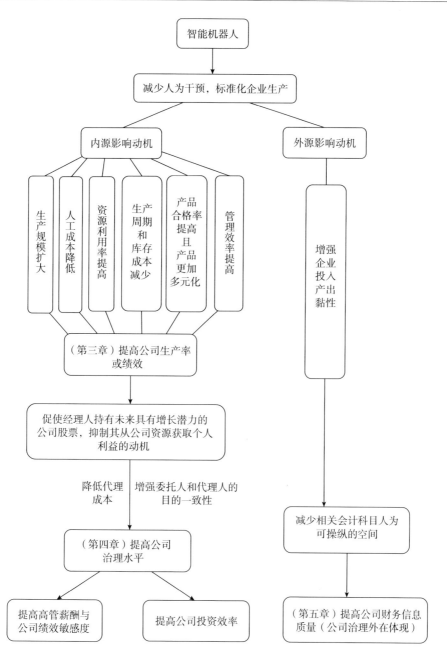

图1-4 本书整体逻辑结构

二、章节结构

本书剩余部分的研究结构安排如下：

第二章为本书的文献综述，主要介绍了以往文献有关人工智能技术测度、人工智能对经济增长、就业结构和工资收入影响的研究内容。此外，还阐述了以往文献对公司绩效、公司治理以及公司财务信息质量影响因素的分析。

第三章实证考察了智能机器人对公司生产率的影响，其中，我们又主要检验了其对全要素生产率的影响。全要素生产率是可以综合衡量企业生产率或绩效的指标，以此作为研究对象具有一定的代表性，本书在此章旨在证明人工智能可以显著促进公司绩效水平的提高，从而为人工智能促进公司层面社会生产提供了实证证据。同时，本书在此还考察了一些异质性因素，如产品市场竞争度、劳动力密集度、企业性质和轻工业与重工业所产生的影响。

第四章实证考察了智能机器人对企业公司治理行为的影响，在此选择的公司治理衡量指标包括公司绩效、薪酬绩效敏感度和投资效率，本书在此旨在证明人工智能可以显著提升企业的公司治理水平。本书还分析了智能机器人影响公司治理的内源动机，即智能机器人通过提升公司绩效来对经理人激励机制产生影响。此外，我们还考察了不同产品市场竞争度、不同劳动力密度、不同 CEO 持股比例和不同劳动力结构的异质性影响。

第五章实证考察了智能机器人对公司财务信息质量的影响，在此选择的公司财务信息质量衡量指标包括公司的盈余管理水平、会计造假行为及其被揭发的可能性，以及财务信息质量产出，本书在此旨在证明人工智能可以显著提升企业公司治理中的财务信息质量。本书还分析了智能机器人影响公司治理的外源动机，即智能机器人对企业生产投入与产出黏性的影响。此外，我们还考察了不同外部监管、不同劳动力密度和不同劳动力结构的异质性影响。

第六章为本书主要研究结论的总结，提出了相关政策建议，并阐述了未来的研究方向。

第二章　文献综述

本章对智能机器人所涵盖的人工智能技术如何影响经济，以及公司绩效、公司治理和财务信息质量影响因素的过往文献研究进行了总结、梳理和分析。

第一节　人工智能对经济的影响

以智能机器人为代表的人工智能技术给全球经济带来了深刻而长远的影响（闫雪凌等，2020）。根据 IFR 的统计年报，机器人的使用已经给世界经济的生产效率、劳动供需和产品升级带来了多方位的连锁反应（程虹等，2018）。本章将通过人工智能技术的测度，以及人工智能技术对经济增长、就业结构和工资收入的影响来探讨过往文献关于人工智能技术的研究。

一、人工智能技术的测度

人工智能技术发展至今，经历了无数个发展时期。人工智能技术可以被认为是人类以提高社会生产力为目的，所采用的生产工具的一种演变。也就是说，人工智能技术无外乎人类"生产工具"在现代社会得到全新发展后的一种演变形式，它的前身可以是需要人类辅助操作的半自动化生产机器，可以是纯手工生产工具，可以是古代用于农业生产的镰刀和锄具，也可以是远古文明时期人类最早开始使用的"石器"工具。"人工智能"技术的定义已经从过去广义的定义逐渐发展为狭义且更精确的定义，目前的"人工智能"主要是指可以独立完成整个生产劳动任务的全自动化生产机器，而在过去几十年里所提到的"人工智能"

技术均是指可以独立完成一项生产任务中某一环节的半自动化机器。因此，为充分涵盖人工智能技术的演变过程，本书在此对人工智能测度研究的总结包含过去半个世纪的半自动化或半智能化设备。

有关人工智能技术的测度，目前文献中采用具体可量化指标对其衡量的文献依然十分少见，已有文献大多是从技术要素的角度出发，将人工智能作为生产函数中技术要素的变形，并将人工智能技术所带来的影响作为技术进步的变动进行了解释，如 Sachs 和 Kotlikoff（2012）、Nordhaus（2015）、Graetz 和 Michaels（2018）将人工智能技术视为资本生产要素的扩展型技术；Bessen（2019）则将人工智能技术视为劳动生产要素的扩展型技术。还有国内学者（孙早、侯玉琳，2021）在熊彼特创新模型中纳入了人工智能研发要素，以此来评定人工智能技术所带来的影响。

有关人工智能技术的精确衡量，以往文献大多是在生产函数或生产关系的基础上按照人工智能技术或自动化机器所带来的"替代效应"和"规模效应"进行了理论模型的拆解和分析（Acemoglu and Restrepo，2018c，2019a，2019b），因此其对于人工智能技术的衡量无法运用于实证分析。目前存在的量化人工智能技术且可以用于实证分析的方法有：Autor 和 Salomons（2018）使用跨国数据行业层面全要素生产率的变动作为自动化技术的衡量指标。Acemoglu 等（2020b）、程虹等（2020）均对企业进行了细致调查，从而构建了企业是否采用机器人的虚拟变量来衡量人工智能技术。程虹等（2018）使用了机器人数量、密度和价值等指标来测度人工智能技术，但其样本量较为有限，无法全面评估整个中国市场的人工智能情况。程虹和袁璐雯（2020）则将机器人视为企业的固定资产，通过中国企业综合调查（China Enterprise General Survey，CEGS）数据，使用永续盘存法（Goldsmith et al.，1951）计算出的企业机器人的资本存量作为人工智能技术的测度。闫雪凌等（2020）则直接使用国际机器人联合会（IFR）所提供的智能机器人市场存量对人工智能技术进行了衡量。目前认可度最高的人工智能实证测度方法是 Acemoglu 和 Restrepo（2020a）使用 IFR 提供的智能机器人数据与美国各区域的劳动力数据相结合，构建美国通勤区层面的智能化指数来衡量人工智能技术，这一方法在后面被许多相关研究的文献进行了参考和改进，如王永钦和董雯（2020）参考此方法构建了行业层面智能化指数，同时以公司生产部门员工占比与行业生产部门员工占比中位值的比值进行了加权赋重，进而构建了公司层面智能化指数；赵春明等（2020）也参考此方法在行业智能化指数的基础上构建了中国城市层面的智能化指数。

由此可见，由于人工智能微观数据相对难以获取，只有少数文献具体度量了可以用于实证分析的人工智能技术，而其中使用可以体现机器人与劳动力替代关系度量指标的文献更是少之又少。需要指出的是，Acemoglu 和 Restrepo（2020a）对人工智能技术的测度方法既是目前所有衡量人工智能技术的方法中最能反映人工智能内涵的方法，也是本书构建人工智能指数所参考的方法。

二、人工智能对经济增长的影响

关于智能机器人或者人工智能技术对于经济增长的影响，尽管"生产率悖论"（Productivity Paradox）[①] 的提出者，即 1987 年诺贝尔经济学奖获得者罗伯特·索洛（Robert Solow），及其支持者泰勒·柯文（Tyler Cowen）和罗伯特·戈登（Robert Gordon）均不认为诸如此类的新技术可以给经济带来实质性的增长效应，但以往大多数学者对人工智能技术所带来的影响持有积极的态度，即人工智能与其他新技术（Korinek and Stiglitz，2017；Acemoglu and Restrepo，2019a；Agrawal et al.，2019）一样，都可以促进经济的增长。在此我们将结合以往文献关于自动化技术要素和智能化技术要素的研究，对人工智能技术给社会发展带来的重要作用进行梳理和分析。

国外学者早在 20 世纪末就展开了对人工智能的研究，Zeira（1998）最早提出了可以用于分析自动化如何影响经济的理论模型，其认为自动化技术既可以直接提升生产效率，也可以通过对生产方式的改变来影响经济，最终的结论是较高的自动化水平可以通过提高生产率的增长速度并带来更高的资本回报率来促进经济的增长。Boyer（1999）以美国金属加工行业 122 家制造业工厂在先进制造自动化技术上的投资为研究对象，实证研究了制造业技术升级投资对于公司财务绩效的影响，最终发现制造业生产技术的自动化改善可以显著提高企业的绩效水平。Hanson（2001）使用新古典经济增长模型估计了智能机器对于经济增长的影响，最终认为智能机器的大规模使用可以给经济增长率带来量级的提高。Kromann 等（2011）使用了跨国、跨行业的研究数据，以智能机器人的使用作为自动化技术的衡量指标，论证了自动化技术在短期和长期内均会显著促进生产率的

---

① "生产率悖论"又称"索洛悖论"，即罗伯特·索洛在研究计算机对经济所产生的影响时，认为时刻转变的技术并没有给经济带来统计学上的实质性增长。此后不少学者又证明了其他新技术也没有实质性地促进经济增长。

提升，同时通过实证检验还发现，如果一国某行业的自动化程度提升到了自动化程度最高国家相应行业的同一水平，那么该国家制造业的总生产率可以提高8%~22%。Aghion 等（2017）认为人工智能技术是电力、内燃机和半导体等自动化技术的延伸形式，会促进创新知识的产生，在此基础上，该研究通过理论模型证明了人工智能可以显著促进经济增长。Agrawal 等（2019）补充了 Aghion 等（2017）的研究结论，其认为人工智能不仅可以创造新的知识，还可以将现有知识进行有效的组合，并以此促进经济更显著的增长。Graetz 和 Michaels（2018）则使用了 17 个国家 1993~2007 年的行业面板数据，论证了智能机器人可以显著提高劳动生产率和增加值，在该研究样本的检验水平下，智能机器人可以显著提升 0.37% 的经济增长速度，同时还会提升全要素生产率；同时，该研究还证实了智能机器人所存在的"拥挤效应"，即当智能机器人的使用密度过高时，其促进经济增长的边际效应会快速下降。

国内学者如程虹等（2018）使用中国企业-劳动力匹配调查（China Employer-Employee Survey，CEES）数据，以中国五个省的企业为研究样本，通过对中国市场机器人实证研究发现了机器人可以显著提升企业的生产率和管理绩效。蔡跃洲和陈楠（2019）通过对过往研究的总结分析，发现人工智能推动了中国经济各部门的高质量增长，但短期内可能造成结构性失业的问题。赵烁等（2019）以2015~2017 年中国"国家制造业试点示范项目"为政策依据，采用事件研究法证明了人工智能技术可以显著促进企业价值的提升。韩民春和乔刚（2020）使用2005~2017 年中国省级面板数据，实证研究论证了机器人的使用可以显著提升中国制造业市场的生产率水平。程虹和袁璐雯（2020）以机器人的资本存量作为人工智能技术的衡量指标，证明了人工智能可以显著改善企业质量。孙早和侯玉琳（2021）通过对熊彼特技术创新模型的改进，构建了可以反映人工智能技术所带来影响的模型，并实证分析了我国 23 个制造业受人工智能技术的影响情况，最终发现，在现阶段，人工智能技术主要对我国的纺织业、印刷业、化学纤维制造业、金属制造业、交通设备制造业和电气制造业等行业的全要素生产率有着显著的提升，但其阻碍了烟草制造业的成长，同时对于医药制造业没有形成显著影响。

由此可见，有关人工智能对经济增长的研究目前大部分都是对宏观经济的探讨，与本书第一章所述一致，除程虹等（2018）和赵烁等（2019）外，其余文献均未对公司绩效进行探讨。程虹等（2018）所使用的样本相对较为狭窄，无法全面衡量市场的机器人使用程度；赵烁等（2019）所采用的人工智能技术衡量指标缺乏代表性。因此，本书基于对以上研究的分析，具体测度了人工智能技术来实证探讨其对企业层面公司绩效的影响。

三、人工智能对就业结构的影响

人工智能技术大规模地替代人类劳动力，从而会直接影响人类劳动力的就业结构。在国外文献的研究中，部分学者认为人工智能相关技术会显著降低市场对人类劳动力的需求，还会造成劳动力市场的技能需求偏移，即降低对低技能劳动力的需求，而增加对高技能劳动力的需求，如 Autor 等（2003）使用人类对计算机功能的理解研究了工作任务计算机化会如何改变生产中的工作技能需求。最终发现，由于计算机化可以代替劳动者执行认知和手工任务，同时帮助劳动者解决非常规的工作任务并完成复杂的沟通工作，因此技能需求发生了转移，常规手工和常规认知劳动任务的投入逐渐减少，而非常规认知任务劳动的投入逐渐增加，并且 1970~1998 年 60%的相对需求转移倾向于通常具备计算机技能的大学劳动力。Acemoglu 和 Restrepo（2017）则通过实证研究发现人口老龄化越严重的国家越会更早地使用人工智能技术来替代人类劳动力从事生产经营活动。Acemoglu 和 Restrepo（2018b）则通过构建理论模型并进行实证检验的方法进一步发现了人口老龄化将导致在生产劳动力中占据核心地位的 21~55 岁劳动力人口数量的减少，从而使国家需要采用自动化技术来替代人类劳动力。Acemoglu 和 Restrepo（2020a）通过构建美国通勤区层面的智能化指数，实证研究论证了机器人的应用会显著增加美国劳动力市场的失业率，其中每千人劳动力增加 1 个单位的机器人会显著降低 0.2%的就业人口。

同时，部分文献还得到了由于机器人可以创造新的就业岗位或者机器人对人类劳动力替代程度有限的原因，市场对人类劳动力的需求并不会因此减少的结论。例如，Oschinski 和 Wyonch（2017）研究发现在加拿大市场中，仅有 1.7%的行业劳动力容易被自动化机器所替代，因此自动化技术短期内不会造成加拿大的技术性失业。Dauth 等（2017）实证研究了德国 1994~2014 年不同地区智能机器人的使用情况，研究发现机器人的使用并没有显著影响到整体劳动力市场的就业需求，但的确减少了制造业市场的就业岗位，从而改变了德国当地劳动力市场的就业结构，其中机器人的使用使德国制造业的就业岗位减少了 23%，约 27 万个岗位。同时，这项研究还发现通过各个部门劳动力之间的重新配置，服务业的

就业岗位显著增加并弥补了这一损失。相似地，Graetz 和 Michaels（2018）以
1993~2007 年的跨国面板数据为样本，论证了机器人的使用可以显著降低市场对
于低技能劳动力的需求，但对于整体劳动力需求并无负面影响。Acemoglu 和 Re-
strepo（2018c）论证了自动化所带来的一个矛盾性的影响，首先，以前由人类劳
动力执行的任务现在可以实现自动化完成，即自动化替代了人类劳动力；与此同
时，自动化在替代劳动力的同时又创造了很多现有任务的新版本。自动化降低了
就业率和劳动份额，甚至可能降低工资，而随之所创造的新任务则产生了相反的
效果，这两种不平等关系的转换过程在一个稳定的条件下共同存在。Acemoglu 和
Restrepo（2019a，2019b）同样认为由于替代效应，自动化总是降低劳动力在生
产过程中所占的份额，即其在提高生产率的同时，也可能减少劳动力需求，但自
动化又可以通过创造新的任务来抵消这一效应，即新任务的引入改变了生产的任
务内容，从而产生恢复效应，提高了劳动力份额和劳动力需求。而美国过去 30
年就业增长和生产率增长均较前几十年放缓的原因就是在众多制约因素和不完善
因素的作用下，美国市场的替代效应加速，但恢复效应减弱；同时自动化被过度
引入是以牺牲其他可以提高生产力的技术为代价。Acemoglu 等（2020b）实证研
究了法国机器人的采用对企业层面公司特征的影响，在该研究样本的 55390 家法
国制造业公司中，虽然仅有 598 家公司在 2010~2015 年引进了智能机器人，但这
些公司的就业人数占据了样本总就业人数的 20%。最终研究发现在引进智能机器
人之后，尽管企业在扩大企业规模和增加就业岗位，但这一点仍然被所带来的失
业率所抵消，即该部分公司在全样本中的劳动力份额和生产工人份额在显著下
降；同时，采用人工智能企业的生产附加值和生产率水平的确得到了显著提高。

有关中国市场人工智能影响就业结构的研究，基本与国外相关研究结论一
致。陈彦斌等（2019）通过构建人工智能与老龄化的动态一般均衡模型发现人工
智能可以显著减少生产活动所需的劳动力，但同时显著提高了资本回报率和全要
素生产率。韩民春和冯乐兰（2020）使用中国 2005~2017 年的省级面板数据作
为样本，得到了与陈彦斌等（2019）类似的研究结论，即机器人的使用会显著减
少中国制造业市场对人类劳动力的需求，同时可以提升制造业市场的整体生产率
水平。此外，韩民春和乔刚（2020）还发现机器人对制造业就业需求的负向作用
主要凸显在低技能劳动力中，并且高技术水平机器人对劳动力的替代效应更加显
著。Cheng 等（2019）统计分析了智能机器人在中国市场的应用情况，该研究表
明中国是世界上使用智能机器人最多的国家。2016 年，中国智能机器人销量达

到 8.7 万台，约占全球市场的 30%。2005~2016 年，中国智能机器人的运营库存以年均 38% 的速度增长。该研究使用行业层面智能机器人数据论证了中国机器人市场快速扩张的主要原因是人口老龄化趋势和劳动力成本的增加。此外，该研究通过对中国企业综合调查（China Enterprise General Survey，CEGS）数据的整理，收集了世界上第一批企业层面智能机器人使用情况的数据，并以此为样本证明了采用智能机器人后，企业的劳动力数量反而增加的结果。最终得到了机器人不会带来我国政府所担心的失业问题，同时我国政府应该大力发展人工智能产业的结论。

四、人工智能对工资收入的影响

关于人工智能或机器人对于劳动力工资收入的影响，国外大部分学者过往的研究普遍认为人工智能相关技术的应用会降低人类劳动力的工资水平，同时极有可能加剧技能工资溢价，如 Hémous 和 Olsen（2022）通过构建包含自动化技术和创新内生化的增长模型，研究发现自动化技术会显著替代低技能劳动力并且抑制低技能劳动力的工资，从而加剧技能工资溢价。Lankisch 等（2017）在资本积累的理论框架下得到了与 Hémous 和 Olsen（2022）类似的结论，即机器人可以提高整体劳动力工资，但对不同技能劳动力的影响程度不同，机器人会降低低技能劳动力工资从而增加技能工资溢价。Acemoglu 和 Restrepo（2018a）也将自动化分为高技能与低技能，同时指出高技能和低技能自动化无论是取代高技能劳动力还是低技能劳动力，都会压低相应的劳动力工资，同时通过连锁反应还会影响其他工人的劳动力工资。但为了抵消这些压力，自动化技术又会产生积极的生产率效应，即推高所有要素的价格。最终在自动化替代过程中生产率效应占据主导地位的基础上，该研究通过理论模型的分析发现，低技能自动化会增加劳动力工资的不平等，但高技能自动化会减少劳动力工资的不平等。Acemoglu 和 Restrepo（2020a）开创了构建具体使用智能机器人数据衡量人工智能应用程度的先河，该研究通过构建美国通勤区层面的智能化指数，实证研究了智能机器人对美国劳动力市场的影响，最终发现智能机器人的运用会显著增加社会的失业率，并降低人类劳动力工资的结论，其中每千人劳动力增加一个机器人，会显著降低 0.42% 的劳动力工资。Acemoglu 和 Restrepo（2020b）的研究证明了人工智能作为一种技术平台，可以使以前由人工完成的任务自动化，同时也可以创建新的任务和活动，而这些任务和活动可以使人类劳动力得到更充分的使用。然而，人工智能最近的技术变革偏向于自动化，没有充分重视创造新的任务来使劳动力得到有效的利用，从而带来了劳动力需求停滞、劳动力在国民收入中所占份额下降、劳动力工资的不平等加剧、生产率增长速度下降的后果。

也有部分国外学者得到了人工智能对劳动力工资水平的影响在不同阶段或不同行业存在异质性的结论，如 DeCanio（2016）通过运用包含劳动、机器和普通资本的 Houthakker 模型分析了人工智能对工资的影响，最终发现其影响的程度取决于总生产关系的形式以及人类与机器的替代关系。

Acemoglu 等（2020a）使用了机构层面的职位空缺数据和详细的职业信息研究了人工智能对劳动力市场的影响，当机构在线招工工作可以由人工智能完成时，我们就将这一工作定义为"人工智能"，最终通过对 2010~2018 年空缺职位的统计，我们发现"人工智能"相关职位空缺在快速地增长，即机构正在逐渐减少"非人工智能"职位的招聘，同时增加"人工智能"职位的招聘，这说明人工智能的确正在逐渐替代人类劳动力；该研究还发现"人工智能"职位的增加并没有对就业或工资形成显著的影响，这意味着人工智能对于机构空缺职位的替代目前尚未产生可检测的劳动力市场后果。

此外，因为中国机器人市场相对国外市场起步较晚，发展的程度较为初级，运行机制也相对不健全，所以国内学者的研究普遍得到了与国外学者不一致的结论。例如，程虹等（2020）使用中国企业综合调查（CEGS）数据，研究发现机器人可以显著提升劳动力的工资水平以及劳动力质量。王永钦和董雯（2020）则参考 Acemoglu 和 Restrepo（2020a）的研究方法，构建了中国市场企业层面的机器人渗透率数据，实证论证了人工智能对企业的劳动力需求产生了一定的替代效应，并且人工智能对不同技能劳动力需求的影响具有显著差异，存在"就业极化"特征，然而人工智能对企业的工资水平没有明显影响。闫雪凌等（2020）则以我国 2006~2017 年的制造业行业为样本，实证研究发现了人工智能对工资水平的影响存在明显的时间和行业异质性。赵春明等（2020）则发现智能机器人对劳动力的整体工资增长影响较小，但会显著促进制造业部门劳动力工资的增长，并提高其技能溢价水平；同时，机器人会抑制服务业部门劳动力工资的增长，但对服务业部门的技能溢价没有形成显著影响。

第二节　公司绩效的影响因素分析

关于公司绩效的影响因素，以往的文献普遍认为公司的内部债务结构、股权结构和外部环境因素均会影响公司的绩效水平。

在国外学者的研究上，许多文献都证明了企业的负债能力会影响其绩效水平，如 Titman 和 Wessels（1988）使用美国制造业上市公司作为样本，实证证明了企业的资产负债率越高，其利润率会越低。类似地，Hoesli 等（2005）以 1991~2000 年瑞士 104 家上市公司作为样本，实证研究发现在瑞士的国家体制环境下，公司负债杠杆率与公司盈利能力呈现负相关关系。Strebulaev（2007）通过对动态权衡理论的阐述，根据大量实践证明了杠杆率的提升会带来企业机制的下降；无独有偶，Frank 和 Goyal（2009）通过对静态权衡理论的阐述，同样证明了这一机制。在股权或外部市场的影响上，Dehaene 等（2001）使用比利时上市公司为样本，实证研究发现了独立董事占比与公司的净资产收益率呈现正相关关系。Brynjolfsson 和 Hitt（2003）以美国 527 家上市公司以样本，论证了计算机化会正向促进企业生产率的提升，同时从长期角度来看待计算机化，其对生产率的贡献可能更加明显。此外，Brynjolfsson 和 Hitt（2011）则以 179 家大型上市公司为样本，通过调查数据实证研究了数据驱动型决策（Data-Driven Decision Making，DDD）技术对企业生产率的影响，最终发现使用 DDD 技术进行决策的公司平均生产率水平更高。Kim 等（2018）以我国 2000~2012 年 557 家二次增发股票的上市公司为研究样本，实证证明了公司二次增发股票可以通过为企业带来更多资金引进新的技术，来显著提升企业的绩效和生产率水平。

在国内，学者们同样普遍认为负债率会影响企业的绩效水平，但得到的是多元化的结论，如李扬（2011）以我国 2000~2008 年上市公司作为样本，研究得到了短期负债与自由现金流呈现负相关关系的结论。沈倩和许敏（2015）使用我国房地产企业作为样本，研究得到了资产负债率与企业绩效存在"倒 U 型"关系的结论，并认为我国房地产企业目前仍然可以继续扩大长期债务融资。因为我国市场仍然处于新兴阶段，整体负债率相对偏低，所以大量国内学者都普遍认为负债率可以促进我国企业绩效的提升，如李庚寅和阳玲（2010）以我国 2004 年上市的 38 家中小企业为样本，研究论证了资产负债率与企业绩效的正相关关系。范从来等（2012）和王玉泽等（2019）均发现在长期信贷比刺激增长的企业长期投资作用下，企业的全要素生产率会显著地提升，这一研究结论也与Cai等（2008）对我国上市公司长期负债与企业绩效关系的研究结论一致。同时，中国特有的市场体制注定了企业股权性质会深刻影响企业绩效，如许小年和王燕（1998）使用我国上市公司数据，研究发现法人股整体与公司绩效呈正相关，但是其中的国有法人股与公司绩效呈负相关。吴淑琨（2002）使用我国1999~2000年的上市公司作为样本，研究发现第一大股东持有比例与公司绩效呈显著正相关。胡一帆等（2006）以我国1996~2001年300多家国有企业上市公司为样本，实证研究发现被优先民营化的国有企业通常会表现出更高的绩效水平。此外，外部市场或技术因素也会影响企业的绩效，如周煊等（2012）以我国1995~2010年的上市公司为样本，研究发现市场导向性强的技术创新比科技含量高的技术创新更能够显著提升企业的销售收入与盈利水平。颜爱民和马箭（2013）以我国2002~2007年的上市公司为样本，研究发现股权集中度与公司绩效的关系会因为公司处在不同的生命周期阶段而不同，但整体上两者呈现正相关关系。盛丹和刘灿雷（2016）则以2003年国务院国有资产监督管理委员会成立为政策冲击，以1998~2007年规模以上工业企业为样本，研究发现外部监管能够改善国企经营的绩效以及国企改制的成效。张学勇等（2017）以我国1998~2015年上市公司的7086件股权并购事件作为样本，研究发现企业的技术创新可以显著提升企业并购绩效。

由此可见，除前文所列出的程虹等（2018）和赵烁等（2019）外，以往文献均未探讨人工智能对公司绩效的影响，但程虹等（2018）所使用的样本略乏代表性，而赵烁等（2019）未使用具体可测度的人工智能衡量指标，这也凸显出了本书研究具有一定的创新。

第三节　公司治理的影响因素分析

公司绩效与公司治理有着非常密切的正向关系（Shleifer and Vishny，1997；Gompers et al.，2003；Durnev and Kim，2005；Brown and Caylor，2006；Bhagat and Bolton，2008；Bebchuk and Cohen，2005；Cremers et al.，2007；Bebchuk et al.，2009)，同时公司绩效作为公司治理水平最直接的反映，本身也属于一种公司治理衡量指标。因此，可以影响公司绩效的相关因素均会对企业的公司治理产生影响。

在国外学者的研究中，大量研究都证明了企业的债务结构会深刻影响公司治理，如 Jensen 和 Meckling（1976）在经典权衡理论的基础上，对公司与管理层关系进行了研究，最终的结论是由于负债对管理层行为有着一定的约束作用，因此一定的负债比例可以在一定程度上降低代理成本，提高公司治理并促进公司绩效的提升。Parrino 和 Weisbach（1999）使用模拟的办法论证了股东与债权人的冲突矛盾会随着企业负债水平的增加而增加，从而会引发企业的一系列投资歪曲行为。Goswami（2000）研究认为在现金流期限结构信息不对称下，长期债务融资可以有效缓解信息不对称所带来的逆向选择问题。Margaritis 和 Psillaki（2010）以法国的制造业公司为样本，研究发现了中低水平的杠杆率，与企业效率呈现显著正相关的关系。同时，公司的股权结构也是公司治理的一大影响因素，如 Berle 和 Means（1932）最早探讨了股权结构与公司治理的关系，其提出了在股权过于分散的情况下，无股权的公司经理人与分散的小股东会存在潜在冲突的利益关系，从而阻碍公司治理最优化的观点。在后续公司治理研究的发展中，Jensen 和 Meckling（1976）还提出了"利益趋同假说"，这一经典理论认为公司对于内部高管的股权激励计划可以有效促进管理层与企业的一体化，从而缓解委托代理问题，进而提高公司治理水平。与之形成对比的另一经典理论"壕沟效应理论"（Fama and Jensen，1983）认为内部高管持股比例的增加意味着高管在公司决策中的话语权和控制权增加，这就会使高管更易于追求个人利益而损害其他股东的利益，从而加剧公司的委托代理问题，进而降低公司治理。Shleifer 和 Vishny（1986，1997）的经典研究认为大股东的存在有利于公司治理的提升，其依据就是股权过于分散会使部分股东存在"搭便车"的行为，从而不能有效发挥监督作用，因此大股东的存在利于公司治理水平的改善。与之相对比的就是 Pound（1988）对 1981~1985 年 100 多场代理权竞争样本进行了检验，得到了大股东持股比例过高或者股权集中度过高时，会存在大股东侵害小股东利益的现象，从而降低小股东行使股东权益的积极性，进而降低公司治理的结论。此外，外部监管对于企业的公司治理有着非常直接的影响，如 Nesbitt（1994）通过对美国加利福尼亚州公务员退休基金（CalPERS）所参与治理公司的股票收益率进行实证研究，发现在 CalPERS 参与公司治理后，公司董事会也会随 CalPERS 一起做出反应，从而对管理层产生更有效的监督作用，提升公司治理行为并提升公司绩效。

在国内学者的研究上，伍利娜和陆正飞（2005）通过问卷调查的实验统计方法，研究发现企业杠杆率与企业的过度投资和投资不足行为均呈现显著正相关关系。陆正飞等（2006）以我国上市公司为样本，研究发现长期负债与企业的新增投资呈正相关，但当企业负债较多从而陷入财务危机时，企业的债务水平会降低企业的投资能力。徐向艺和李鑫（2008）以中国 A 股 2001~2004 年的上市公司为样本，研究发现公司的短期负债可以显著降低公司的过度投资。

在股权结构与股权性质的研究上，孙永祥和黄祖辉（1999）以我国 1994~1998 年的上市公司为样本，研究发现股权结构会深刻影响到公司治理机制，进而又影响到公司绩效，该研究发现股权存在一定的集中度、有相对控股股东并且有其他大股东存在的股权结构，总体上有利于公司治理机制的发挥，因而该种情形下的公司绩效也会趋于最大。刘小玄（2000）以我国 1995 年工业普查数据为样本，实证研究发现在私有企业、混合所有制企业和国有企业中，效率最低的是国有独资企业；同时，刘小玄和李利英（2005）还以 1994~1999 年 451 家公司为样本，研究发现自然人控股企业的企业效率要明显好于国有资本控股的企业。陈信元和江辉（2004）则以我国 2001 年 12 月 31 日之前沪深 A 股上市公司 2001 年的数据为样本，研究发现我国上市公司股权高度集中的现象广泛存在，而上市公司控股股东会利用其特有的控制权对上市公司进行"掏空"，而因为其在企业管理过程中拥有绝对的控制优势，所以其他股东实际上根本无法有效监督控股大股东的侵害行为，在这种情况下，股权集中度会显著降低公司治理水平，因此股权制衡型公司的公司治理水平要显著高于非股权制衡型公司。肖曙光和杨洁（2018）使用我国 2011~2016 年沪深上市公司面板数据实证支持了 Jensen 和 Meckling（1976）的研究结论，即内部高管的股权激励可以提升企业的公司治理水平；与此相对比的是，苏冬蔚和林大庞（2010）以我国股改后 2005~2008 年非金融类上市公司为样本，实证支持了 Fama 和 Jensen（1983）的"壕沟效应理论"，即证明了 CEO 行权能力加大后，企业的公司治理水平会大幅下降。

除此之外，程虹和袁璐雯（2020）使用机器人资本存量作为人工智能技术的具体测度指标，证明机器人可以显著改善生产工艺并提升企业质量，这也是目前关于人工智能如何影响公司治理行为仅有的文献，但此文献对于人工智能技术的衡量相对缺乏代表性。由此可见，本书使用具体测度的机器人技术指标来探讨其对公司治理的研究具有非常大的创新价值。

第四节　公司财务信息质量的影响因素分析

公司的财务信息质量不仅可以引导企业的各方面利益相关者做出正确的投资决策，也是评价经理人工作成效和企业公司治理状况的重要依据（Healy and Palepu，2001），而公司的财务信息本身就是各利益主体之间权利互换契约的执行机制（Watts and Zimmerman，1983），因此影响公司治理的相关因素均会对公司财务信息质量产生影响，在此我们简要陈述相关文献的研究。

首先，在国外学者的研究上，Klein（2002）以盈余管理作为公司财务信息质量的衡量指标，通过实证研究 1992~1993 年美国标普 500 上市公司，得到了审计委员会独立性和董事会独立性均与应计盈余呈负相关关系，且当董事会或审计委员会由少数外部董事组成时，影响最为显著的研究结论。Eng 和 Mak（2003）使用新加坡上市公司作为样本，实证研究发现较低的管理层持股比例和较高的政府持股比例可以显著提升公司信息披露的质量，同时大宗股票持股人持股比例与信息披露无显著关系，且外部董事的增加可以提升信息披露治理。Leuz 等（2003）使用了 31 个国家公司层面盈余管理的面板数据，实证研究发现外部治理环境较好的公司，由于其所处的法制环境更加健全以及投资者保护机制更加完善的原因，其披露高质量财务信息的动机会更加强烈。Ferreira 和 Laux（2007）以美国 1990~2001 的上市公司为样本，研究发现公司控制权的市场化开放可以使股票价格的信息含量更加丰富，即增加外部监管可以提高企业的信息对称性，进而提高财务信息质量。

在国内市场的研究上，Chen 和 Jaggi（2000）使用了中国香港地区的上市公司为样本，实证研究发现了独立董事占比与信息披露的全面性呈显著正相关，同时还发现与非家族企业相比，家族企业独立董事占比与信息披露的相关性较弱。Chau 和 Gray（2002）以中国香港地区和新加坡的亚洲上市公司为样本，实证考察了上市公司股权结构与上市公司资源信息披露的关联性，最终发现外部所有权的程度与自愿披露信息之间呈显著正相关。梁权熙和曾海舰（2016）以证监会强制要求上市公司独立董事比例在 2003 年 6 月 30 日之前至少达到 1/3 这一政策作为外生冲击，并将这一法令的起始年 2003 年视为事件年度，将事件年度前后的

1999~2007 年设立为事件窗口，同时将控制组定义为改革完成后独董比例高于达标水平的样本公司，将处理组定义为改革完成后独董比例维持在达标水平的样本公司，并在此基础上使用双重差分法证明了对于新兴市场国家而言，由于其对于投资者保护的机制较为不健全，因此在这些国家完善独立董事公司治理制度，并支持不同意见的独立董事发挥更大的作用，对防范股价崩盘风险、提高企业信息质量有着重要的意义。潘红波和韩芳芳（2016）以我国 2004~2013 年的上市公司为样本，实证研究发现存在纵向兼任高管（公司高管同时在控股股东公司或子公司任职）时，上市公司的财务信息质量会相对较高，同时这一效应在国有企业中更加明显。于李胜等（2019）以我国 2007~2015 年上市公司为样本，研究发现企业分析师开通微博可以显著提高资本市场有效信息的传播效率，尤其是对于机构投资者持股较高的企业。

第五节　本章小结

本章重点阐述了以往文献关于人工智能技术测度，以及人工智能对经济增长、就业结构和劳动力工资的影响。同时，我们还梳理分析了公司绩效、公司治理以及公司财务信息质量的影响因素。通过分析我们可以发现：

第一，由于微观层面的数据难以获得，以往关于人工智能的研究除少数量化了人工智能指标之外，大多数文献的研究都是采用了理论模型，以及某项技术因素来指代人工智能，这样的研究显然不够具体，本书使用了具体可测度的人工智能衡量指标，为该领域研究的一大创新之举。

第二，结合本章以及第一章中的阐述，目前有关人工智能产生影响的研究大多探讨了人工智能或自动化对于宏观经济增长以及就业与劳动力工资的影响，少有文献涉及人工智能或者自动化技术对于公司行为特征的影响（程虹等，2018；赵烁等，2019；程虹、袁璐雯，2020），即便是扩展到技术进步所产生的影响，目前大多数研究也只局限于技术进步在经济发展中所发挥的作用。由此可见，目前人工智能技术对于公司绩效与治理影响的研究属于一个不够充分的研究领域，这也是本书的主要创新点。

第三，结合本章以及第一章中的阐述，虽然有关公司绩效和公司治理研究的文献已经多如牛毛，但是目前有关公司绩效与公司治理影响因素的文献大多集中在债务结构、股权结构、外部市场因素以及技术因素四个方面，少有文献探讨人工智能或者自动化技术对于公司绩效与治理的影响，仅有的也存在样本和人工智能衡量指标缺乏代表性的问题（程虹等，2018；赵烁等，2019；程虹、袁璐雯，2020），这也凸显了本书的研究价值。

综上所述，通过对过往文献的梳理，证明了本书的研究目前是一个十分重要但以往学术界研究并不充分的课题，具有相当大的研究价值。本书将在后文通过实证检验的方式重点研究智能机器人对公司绩效及治理所产生的影响。

第三章　智能机器人对公司生产率的影响研究

第一节　引论

从 18 世纪中期开始，随着航海技术的大力发展，商品贸易在世界范围内流通，而当时手工工厂的生产技术供应能力已经无法满足指数增长的商品需求，因此为了提高商品产量，人们开始逐渐改进生产技术。18 世纪 60 年代，英国纺织工人哈格里夫斯发明了第一台手摇纺纱机——"珍妮机"，虽然在现在看来这一机器略显简陋，但它却成为人类近代机器生产的先驱。这台可以同时纺出许多根棉线的纺织机在当时对棉纺织业生产率的改善是立竿见影的。随后，18 世纪末 19 世纪初，英国人瓦特改良出了第一台具有实用价值的蒸汽机，这一重大发明正式开创了人类发展史上机器代替人力的先河，也将人类的社会生产由个体手工生产引入大规模的工厂化生产中，历史学家将这一时代称为"机器时代"（或"蒸汽时代"），又称"第一次工业革命"。机器的运用给社会生产所带来的影响是显而易见的，在第一次工业革命之后，人类社会的生产力得到了飞速提高。随后，发电机的问世又将人类社会由"蒸汽时代"带入了更加机器化也更加高效的"电气时代"，即"第二次工业革命"，由此所带来的是人类社会经济增长又一个突飞猛进的崭新阶段。"二战"之后，人类社会逐步进入了以生物科技和航天技术为代表的新技术时代，而新技术的发展在 21 世纪之后更是逐步发展为以人工智能技术和微电子技术为核心的信息产业革命，这一巨大的发展也被称为人类历史上的"第三次工业革命"。毫无疑问，自第一次工业革命开始，机器就已经在深刻地影响着人类社会的发展和进程，而机器的每一次技术革新也都给社会生产力带来巨大的改变。综合来看，机器技术的发展历程大体上是由辅助人力向替代人力发展，由半自动化向全自动化发展，由机械化向智能化发展。经过百年的发展，到目前为止，人类社会对机器的需求已经发展到了要求机器可以独立服务于社会生产的程度，即人工智能。如今，人工智能已经成为世界发展的大趋势，世界各国都推出了支持智能发展的政策，如美国的"国家制造创新网络"计划、德国的"工业4.0"计划①、日本的"工业价值链"计划②等，人工智能技术在世界各地都在飞速地发展。2020年，全球人工智能市场规模已超过1万亿元，同比增长达到12.3%，而我国的人工智能产业的市场规模也已经从2015年的112亿元增长到2020年的710亿元，年均增长率达到44.5%。据IFR统计，我国智能机器人市场存量的年均增长率已经达到37.73%，并在2016年超过日本，成为全球最大的智能机器人使用国。关于机器人或人工智能所带来的影响，以往学术界所形成的共识就是机器生产或者人工智能的发展必定会给社会生产力带来显而易见的提升（Kromann et al.，2011；Aghion et al.，2017；Acemoglu and Restrepo，2018c；Graetz and Michaels，2018；孙早、侯玉琳，2021）。在本章，我们就力图在过往关于人工智能影响社会生产率相关文献的基础上，实证探究人工智能可以给企业生产率带来何种程度的影响，以增加人工智能提升生产率的公司层面实证证据。

根据"引言"中的阐述，本章使用了IFR所定义的"产业机器人"数量与千人劳动力的比值作为人工智能技术的衡量指标。在"引言"中，我们已经对IFR所定义的"产业机器人"做了清晰的解释，在此简单陈述其定义就是：在接受过人类的编程教学，收到人类的开始任务指令后，可以不需要人为协助独立执行多项生产任务的全自动化机器。从本质上讲，人工智能技术也属于新技术的一种，但由于其在一定程度上拥有了模仿人类大脑进行工作的能力，从而使机器生产不但可以像过去一样进行重复性的简单劳动，还能在生产过程中扮演多种复杂的角色，甚至超过人类的体力和认知范围来进行工作（闫雪凌等，2020）。因此

---

① 德国的第4次工业革命——"工业4.0"计划强调什么？［EB/OL］. 企鹅号-大话百科天地，ht-tps：//cloud. tencent. com/developer/news/462112，2019-10-26.

② 深度解读《日本工业价值链参考架构》［EB/OL］. 控制工程网，http：//i4. cechina. cn/17/0615/08/20170615085034. htm，2017-06-15.

相比于其他技术，其影响范围更加广泛，程度也更加深远。在明确了本书对于机器人或者人工智能技术的定义之后，我们不难总结出人工智能机器设备的优点：人工智能设备可以代替大量的人力劳动力，覆盖大面积的操作区域，实现 24 小时工作，同时对工作环境的要求较低；此外，人工智能机器人还可以减少人类对生产操作的参与，实现标准化生产，大大提高产品质量和生产效率。这些优点给企业产出和社会生产所带来的就是整体生产率的大幅度提升。例如，全球知名飞机制造空中客车集团（Airbus，以下简称空客公司）在早期与同行业美国飞机制造商波音（Boeing）和麦道（McDonnell-Douglas）的竞争中一直处于劣势，以 2014 年为例，空客公司交付的飞机订单数量仅为波音公司的 52% 左右。近几年，空客公司率先在行业范围内开启了自动化制造的进程，并积极地在制造工厂采用人工智能机器人技术以及更先进的 3D 打印技术，如能够自主沿着飞机内部移动、在机身内部实现支架流水线安装的装配线自动化"即插即用"机器人，以及用于喷涂复杂装饰、旋翼轮毂等主要零部件喷涂工作的全自动喷涂机器人等。这些机器人的运用，不仅优化了飞机零部件的制造流程，同时实现了消耗最少的能源并缩短了生产周期。先进的智能制造技术给空客公司带来的业绩提升是十分明显的，空客公司在 2019 年共交付了 863 架飞机，比 2018 年同比增长了 7.9%，而老对手波音公司同期的飞机订单完成量下降了 1/3 左右。同样，智能制造技术在国内的应用也给我国企业带来了业绩上突飞猛进的增长，如国内家电巨头海尔集团从 2005 年开始就着力构建智能制造平台，并逐步更大幅度地提升智能化设备在生产中所占的比重，且取得了显著的成效。以 2015 年前后作为对比，海尔集团构建的模块化全自动智能化生产系统将整体产业的生产开发周期缩短了 20% 以上，使交货周期由平均的 21 天缩短到了 10 天，厂内库存天数也下降了 50%；另外，还降低了大约 20% 的运营成本，提升了大约 5% 的能源利用率，这些都极大地减少了生产成本并提升了企业绩效。人工智能对于生产力的提升不仅凸显在本身实力雄厚的大型企业身上，对于专业性较强的中小企业同样具有显著的成效。例如，青岛红领集团打造了全自动化的服装生产系统，用户可以根据自身需求，对所需服装的面料、花色和纽扣等 100 多处细节进行定制，随后生产系统就会根据所获得的数据匹配性地、分解性地完成服装制造。传统模式下，服装定制的成本居高不下，同时质量无法保证，交货周期通常在一个月以上，而且根本无法实现量产，这也使服装定制的价格异常昂贵，同时订单较少。在现有的智能化制造模式下，红领集团服装定制的周期已经缩短为七个工作日，并且实现了量产和优质的性价比，这一成效不仅为广大消费者提供了优惠的"贵族定制"，也极大地降低了红领集团的生产成本，从而提升了企业绩效。如第一章"引言"和第二章"文献综述"所阐述的一样，以往文献对自动化或者智能化生产的研究较为匮乏，仅有的文献如：Acemoglu 和 Restrepo（2017，2018b，2020a）、Acemoglu 等（2020b）、Lankisch 等（2017）主要探讨了智能化对劳动力结构和工人工资水平的影响；Aghion 等（2017）、Autor 和 Salomons（2017）则探讨了智能化对于宏观经济的影响，这些文献均未深入探讨人工智能对企业层面绩效或生产率水平的影响。同时，虽然以往文献对企业绩效或生产率的研究屡见不鲜，但是少有文献探讨智能化对企业层面绩效的影响，仅有的如赵烁等（2019）采用事件研究法，以我国工业和信息化部"智能制造试点示范项目名单"来测度了人工智能技术；程虹等（2020）构建了企业是否使用机器人的虚拟变量来衡量人工智能技术，两者虽然论证了人工智能对企业业绩的影响，但均未具体测算出可以体现人工智能内涵的测度指标，因此本章的研究在一定程度上填补了以往文献的空白。

为了能够综合考量企业绩效或生产率的水平，本章主要采用了全要素生产率作为检验指标。企业的全要素生产率是企业技术升级、管理模式改进、产品质量提高和结构升级等综合功能的体现，是最能代表产业升级与企业生产力发展的指标，是中国未来经济增长的决定性因素（胡鞍钢，2003），也是国家战略规划的发展目标[1]。为了能够更准确地计算出企业的全要素生产率，我们使用了"中国工业企业数据库"进行研究，这一数据库提供了详细的计算全要素生产率所需要的工业总产值、中间投入以及其他相关变量数据；除此之外，无论是中国还是美国的其他数据库，都无法准确提供此类数据[2]。因此，本章的研究样本为 2006～2014 年的中国工业企业。同时，"中国工业企业数据库"的另一优势就是数据量巨大，其涵盖了中国全部国有工业企业以及规模以上的非国有工业企业，使用其作为研究样本所得的结论更具有普遍性。

此外，"中国工业企业数据库"也为本章量化人工智能技术提供了条件。本书在此章参考 Acemoglu 和 Restrepo（2020a）的研究方法，通过中国各行业智能

---

① 党的十九大报告中明确提出了"……推动经济发展质量变革、效率变革、动力变革，提高全要素生产率"的国家发展战略目标，具体详见：http://www.12371.cn/special/19da/bg/。

② 本书已在"引言"清晰阐述了这一点。

机器人数量与劳动力人数的比率构建了中国各行业的智能化指数[①]，以此作为中国行业层面人工智能应用程度的衡量指标。对于行业层面的劳动力数据，目前所有的官方机构大部分都将"制造业"归类为一个行业，仅有的细分制造业的相关数据只统计至2010年，在此种情况下，我们只可能计算得到5个非制造行业和1个制造业，总共6个行业的智能化指数，显然不够细致和准确。"中国工业企业数据库"涵盖了近百万家工业企业，其所统计的数据量是其他数据库，例如，中国经济金融研究数据库（CSMAR）（原国泰安数据库）或锐思（RESSET）数据库的百倍，通过其所统计的劳动力情况来计算得到各行业细分下的劳动力数据，是目前最具代表性和说服力的。通过"中国工业企业数据库"所统计的各行业劳动力数据，我们最终计算得到了5个非制造业和13个制造业，共18个行业的智能化指数[②]，这大大提高了本书对于人工智能技术衡量的准确性，为我们的实证检验提供了条件。此外，规模以上所统计企业的产值涵盖了中国90%以上的工业总产值，再结合IFR统计的机器人90%以上均为工业机器人的实际情况，我们可以认为中国市场的机器人大部分都应用于在"中国工业企业数据库"所包含的企业中，因此使用此数据库来研究中国市场人工智能技术与劳动力的替代关系，比使用中国全面市场劳动力数据更有说服力，也是目前最准确的研究方法。

如上所述，利用2006~2014年中国工业企业的数据样本[③]，我们发现机器人的运用的确可以显著促进其全要素生产率水平的提升。同时，由于中国市场的智能化指数与美国、丹麦和瑞典三个国家智能化指数之和的70%十分接近，参考Acemoglu和Restrepo（2020a）对美国智能化指数工具变量的构造方式，我们使用了此三个国家平均智能化指数的70%作为本章的工具变量来缓解内生性问题[④]。最终，我们的2SLS第二阶段估计结果更充分地显示了本章结论的稳健性，为人工智能可以显著促进企业生产率这一重要结论提供了更具实质性的证据。

另外，本章对于机器人对企业生产率的影响进行了异质性分析。由于中国的

---

① 由于IFR将中国大陆与中国台湾、中国香港和中国澳门地区分开统计，并且"中国工业企业数据库"并不涵盖中国港澳台地区的企业，因此本章所研究的中国市场实际为中国大陆地区，不包含中国港澳台地区。

② 由于工具变量涉及欧美国家智能化指数，综合数据可行性，本书中国市场研究主体回归所涉及的行业实际为5个非制造业和9个制造业，共14个行业的智能化指数。但附录附表A5中OLS回归的行业分类为18个行业。

③ 由于数据缺失严重，本章剔除了2010年中国工业企业的数据样本。

④ 选择这三个国家的详细理由将在本章第四节中进行阐述。

政治体制，国有企业与非国有企业在劳动力结构、企业管理机制以及企业决策方面都有着非常明显的区别。因此，本章首先将样本按照企业实际控股人分为国有企业与非国有企业，分别探讨了智能机器人对企业生产率的影响。最终我们发现人工智能对企业生产率的提升作用在非国有企业中更加显著。究其原因，国有企业由于本身企业性质的特殊性，企业的决策机制和劳动力结构机制都不够灵活，并且还承担着较多的社会责任，无法灵活地在引进智能机器人后对人力劳动力进行解聘等安置工作，因此其在引进大型智能化设备来替代人类劳动力的问题上面临着较大的限制和压力，再加上国有企业本身的企业规模和劳动力规模都相对较为庞大，引进的设备未必可以在整个企业生产环节占据重要地位，这也就使国有企业虽然引进了大量的先进设备，但并未与其劳动力形成较为明显的替代关系，从而对其生产率的影响也相对较弱。

此外，因为智能化设备通过大规模地取代人力劳动力来影响企业的生产，从而影响公司绩效，所以人力劳动力的密集程度必然会影响本章的回归结果。为了考察这一影响，我们又分别对不同劳动力密集程度子样本中机器人对企业生产率的影响进行了研究。我们通过本章样本基期（2006 年）就业人数与生产价值的比率构建了行业层面的劳动力密集程度，将其与样本进行匹配后，我们又按照此比率的中位数将样本分为高劳动密集型子样本和低劳动密集型子样本，最终我们发现人工智能技术对高劳动密集型子样本中企业生产率的影响更加明显。

以 Bain（1968）和 Scherer（1980）为代表的西方产业组织学认为，市场绩效是由市场行为决定的，市场行为是由市场结构决定的，而产品市场竞争度正是市场结构的首要决定因素。在此基础上，Tittenbrun（1996）、Martin 和 Parker（1997）在其超产权理论中提出了利润激励只有在市场竞争的前提条件下才能发挥其刺激经营者增加努力和投入作用的研究观点，而其余研究也都表明了产品市场竞争度与企业绩效存在着一定的直接关系（殷醒民，1996；Hou and Robinson，2006），因此在本节的异质性分析中，我们考察了不同产品市场竞争对本章主体结果的影响。参考 Hoberg 和 Phillips（2010）、马建堂（1993）以及戚聿东（1998）等的以往研究文献，我们采用了经典的行业集中度（HHI）作为产品市场竞争程度的衡量指标。行业集中度越低意味着公司所处行业的竞争程度越强，行业集中度越高则意味着公司所处行业的竞争程度越弱。依照行业集中度的中位数，我们将样本划分为高竞争子样本和低竞争子样本，最终发现，在低竞争子样本中，机器人对企业全要素生产率的促进作用更加明显。究其原因，高竞争行业本身就已经具有更强的企业绩效激励机制，因而人工智能对绩效的促进作用在此类企业中发挥作用的空间相对较小。这一结论证明了人工智能技术与产品市场竞争在对企业的激励作用上存在着替代的关系。

本章还针对智能机器人对轻工业和重工业企业的不同影响进行了检验，最终我们发现人工智能技术更大程度地提升了重工业企业的绩效水平。从轻工业和重工业企业的主营业务上，我们不难理解这一结论，重工业企业具有更多的常规低技能劳动力，该类型劳动力更多的是承载了机械沉重的工作任务，而这一部分工作既更需要也更易于被智能化生产设备所替代，因此智能机器人对这一部分企业的绩效产生了更强烈的影响，该结果表明了人工智能对不同类型工作替代弹性的不同。

在稳健性检验方面，本章也做了一系列工作。首先，参考 Acemoglu 和 Restrepo（2020a）安慰剂检验的做法，我们将被解释变量由 2006～2014 年（不包括 2010 年）的面板全要素生产率替换为公司 1998～2005 年全要素生产率的平均值，以消除可能存在的先前趋势对本章估计结果的影响。最终，所得检验结果均不显著，即意味着本章的结果没有受到样本起始年之前任何先前趋势的影响。其次，本章主体回归结果的智能化指数均使用了当期的智能机器人数量和劳动力数量，在此部分为规避企业本身劳动力规模变化和行业规模变化所带来的影响，我们使用了样本基期（2006 年）的行业劳动力数据重新测算了每一年的智能化指数，最终结果与我们的主体回归结果一致。最后，本章还估算了公司智能化机器设备的总价值作为企业人工智能使用程度的衡量指标并进行了检验，最终结果同样证明人工智能技术可以显著促进企业生产率。

此外，参考 Acemoglu 和 Restrepo（2020a）的做法，本章改变了工具变量的构造方式。首先，在选择工具变量构建备选国家时，我们在美国、丹麦和瑞典三个国家的基础上，添加了全球智能化程度最高国家之一的德国，并使用了这四个国家智能化指数的平均值作为第一个替代工具变量。其次，我们使用美国以及其余九个智能制造较为先进的欧洲国家[①]智能化指数的平均值作为第二个替代工具变量，最终我们在改变了工具变量后，仍然得到了与主体回归结果一致的结论。再次，本章还对样本进行了筛选，我们分别剔除了所有行业中具有最高人工智能

---

① 九个先进欧洲国家分别为：丹麦、芬兰、法国、德国、意大利、挪威、西班牙、瑞典和英国。选择这九个国家是因为它们均具有较高水平的智能化程度，代表了世界智能制造的最高水平，在 IFR 数据库中的行业统计数据较为完整，同时其智能机器人数量占世界机器人市场的 41%。

应用程度的"交通工具制造业"样本，剔除了每个行业-年度层面下智能化指数最高的1%样本；同时，由于本章的样本中2011年（包含）之前的中国工业企业统计标准为总规模达到500万元或以上，而2011年之后（不包含）的统计标准改为2000万元或以上，为了保持年度数据统计口径的一致性，在此部分我们只保留了2000万元或以上规模的样本进行了检验。此外，由于"中国工业企业数据库"所包含的企业为所有的国有工业企业及规模以上的非国有工业企业，为保证国有企业与非国有企业在本书样本中的均衡性，我们剔除了每一年标准下的规模以下国有工业样本并重新进行了检验。最终我们发现样本的变化并没有影响本书的主体回归结果。本书还添加了其他新技术指标或技术政策因素作为控制变量，又变换了企业生产率的测算标准进行了检验，所得结果依然与主体回归结果一致。

本章研究结果主要有以下几点学术贡献：

第一，如第一章"引言"的研究意义所述，目前对于人工智能等新技术的学术研究仍然较少，已有的研究主要研究了自动化或者人工智能技术对宏观经济或劳动力结构的影响（Aghion et al.，2017；Acemoglu and Restrepo，2017，2018a，2018b，2018c，2020a；Autor and Salomons，2018），目前少有文献实证研究人工智能对企业层面公司绩效的影响，本章丰富了相关领域的研究。

第二，由于人工智能技术指标难以量化且相关微观层面数据难以获得，以往文献关于公司绩效或者生产率的实证研究较少涉及人工智能等新技术的影响，仅有的文献，例如：程虹等（2018）样本缺乏代表性；赵烁等（2019）未具体指定指标来测算人工智能技术，本章研究采用了具体的智能化指数来衡量人工智能技术为这一研究领域的创新之处。

第三，如"第一"所列示，以往文献对于人工智能的研究多以欧美等发达经济体作为样本，目前少有文献实证研究中国市场公司层面的人工智能技术，仅有的几篇关于中国市场人工智能的研究（Cheng et al.，2019；陈彦斌等，2019）也均为理论研究，而王永钦和董雯（2020）、孙早和侯玉琳（2021）虽然对中国市场的人工智能技术展开了实证研究，但所研究的影响分别为机器人与劳动力结构和行业层面全要素生产率的影响，均未涉及企业层面的公司行为因素。程虹等（2018）和赵烁等（2019）虽然探讨了人工智能对企业层面公司绩效的影响，但其分别存在样本缺乏代表性、无法全面代表中国市场，以及未具体测度人工智能技术的问题。因此，本章研究丰富和充实了中国人工智能技术如何影响企业层面公司绩效的实证证据。

本章研究同样具有较高的实用价值，可以为之后政府部门推进智能制造发展、促进工业经济生产率的提升提供相应的实证依据和政策建议。本章其余部分组织结构如下：第二节是渠道分析；第三节是数据；第四节是本章研究的模型与研究方法；第五节是智能机器人对公司生产率影响的基准回归结果，即 2SLS 第二阶段估计结果；第六节是延伸性分析，分析了机器人对于全要素生产率的分解因素：技术进步和技术效率变动的影响，以及机器人技术对企业发展能力和盈利能力的影响；第七节是异质性分析，即不同的产品市场竞争程度、不同的劳动力密度、不同的企业性质和不同的主营业务对本章主体结果的影响；第八节是稳健性检验，分别为安慰剂检验、替换智能化指数、替换工具变量、替换企业生产率、替换样本，增加其他新技术指标或技术政策控制变量；第九节是主要研究结论。

第二节　渠道分析

对于人类而言，无论是本书所研究的智能化机器，还是在人类社会已经存在许久的非智能普通机器设备，其都是作为社会生产中的"工具"而存在。如果我们追溯"工具"这一概念，或许可以追溯到距今百万余年的石器时代，在生物的进化史上，历史学家认为人与动物根本的区别——是否可以使用"工具"，而"工具"存在的意义就是帮助人类改善生产力。坦言之，人类社会各种生产要素不断发展的根本目的是提高生产力，也就是说，人工智能技术被发掘的根本原因也同样是基于人类社会对于生产力提升的巨大需求。我国早在 1981 年党的十一届六中全会上就明确指出了社会主义初级阶段的主要矛盾是人民日益增长的物质文化需要同落后的社会生产之间的矛盾，由此可见，提升社会生产力既是当前所有建设任务的落脚点，也是人工智能等一系列新技术应运而生以及被全社会迫切需求的根本原因。因此我们不难理解，虽然可能存在大型设备投资短期无法回笼资金的情况，但从全社会范围以及长期效应的角度看，人工智能技术毫无疑问地会提升全社会，尤其是工业企业的生产力水平。目前，我们可以总结出的被全社会普遍认同的人工智能技术对企业，尤其是对工业企业的改变主要有几下几点：

第一，扩大了生产规模。在人类社会生产中运用机器设备的根本目的就是扩大社会的生产规模，而人工智能技术作为一个被赋予了"独立思维"程序的机器，相比于其他之前的机器技术，其对社会或者企业生产规模的提升是颠覆性的。例如，国内知名汽车制造商上汽通用集团在近几年中国市场整体经济处于 L 形底部，尤其是汽车制造行业产能过剩、客户需求越加多样化与个性化以及利润空间减少的大环境下，全面启动了"智驱科技"的发展战略，采用了一系列的智能机器人提高了生产效率，例如，在 2019 年世界人工智能创新大赛（Artificial Intelligence World Innovations，AIWIN）获得工业方向第一名的"伊娃"精密装配机器人。这一智能化设备自带的力反馈装置可以在装配齿轮的时候感受到来自爪尖的轻微变化，做到柔性调整以实现无级变速箱液力变矩器精密装配以及三四轴精密装配等以前只能通过人手才能完成的"细活"，从而依靠机器实现了人力劳动力的解放，同时也让这一精密技术在人工智能的操纵下实现了量产，增加了企业的生产规模，而且机器生产的另一个巨大优势就是对车间环境的要求较低，并可以实现 24 小时不间断地同质量同标准工作，这也就规避了生产过程中造成生产效率低下的许多人为因素，从而颠覆性地提高了生产规模。据统计，上汽通用在采用了如上所述的智能化生产线之后基本达到了年均 7%的产量增长，其旗下的别克、雪佛兰和凯迪拉克等品牌均实现了年均万辆级的增长数量。

第二，减少了单位产品的人工成本。智能制造最直接的影响就是利用先进的机器设备取代了生产线上的人力劳动力。这种替代关系最终会给企业的劳动力带来两种效应：一是"替代效应"，即智能化生产设备大规模地替代了人力劳动力，尤其是从事常规低技能工作任务的劳动力，如从事搬运、筛选和拼接等不需要高技术水平工作的工人。毫无疑问，智能化机器对人力劳动力的替代会极大地减少人工成本。与此同时，我们可以想象的是，在相同的工作时间，智能化生产设备必然会比人力劳动更高效地完成工作，即带来更高的产量。人工成本总量的减少与产品产量的增加带来的直接结果是单位产品人工成本的降低，而这一成本的降低对于企业而言无疑是改善企业业绩的重大利好。然而，机器设备对于人力劳动力的替代同样有可能带来另一个对劳动力产生相反作用的效应，即"规模效应"。企业在引进大量先进生产设备之后，生产规模大幅度提高，从而使人力劳动力数量增加，人力劳动力成本也随之上升。但我们需要注意的是，人力劳动力成本的增加建立在企业生产规模或产品数量大幅度提升的基础上，也就是产品数量的增长幅度必然会大于人力成本的增长幅度，在此种效应下，单位产品的人工成本依然是降低的。因此，人工智能技术必然会带来企业单位产品人工成本的降低，如入选了中国2017 年"智能制造试点示范项目"、由中国通信业巨头中兴科技与湖南省战略合作的中兴通讯长沙智能工厂利用智能机器人和自动化设备打造了中国最先进的类终端生产线。中兴对此生产线的建造缘由就是随着中国市场人力成本价格的提升，人力成本已经成为企业资本开支占比较大的一环，而智能制造的应用可以极大地替代人力劳动力，从而减少成本开支。事实证明，中兴通讯长沙智能工厂的确大幅度地降低了人力成本，并且智能制造对于通信类精密仪器的大规模量产也使单位产品的人工成本达到了之前的 1/10，这对于竞争压力较大的通信类制造业而言无疑于一剂高性能的催化剂。根据摩尔定律①，未来市场中硬件设备的成本会逐渐下降，而人力成本会逐渐上升。因此，在未来，可以降低单位产品人工成本的智能制造将会成为社会生产的必需品，不采用人工智能技术就面临着被淘汰的危险，而且在未来的很多领域，摩尔定律也表明了机器制造的成本会明显低于人力成本，这也就意味着人工智能技术可以降低企业单位产品人工成本的特点必将成为其在工业或制造业领域发展的重要拐点。

第三，提高了资源利用率，降低了损耗。人工智能技术可以实现对企业生产原材料尽可能地充分利用。许多石油化工、有色金属或者钢铁行业的智能制造设备以提高能源资源的利用率作为核心，如中国石化自 2012 年 9 月开始就在全系统内逐步推进了"智能工厂"的技术改造建设，尽可能地使用智能化设备对企业生产过程进行全方位的操纵和优化。这一举措的一大利好就是相比于之前人为操作的生产设备，一系列的智能催化设备可以实现更充分的化学反应，能源的利用率大大提高，并且可以实现废弃物、污染物和高危化学品的全生命周期足迹跟踪、溯源与调控，真正实现节能减耗。自 2012 年智能化改造以来，中石化集团目前已有多家企业入选国家工信部的"智能制造试点示范项目"，如九江石化智能工厂入选了 2015 年试点示范项目名单，长庆石化炼化智能工厂入选了 2018 年试点示范项目名单。

第四，减少了生产周期和库存成本。通过之前的论述，我们可以看到，毫无疑问，人工智能技术给企业所带来的是更高效的生产，特别是在制造业生产中，

---

① 摩尔定律是英特尔创始人之一戈登·摩尔（Gordon Moore）的经验之谈，其核心内容为：集成电路上可以容纳的晶体管数目在大约每经过 24 个月便会增加 1 倍。换而言之，处理器的性能每隔两年翻一番。这一定律在一定程度上揭示了信息技术进步的速度。

智能机器人通常可以将单项产品的生产周期缩短至一半左右，而生产周期的缩短不仅会带来产量的提高，更会减少产品生产周转过程中的库存费用，如全球知名晶圆制造商希捷（Seagate）于很多年前就开始运行了一个名为"雅典娜（Athena）"的以智能制造和机器学习为核心的人工智能平台，通过编程教育，这一平台可以比技术工人更为快捷精准地辨别出存在缺陷的产品，其在提高产品质量的同时，也减少了 20% 左右生产环节的新型无尘室投资，以及降低了大约 10% 的生产流程总耗时。

第五，提高了产品合格率，并实现了产品的多元化生产以满足客户的需求。人工智能技术的一大优势就是在接受了人类的编程教育或者深度学习之后，该技术可以引导机器设备重复性地、无差别地完成人类所交代的任务。显而易见，相比于人力劳动力，智能制造不存在可能造成产品残次的精力不充沛、操作明显失误或者不同操作员水平不一致等现象，这自然会极大地提高企业产品的合格率。与此同时，不同程序操纵下的机器可以完成不同类型或者不同标准的产品，以此来满足客户的多元化需求，如入选了 2018 年国家工信部"智能制造试点示范项目"的北京宝沃汽车工厂于 2013 年开启了全球首条"八车型柔性生产线"项目，该项目于 2018 年底已经具备了年产 36 万辆整车的生产能力。这一兼备八种不同车型的柔性生产线同时具备 3 分钟冲压线自动换模装置、222 套柔性机器人车身定位系统、17 套颜色集中供应装备等先进化的智能生产流程，其为宝沃工厂带来的是指数级生产效率的提升。此外，该智能化生产线为每台车匹配了超过 5000 个的车身焊点数、22000 多个整车测量点、误差不超过 0.3 毫米的精度零件，以及超过 290 种内饰配件的精细匹配系统，这些使该生产线所生产的汽车在最大程度上实现了从内至外的高质量水准。此外，该生产线还同时拥有 3 种全项目检测线、1075 个整车检测项目、360 度无死角淋雨检测装置，以及 16 种 100% 全路谱道路测试系统，从而最大限度确保了每一辆出厂车辆都具有最优质的产品质量。由此可见，人工智能技术对企业生产工艺的改变是巨大的，智能化技术的运用正是目前企业在新时代下谋求生存发展的核心因素。

第六，提高了管理效率。人工智能技术所赋予企业的就是机械化、标准化、规模化的生产过程，即企业的整个生产过程都将在系统的统一部署下进行，尽可能地减少人为因素在其中的干预。试想，即使是在之前机械化程度已经很高的半自动化时代，企业生产的每一个环节仍然需要人为决定，这就有可能造成由于某一个生产环节的疏漏，或者每个人的操作技能不同所导致的产品质量有所不同，从而造成企业需要投入更多的成本去监督和审核最终的产品属性。现在的全自动化生产过程，所有环节均在机器统一标准的操作下规模化完成，人力劳动力在其中只负责监管；而且，全自动化智能设备通常都具有统一的数据管理系统，工人只需要将系统数据与实际产出进行对比即可完成整个生产及检验工作。毫无疑问，人工智能技术相当于增强了企业的外部监管机制，必将提升企业的整体管理效率。

以上论述均是对机器人技术如何在企业生产过程中发挥优势的介绍，而这些优点和相应案例都毋庸置疑地表明了机器人技术会提高生产率水平。我们综合前文论述，结合所研究内容，将在本章为智能机器人提高生产率这一现象提供企业层面的实证论证依据。

第三节　数　据

一、样本构建

如"引论"所述，为更好地反映公司绩效水平，本章使用了可以准确计算全要素生产率的中国规模以上工业企业作为研究样本，相关数据来源于"中国工业企业数据库"。相比于上市公司数据库，工业企业数据库拥有更充足的企业样本量，其包含的中国工业企业的产值已经达到了全国工业总产值的90%以上，因此使用"中国工业企业数据库"作为研究样本来探讨人工智能对公司生产率的影响更具有代表性。

本章分行业的劳动力数据由锐思数据库（RESSET）获得的"中国工业企业数据库"计算所得。由于目前官方公布的中国劳动力数据大部分将"制造业"作为一个笼统的概念提出，极少有数据库提供中国各个制造业分支的具体劳动力情况，因此本章通过"中国工业企业数据库"每一年各个行业（包括制造业分支）的劳动力数量作为中国各行业劳动力人数的测度。尽管这一做法并不能代表中国全部的劳动力市场，但考虑到"中国工业企业数据库"囊括了中国全部的国有工业企业以及规模以上的非国有工业企业，其覆盖的总产值已经达到了全国工业总产值的90%以上，并有继续上升的趋势，因此这一测度方式是目前最准确的衡量中国市场各行业（尤其指制造业分支）劳动力整体情况的方法。同时，本章在后文所要使用的工具变量法也可以在一定程度上减小其与中国整体劳动力市场的误差，而且由于国际机器人联合会（IFR）机构所统计的智能机器人90%以上都为工业机器人，因此我们可以认为中国市场的智能机器人大部分都应用在了"中国工业企业数据库"所包含的企业中，而我们的计算方法相比使用中国各行业的全部劳动力数据来计算机器人使用密度更确切。

本章分行业的中国"产业机器人"年度存量数据取自 IFR 的年度报告。作为控制变量的行业集中度、公司年龄、公司规模、公司资产负债率、公司性质、公司人均工资以及公司资本密集度等数据均来自"中国工业企业数据库"。由于 IFR 中关于中国分行业的机器人数据起始于 2006 年，而目前"中国工业企业数据库"数据统计的截止时间为 2014 年，因此本章的样本为 2006~2014 年的中国规模以上工业企业面板数据。需要指明的是，参考谭语嫣等（2017）、李波和蒋殿春（2019）的做法，结合"中国工业企业数据库"中 2010 年数据存在较大缺陷和统计问题的事实，本章剔除了 2010 年的样本数据以保证数据的可靠性。

表 3-1 为本章所使用样本的整体描述。Panel A 为样本的筛选过程，本章样本共有 2554218 个可以计算得到全要素生产率的观测值。参考刘冲等（2020）对于工业企业样本的筛选办法，本章剔除了 41811 个可能由于数据统计缺陷，从而不符合客观事实的样本，如"累计折旧"小于"当年折旧"、"流动资产"大于企业"资产总计"、"固定资产净值"大于企业"资产总计"的样本观测值。此外，本章还剔除了 52447 个无法构造控制变量的样本观测值，最终得到了涵盖501168 家企业的 2459960 个观测数据。

表 3-1　样本构建与分布　　　　　　　　　单位：个

Panel A：样本筛选	
可计算得到 TFP 的总样本量	2554218
减去	
问题样本	-41811
控制变量缺失样本	-52447
最终样本量	2459960

续表

Panel B：样本行业分布

行业名称	样本量
采矿挖掘业	102412
食品、饮料及烟草制造业	128773
纺织品与皮革制造业	339055
木制品及家具制造业	81995
纸质品制造业及印刷业	120928
塑料和化工产品制造业	236779
玻璃、陶瓷、石材及矿产品制造业	143105
一般金属制造业	133842
金属制品制造业（不包含汽车制造业）	202603
金属设备制造业	390405
电子制造业	260003
汽车制造业	96584
其他交通工具制造业	95993
其他制造业分支	65891
电气及水力供应业（公用事业）	53771
建筑业	1003
教育研发业	805
其他非制造业分支	6013
总计	2459960

Panel C：样本年份分布

年份	样本量
2006	274966
2007	305991
2008	370576
2009	374427
2011	263346
2012	280973
2013	312790
2014	276891
总计	2459960

参考 Acemoglu 和 Restrepo（2020a）的研究方法，结合 IFR 机构所提供的机器人数据的行业分类以及"中国工业企业数据库"的行业分类情况，本书将样本分为 18 个行业，包括 5 个非制造业与 13 个制造业①。Panel B 即呈现了本章样本的行业分布情况②，我们可以看到本章的样本大部分集中于制造业，大约占总样本数量的 90%，其余行业的样本量相对较少。

Panel C 汇报了本章样本的年份分布，对于"中国工业企业数据库"而言，其 2008 年之前（不包含）的数据较为详细，2008 年之后（包含）的数据变量缺失值较多，这也正是绝大多数使用此数据库的研究都止于 2007 年的原因，但本章对其他年份的数据运用多种方法进行了填补③，从而尽可能地保证了本章样本期间内观测值的充足。

二、变量

（一）智能化指数

参考 Acemoglu 和 Restrepo（2020a）的研究方法，本章通过中国各行业智能机器人数量与劳动力数量的比值构造了行业层面的智能化指数来衡量人工智能技术的应用情况，其内涵就是中国市场每个行业的智能化机器人（单位：unit）在各行业劳动力（单位：千人）下的使用密度。我们将其表示为 *China_ Exposure*，其计算方式如式（3-1）所示：

$$China\_ Exposure_{j,t} = \frac{R_{j,t}^{China}}{L_{j,t}^{China}} \tag{3-1}$$

其中，t 表示年份；j 表示行业；$R_{j,t}^{China}$ 表示中国市场中行业 j 在 t 年的智能机器人数量；$L_{j,t}^{China}$ 表示中国市场中行业 j 在 t 年的劳动力数量（千人）。

本章结合 IFR 对于机器人数据的行业分类以及"中国工业企业数据库"中的行业分类情况，在参考 Acemoglu 和 Restrepo（2020a）按照国际标准化行业分类（International Standard Industry Classification，ISIC）对智能机器人数据划分的

---

① 具体行业分类情况参见本章第三节。
② "中国工业企业数据库"包含的企业主要涉及采矿业、制造业、电力、水力供应业及少许其他行业。
③ 具体填补方法参见本章第三节。

19 个行业的基础上①，最终选定了 IFR 机构中 5 个 ISIC 1 级代码分类下的非制造业行业和 13 个 ISIC 2 级代码分类下的制造业行业作为本章样本的行业划分标准②。此外，为了与中国证监会的行业分类标准保持一致，本章将定义的 18 个行业（后文简称：18_Indus^{China}）与中国证监会的行业分类代码进行了匹配，匹配结果参见附录 A 的附表 A1。本章正是按照这一匹配关系将行业层面的中国智能化指数数据与中国工业企业数据库进行了匹配。

在制造业方面，我们所定义的 13 个行业分别为：食品、饮料和烟草制造业，纺织品与皮革制造业，木制品及家具制造业，纸制品制造业及印刷业，塑料和化工产品制造业，玻璃、陶瓷、石材及矿产品制造业，一般金属制造业，金属制品制造业（不包含汽车制造业），金属设备制造业，电子制造业，汽车制造业，其他交通工具制造业，其他制造业分支。在非制造业方面，我们所定义的五个行业分别为：采矿挖掘业、电气和水力供应业（公用事业）、建筑业、教育研发业、其他非制造业分支。因为我们无法对"其他非制造业"行业进行细分，所以在后文删除了"其他非制造业"并进行了稳健性检验。

此外，因为"中国工业企业数据库"的统计口径在 2011 年发生了改变，即 2011 年前（不包含）为 500 万元及以上资产，2011 年后（包含）为 2000 万元及以上资产。所以为了保证本章年份样本标准的一致性，在后文将每一年的样本标准都设定为 2000 万元及以上资产并进行了稳健性检验。又因为"中国工业企业数据库"实际所包含的样本为中国市场全部国有工业企业和规模以上非国有工业企业，即国有企业与非国有企业在此数据库中存在着规模口径不一致的现象。为了剔除这一影响，本章还在后文按照每一年非国有企业的规模标准对国有企业进行剔除筛选并进行了稳健性检验。另外，在 IFR 统计中，大约 30% 的机器人是未分类的，参考 Acemoglu 和 Restrepo（2020a）的做法，我们将这些未分类的机器

---

① IFR 提供了 6 个 ISIC 1 级行业代码下的智能机器人数据和 16 个 ISIC 2 级代码下的智能机器人数据。Acemoglu 和 Restrepo（2020a）的文章是在结合了可获取的美国及欧洲劳动力数据分类结构的基础上，按照非制造业取 ISIC 1 级行业代码分类下的数据，制造业取 ISIC 2 级行业代码分类下的数据对其样本数据进行了行业分类。具体细节本书将在第四章中具体阐述（注：IFR 所使用的为第 4 版的 ISIC 分类标准，即 ISIC，ver. 4）。

② 与 Acemoglu 和 Restrepo（2020a）的分类稍有不同的是，本章不涉及"农林牧渔业"的样本。造成这一结果的原因就是工业数据库本身在统计口径上存在问题，即尽管本章许多企业在中国证监会行业代码分类下属于"农林牧渔业"，但由于"农林牧渔业"本身不属于"工业"范畴，并且根据这部分企业的主营业务，其相关样本实际应该划分到其他 17 个行业中，因此本章样本不再包含"农林牧渔业"，而由于原始样本中的"农林牧渔业"在本章中不足总样本的 0.01%，因此不会对本章主体结果造成较大影响。

人平均分配到了本章定义的 18 个行业中。

需要指明的是，如引言所述，本章在附录的 OLS 回归中使用了所定义的 18_$Indus^{China}$ 分类方法，但由于正文的主体回归所采用的 2SLS 方法需要使用欧美国家的智能化指数作为工具变量，为顾及欧美国家智能化指数的可获得性，我们又对部分制造行业进行了归类，即将"木制品及家具制造业""纸制品制造业及印刷业"合并为"木制品、家具及纸制品制造业和印刷业"；将"塑料和化工产品制造业""玻璃、陶瓷、石材及矿产品制造业"合并为"塑料和化工产品，玻璃、陶瓷、石材及矿产品制造业"；将"一般金属制造业""金属制品制造业"合并为"一般金属及金属制品制造业"；将"汽车制造业""其他交通工具制造业"合并为"交通工具制造业"，最终将用于主体 2SLS 回归的行业分类为 5 个非制造业和 9 个制造业行业，共 14 个行业，我们将其定义为 14_$Indus^{China}$。

（二）公司生产率

公司生产率的衡量方式有很多种，其中全要素生产率（Total Factor Productivity，TFP）一直是衡量工业企业投入产出效率的核心指标，其定义是在扣除了劳动和资本等要素的贡献后，企业非生产性投入要素，如技术进步、企业管理水平提升和制度改善等对于企业生产的贡献率（王孝松等，2020），它反映了各种生产函数投入要素在生产过程中的单位平均产出，即生产投入转化为成本的效率水平（鲁晓东、连玉君，2012）。可以说，TFP 反映了生产率作为一个经济概念的本质（Massimo et al.，2008）。因此，基于本章的研究样本为中国工业企业，而 TFP 可以更为全面地衡量企业业绩，本章选择了企业的全要素生产率（TFP）作为企业生产率或企业绩效的衡量指标，并使用了其他两种衡量企业生产率的指标——劳动生产率和资本生产率，做了稳健性检验。

参考以往经典文献，本章在主体回归部分选择了半参数估计法的 OP 方法（Olley and Pakes，1996）、LP 方法（Levinsohn and Petrin，2003），以及非参数估计法的 ACF 方法（Ackerberg et al.，2015）来进行企业全要素生产率（TFP）的估计。本章在后文中用参数估计法中的普通最小二乘法（Ordinary Least Squares，OLS）和固定效应法（Fixed Effect，FE），进行了稳健性检验。

对企业层面全要素生产率的估计通常是基于科布·道格拉斯（Cobb-Douglas）生产函数（即 C-D 生产函数）展开的。在不考虑同时性偏差问题时，我们所要估计的基础模型为：

$$\ln Y_{i,t} = \beta_0 + \beta_k \ln K_{i,t} + \beta_l \ln L_{i,t} + \beta_a age_{i,t} + \xi_{i,t} \tag{3-2}$$

其中，i 和 t 分别代表公司和年份；$\ln Y_{i,t}$ 为企业工业增加值的对数；该模型的状态变量为企业资本存量的对数 $\ln K_{i,t}$ 和企业年龄 $age_{i,t}$；自由变量为企业劳动力数量的对数 $\ln L_{i,t}$；退出变量 $exit$ 即根据"中国工业企业数据库"中企业的营业状态决定。

由于最小二乘法的估计过程极有可能存在影响估计结果的同时性偏差和样本选择偏差问题，为尽量避免相关误差，本章按照 Olley 和 Pakes（1996）将企业的当期投资作为不可观测生产率冲击代理变量的思路，首先使用 OP 法构建了模型（3-3）来估计全要素生产率：

$$\ln Y_{i,t} = \beta_0 + \beta_k \ln K_{i,t} + \beta_l \ln L_{i,t} + \beta_i \ln I_{i,t} + \beta_a age_{i,t} + \xi_{i,t} \tag{3-3}$$

其中，企业投资的对数 $\ln I_{i,t}$ 即为 OP 法用于解决同时性偏差问题的代理变量。根据 TFP 的定义，在得到式（3-3）的各项估计值之后，我们可根据式（3-4）得到对数化的 TFP，即 TFP 的绝对水平值：

$$\ln(TFP_{i,t}^{OP}) = \beta_0 + \xi_{i,t} \tag{3-4}$$

同理，参考 Levinsohn 和 Petrin（2003）解决同时性和样本选择偏差的方法（即 LP 法），我们还将企业中间投入设定为不可观测生产率的代理变量，通过模型估计得到 $\ln(TFP_{i,t}^{LP})$。需要指明的是，经典的 OP 法和 LP 法均为两阶段半参数估计法，其第一阶段估计出的均为劳动产出弹性，第二阶段估计出的均为资本产出弹性。这种两阶段半参数估计方法中，第一阶段生产率与劳动力投入的共线性问题可能会造成所得的劳动产出弹性存在偏差，而随之估计出的第二阶段资本产出弹性又会进一步扩大偏差，从而影响估计结果的准确性。为了尽量减小相关误差，本章参考 Ackerberg 等（2015）的非参数估计方法（即 ACF 方法），不再严格限定 OP 法和 LP 法的假设条件，并在中间投入的决策函数中引入了劳动力投入。这一 ACF 法因为没有在第一步估计任何要素投入的弹性系数，所以不需要知道初始的生产函数技术形式设定，从而克服了 OP 法和 LP 法在第一步估计时可能产生的多重共线性及内生性问题，得到了更为准确的全要素生产率测算结果 $\ln(TFP_{i,t}^{ACF})$ [①]。

如前文所述，自 2008 年开始，"中国工业企业数据库"中相关的关键指标并没有得到详细统计，这也正是学术界使用工业企业数据库进行研究的大部分

---

① 有关 OP 法、LP 法和 ACF 法均为文献中常用的经典方法，且均可在 Stata 15.0 软件中通过代码直接完成，因此本书对于这三种做法具体的数理机制并不做详细探讨，有兴趣的读者可以参阅相关文献。

文献样本区间止于 2007 年的根本原因。为尽可能地保证每一年样本数量的充足性，本章在此对缺失指标以"先计算，后修补"的原则进行了处理。由于2010 年工业企业数据库的缺失过于严重，本章直接剔除了 2010 年的数据，但采用了修补的方法进行了稳健性检验。对于除 2010 年以外数据缺失值的修补方法如下：

第一，先计算。参考聂辉华等（2012）的样本修补方法，对于"中国工业企业数据库"中缺失的 2004 年"工业总产值"和"工业增加值"相关数据，本章在对 2004 年中国经济普查企业数据进行融合后，还使用了"工业增加值＝工业总产值－工业中间投入＋增值税"的公式进行了计算填补。对于缺失"本年折旧"相关数据的观测值，我们采用的方法是，若企业上一年的"固定资产合计"未缺失，则按照"固定资产投资＝当年固定资产合计－（1－折旧率）×上一年固定资产合计"的公式进行计算填补，其中，折旧率取 10%，这样即可通过固定资产的投资来推算本年折旧。此外，对于数据库中 2008~2013 年缺失的"工业中间投入"和"工业增加值"相关数据，本章参考余淼杰等（2018）的处理办法，通过"工业中间投入＝产出值×销售成本/销售收入－工资支付－本年折旧"和"工业增加值＝工业总产值＋增值税－工业中间投入"的公式进行了计算填补。为填补"固定资产存量"[①] 指标计算中所需要的"固定资产投资"，本章参照鲁晓东和连玉君（2012）的处理办法，通过"固定资产投资＝当年固定资产合计－上年固定资产合计＋本年固定资产折旧"的公式对"固定资产投资"的缺失值进行了计算填补。

对于企业生产率估算中的关键变量实际资本存量 K，本章同样参考鲁晓东和连玉君（2012）的做法，以本章样本起始年 2006 年的"固定资产合计"作为初始资本存量[②]，通过"$K_{i,t}=K_{i,t-1}+I_{i,t}-D_{i,t}$"的公式计算得到了企业各年份的实际资本存量 K。其中，K、I 和 D 分别代表企业的"固定资产合计""固定资产投资""本年折旧"。

第二，后修补。因为"中国工业企业数据库"2009 年"工资支付"数据缺失，所以 2009 年缺失的工业中间投入和工业增加值无法通过计算得出，本章在此通过插值方法得到。参考李苏苏等（2020）的做法，基于尽可能多地保留观测

[①] 对"固定资产存量"指标的计算，本章使用了永续盘存法。

[②] 若企业在数据库中 2006 年的"固定资产合计"缺失，则使用其"固定资产合计"指标在本章样本数据库首次出现的值作为初始资本存量。

值的原则，我们首先对数据异常值进行了处理：①绘制核密度函数图，同时以核密度图左右两端十万分之一作为离群值的判别标准，将"工业增加值""固定资产合计""工业中间投入"的离群值确定为数据缺漏值。②将"工业总产值""从业人数""固定资产总值"中不符合常识认知的小于0或者等于0的观测值确定为数据缺漏值。③对于不符合会计原则的样本，如"固定资产合计"大于"资产总计"、"工业总产值"小于"工业增加值"，或者"工业总产值"小于"工业中间投入"的观测值，本章仅保留每一组对应关系中较大的指标值，随之将另一个指标值确定为数据缺漏值。经过以上处理，本章总样本中"工业增加值"和"工业中间投入"的样本分布均发生了明显的变化，需要插值填补的"工业增加值""工业中间投入""本年折旧"缺失数据所占比例分别由之前的34.11%、21.55%和11.63%，减少为14.46%、11.83%和4.28%，这为接下来的插值处理提供了基础。

数据插补法的方式有很多种，本章分别采用了统计学中常用的分层均值插补法、回归均值插补法、MCMC多重插补法和PMM多重插补法对数据进行了修补，并分别对构建的三种测度的TFP进行了比较。

分层均值插补法是指对样本数据按照某一特征进行分类，使每层数据单元的信息比较类似，再用每层所观测到的平均值对缺失值进行填补。本章是按照TFP值将观测值以10000为分层单位进行了分层。

回归均值插补法主要是指通过拟合回归模型来预测缺失数据的方法。本章使用的回归模型为未加权的普通最小二乘估计模型。

多重插补法是指基于某种模型（回归、决策树、贝叶斯估计等方法）为每个缺失值构造多个插补值，以此产生多个完整数据集，再对完整的数据集进行分析得到多个处理结果，最后通过对处理结果的综合评定确定设定变量的估计方法[①]。

马尔科夫链蒙特卡洛（Markov Chain Monte Carlo，MCMC）多重插补法就是指以完整数据集为基础，通过马尔科夫链蒙特卡洛模型抽样法来完成从样本分布中的近似抽样过程从而填补不完整数据的方法。该方法在数据缺失比例不太高时效果较好。

预测均值匹配（Predictive Mean Matching，PMM）多重插补法是以完整的数

---

① 本章的多重插补法均使用了五重插补方法。

据集为基础，以 PMM 模型作为刻度变量的模型，用相应变量进行回归得到相应插补值的方法。

本章对四种插补方法分别进行了实验和比较，比较结果见附录中附表 A2[①]，综合 4 种方法所得到的要素弹性系数以及所保留的样本量，我们最终选择了 PMM 多重插补法所得到的数据库作为本章的基准数据库用于后文全要素生产率的测算。PMM 多重插补法所得到的三种测度全要素生产率的核密度函数分布如图 3-1 所示。

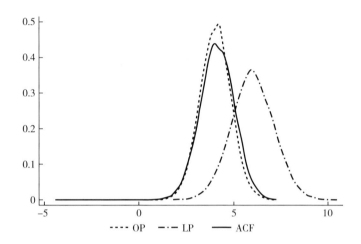

图 3-1　三种测度全要素生产率核密度函数分布

注：横轴代表 TFP 均值，纵轴代表概率密度。

如图 3-1 所示，三种方法的 TFP 水平值均在较高的置信水平上拒绝了正态性假设。其中，LP 法估计的 TFP 的均值最大，达到了 6.004；OP 法与 ACF 法估计的均值大小相仿，均为 4.000。通过偏度—峰度检验[②]的相关计算，我们发现，在偏态分析上，OP 法估计的 TFP 偏度绝对值最大，达到了 0.341，所以该方法下有众多的值落在了 OP 法众数的左侧；峰度最高的同样也是 OP 法估计的 TFP，达到了 5.403，说明该分布更为陡峭。

本章还以 2006 年为基期，将名义价格变量进行了平减处理。其中，工业产出相关变量通过分行业的"工业品出厂价格指数"进行了平减处理，资本投入

---

①　插补法的详细操作过程可由 R 语言统计分析软件直接完成，因此本章在此不再赘述。

②　因为本章的样本足够大，所以计算得到的偏度和峰度是比较可靠的。一般来说，当样本量大于 200 时，反映偏态系数的偏度统计量可靠；当样本量大于 1000 时，反映峰态系数的峰态统计量较可靠。

相关变量通过分省份的"固定资产投资价格指数"进行了平减处理，而"工业中间投入"则通过"全国工业原材料、燃料、动力购进价格指数"进行了平减处理。价格指数相关数据来自历年《中国统计年鉴》①。

（三）控制变量

结合数据的可获得性，本章使用证监会行业大类分类代码（即2级行业分类代码)② 分类下的每一行业年度前十大企业销售收入占行业总销售收入的比例构建了行业层面的产品市场集中度（HHI）来控制行业层面市场垄断对企业全要素生产率的影响。此外，在公司层面上，已有的文献如张杰等（2011）和余林徽等（2014）发现年龄较老的企业相比于年龄较小的企业具有更低的生产率水平，因此本章以企业成立年限的自然对数［ln（Age）］作为企业年龄的衡量指标控制了企业成立年限对回归结果的影响。同时，由于存在规模经济效应的影响，企业规模往往被认为是导致企业生产率差异性的重要因素，如 Lucas（1978）研究发现规模越大的企业生产率通常也会越高，因此本章以企业总资产的自然对数（ln（AT））作为企业规模的衡量指标控制了公司整体规模变化所带来的的影响；同时，参考 Kessides（1986）的做法，本章还在证监会行业大类分类代码下，通过行业层面"资产总额/企业单位数"（千元/个）构建了企业平均规模变量，并取自然对数［ln（Average_Scale）］控制了平均规模变化所带来的影响。根据以往经典文献，如 Jensen 和 MeckLing（1976）、Titman 和 Wessels（1988）、Hoesli（2005）、Margaritis 和 Psillaki（2010）等，企业的负债水平与绩效之间存在着极强的关系，因此本章通过企业负债总计占企业总资产的比重（Lev）构建了资产负债率来控制企业杠杆率的影响；因为"中国工业企业数据库"所包含的企业范围为全部国有工业企业和规模以上非国有工业企业，而"是否国有"本身又是研究中国市场企业所不能绕开的一个特性，所以本章根据该数据库对企业实际控股人的分类，构建了企业是否国有这一虚拟变量（SOE）来控制企业性质所带来的影响；为控制工资水平对全要素生产率所带来的影响，本章使用企业"本年应付工资总额"除以"从业人员数量"构建了企业的人均工资水平，并使用此数值的自然对数［ln（Wage_Per）］作为控制变量。参考杨天宇和张蕾（2009）的做法，本章在证监会行业大类分类代码下，采用行业层面"资产总额/就业人

---

① 对于西藏自治区所缺失的物价指数数据，本章参考苏锦红等（2015）的做法，使用了云南、甘肃和贵州的平均值进行了替代。

② 本章样本共整理得到72个有效的证监会行业大类代码分类下的行业。

数"（千元/人）的自然对数［ln（*Capital_Density*）］控制行业资本密度的影响。

除此之外，本章还控制了省份年份特定固定效应（Province-Year Specific Fixed Effect）以及公司固定效应（Firm Fixed Effect），控制了其他地域因素、时间因素以及公司因素差异性的影响。本章所有变量的定义参见附录中附表A3。

三、描述性统计

本章在表3-2中汇报了本章主体回归中相关变量的描述性统计情况。所有变量均在1%和99%的水平上缩尾。

表3-2　描述性统计

变量	均值	中位数	标准差	最小值	最大值
China_Exposure	0.573	0.588	2.776	0.000	3.481
China^{IV}_Exposure	1.409	0.913	4.448	0.000	31.402
ln（TFP^{OP}）	4.013	3.982	0.816	1.068	6.119
ln（TFP^{LP}）	6.004	5.893	1.205	2.005	12.773
ln（TFP^{ACF}）	4.125	4.007	0.892	1.115	6.634
HHI	0.073	0.078	0.102	0.011	0.113
ln（*Age*）	2.214	2.067	0.913	1.216	3.001
ln（*AT*）	11.128	11.082	1.913	9.003	14.075
Lev	0.527	0.533	0.702	0.000	1.000
SOE	0.619	0.622	0.338	0.000	1.000
ln（*Wage_Per*）	2.669	2.714	0.613	2.001	3.491
ln（*Capital_Density*）	3.668	3.752	1.449	1.228	6.057
ln（*Average_Scale*）	9.012	9.004	0.993	7.447	13.002

如表3-2所示，*China_Exposure* 的均值和中位数分别为0.573和0.588，这意味着在中国工业企业市场中，每一千个劳动力中大约有0.6个智能机器人。此外，我们可以看到OP法计算得到的TFP的均值和标准差分别为4.013和0.816；

LP 法计算得到的 TFP 的均值和标准差分别为 6.004 和 1.205，这两组统计数据与鲁晓东和连玉君（2012）、杨汝岱（2015）、席强敏和孙瑞东（2020）的描述统计结果基本一致。ACF 法计算得到的 TFP 的均值和标准差分别为 4.125 和 0.892，这一结果与席强敏和孙瑞东（2020）的研究结果基本一致。本章的描述性统计结果在一定程度上印证了本书数据构建过程的正确性。

为了呈现本章样本 TFP 的整体变化趋势，在此部分，我们首先在图 3-2 中汇报了不同年份全要素生产率（TFP）的分布情况①。我们将计算出来的每家企业 2006~2014 年的 TFP 分别以其工业总产值和工人人数作为权重，加权得到了年度 TFP。图 3-2（a）和图 3-2（b）分别呈现了年度 TFP 和 TFP 年增长率的变化情况。

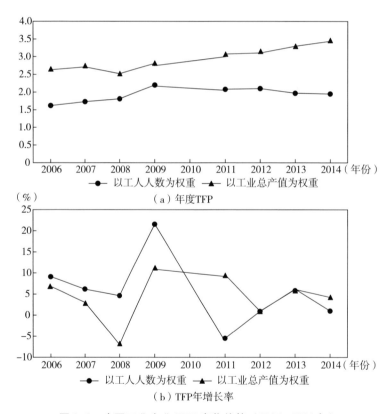

（a）年度TFP

（b）TFP年增长率

图 3-2　中国工业企业 TFP 变化趋势（2006~2014 年）

---

① 由于 ACF 算法得到的 TFP 更为准确，该节图表中所使用的 TFP 均为 ACF 法测算后的数值。

因为以工业总产值为权重保留了更多的观测值，所以本章在此部分重点观察了以工业总产值为权重计算所得的结果。如图 3-2 所示，从 2006 年至 2014 年，中国的对数化 TFP 从 2.63 增长到 3.24，大约增长 23.19%，平均年增长约 0.08 个单位，增长趋势较为平缓和稳定。TFP 年增长率从 2006 年的 5.40% 变化为 2014 年的 4.80%，整体呈现下降趋势，并且我们可以看到 2008 年和 2012 年 TFP 增长率均处于较低的增长点，说明金融危机和世界经济衰退大趋势的确对中国市场的企业发展造成了较大的负面影响。尽管本章使用了对数化的 TFP，无法准确地从量级上分析数据背后的经济含义，但是本章得到的中国市场 TFP 的变化趋势与实际的经济形势是吻合的。

紧接着，我们绘制了在不考虑控制变量缺失值的情况下，所有本章样本中中国工业企业智能化指数与全要素生产率之间相关性的趋势图。

图 3-3 展示了本章样本中中国工业企业智能化指数与公司层面 ACF 算法得出的全要素生产率之间的相关性。最终我们发现，在本章样本中，随着中国工业企业智能化指数的增加，企业的全要素生产率均呈现上升趋势。这些发现在样本趋势变化的角度表明了在采用智能化生产后，企业的生产水平或绩效水平均有所增加。

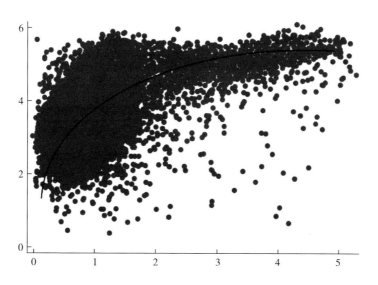

图 3-3　中国工业企业智能化指数与全要素生产率关系散点图

注：横轴为中国工业企业智能化指数；纵轴为 ACF 法计算所得 TFP；实线为趋势线。

图3-4则展示了中国工业企业智能化指数与行业层面ACF算法全要素生产率之间的相关性。首先，在图3-4中，我们可以清晰地看出不同行业之间智能化应用程度之间的异质性。其中，"汽车制造业""金属制品制造业""金属设备制造业"表现出了较高水平的智能化应用程度，而其他行业如"食品制造业"和"教育研发业"则呈现出较低的智能化水平[①]。其次，我们可以看到，本章行业层面的数据基本上呈现了智能化指数越大、全要素生产率越大的趋势，即智能化水平的提高可以促进企业生产率的提升。

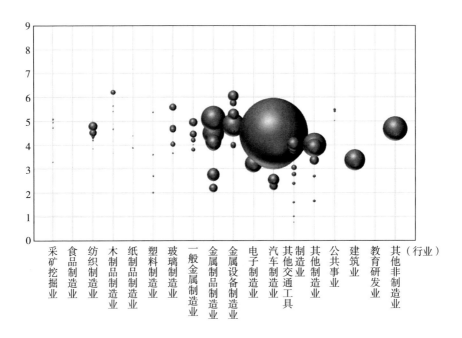

图3-4　中国工业企业智能化指数与全要素生产率关系行业趋势

注：横轴代表本章所定义的18个专有行业（18_Indus^{China}）；纵轴代表ACF法计算所得的对数化TFP；圆形大小代表行业智能化指数大小。

---

① 本章智能化指数所需劳动力数据是由"中国工业企业数据库"计算所得，因此所得指数受到了该数据库统计数据的影响，从而出现了部分年份某一行业可能由于数据库包含的企业较少，其计算所得的劳动力数量也较少，进而造成智能化指数较大并明显不同于该行业其他年份智能化指数的现象，例如，2010年的"教育研发业"及2011年的"其他非制造业"的智能化指数均明显大于该行业其他年份的智能化指数，但因为该部分样本仅占总样本极小的比重，所以不会对本章基准回归结果造成影响，本章对这一部分样本进行了剔除处理。

第四节　模型与研究方法

一、模型

本章的基准回归模型如下：

$$Y_{i,t}=\beta_0+\beta_1 China\_Exposure_{j,t}+\beta_2 X_{i,t}+\lambda_i+\lambda_{p,t}+\xi_{i,t} \qquad (3-5)$$

其中，$Y_{i,t}$ 表示公司 i 在 t 年的全要素生产率；$China\_Exposure_{j,t}$ 表示公司 i 所在行业 j 在 t 年的智能化指数；$X_{i,t}$ 表示控制变量；λ_i 表示公司固定效应；$\lambda_{p,t}$ 表示省份（p）年份固定效应；$\xi_{i,t}$ 表示模型残差。本章使用了 Bootstrapping 方法来估计稳健标准误。

二、研究方法

虽然在基准模型中，本章使用了行业层面的智能化指数来度量每一家公司的智能化应用程度，但这一变量仍然可能存在内生性问题。例如，一些不可观测的因素可能会影响智能化的应用和行业层面的生产率水平。为了解决这一问题，并进一步明确智能化应用对企业生产率的因果影响，本章在此使用了工具变量两阶段最小二乘法（2SLS）进行了估计回归。

本章在此参照了 Acemoglu 和 Restrepo（2020a）的方法构造了中国智能化指数的工具变量。对于工具变量，Acemoglu 和 Restrepo（2020a）的基本构造思想是利用世界范围内同一行业其他发达国家更先进的智能运用水平作为本国某一行业智能化使用程度的工具变量，这一方法旨在突出智能化工具变量与原智能化指数之间最突出的差异因素为先进智能化技术，从而剔除其他技术因素所带来的内生性问题。尽管公司层面对于智能化技术的使用会受到世界范围内该公司所处行业其他更前沿智能化技术的影响，但采用该行业其他地域的前沿智能化技术对于每个企业来说均是外生的，因此不会直接影响企业的生产率水平。尽管发达国家的智能化发展与中国企业的生产率水平没有直接关系，但却直接影响着中国的智能化水平。相比于世界其他先进的发达国家经济体，中国智能化技术起步较晚，自主研发能力较差，也大多依赖于先进国家智能化技术的渗透和出口，因此中国智能化的发展程度与日本以及其他欧美发达国家经济体的智能化发展水平是密切相关的，但落后于这些国家。综上所述，发达国家的智能化指数符合工具变量的筛选条件，可以用来构造中国企业智能化指数的工具变量。此外，如第一章"引言"所述，我们构建工具变量还需要保证工具变量的变化趋势与中国智能化指数的变化趋势较为接近。

IFR 提供了日本、韩国以及其他欧美发达国家，如美国、丹麦、芬兰、法国、德国、意大利、挪威、西班牙、瑞典和英国"产业机器人"相对完整的库存信息，同时以上国家也是公认的世界先进的智能化应用市场，这些国家的"产业机器人"库存达到了全世界的50%以上。但是由于 IFR 数据库中日本机器人的统计口径和行业分类在本章的样本区间发生了较大的变化，因此与 Acemoglu 和 Restrepo（2020a）一致，本章并未将日本纳入工具变量构建的备选国家。同时，因为本章所能获得的韩国的分行业劳动力数据只能截至 2012 年，无法完全覆盖本章的样本区间，所以我们排除了韩国。

如前文图 1-2 所示，我们在排除了日本和韩国两个发达智能化经济体之后，绘制了剩余几个国家每千人劳动力下智能机器人数量的变化趋势。可以看到，中国工业企业市场智能机器人的使用情况与美国、丹麦和瑞典的平均智能化指数密切相关，并且与该平均值的 70% 较为接近。因此，参考 Acemoglu 和 Restrepo（2020a）的方法，我们使用了美国、丹麦和瑞典三个先进国家（以下简称 Advance3）行业平均智能化指数的 70% 作为本章中国工业企业行业层面智能化指数的工具变量。这三个欧美国家在智能机器人技术方面均领先于中国，如前面所述，关注智能化程度领先中国的国家有助于我们区别来自全球其他技术进步给本章结论所带来的影响，从而规避一系列的内生性问题，也使本章的因果识别更加准确。从前文图 1-2 中我们可以看到，相比于中国，德国和意大利的智能化指数遥遥领先，这也是我们排除这两个国家的原因，因为较大的差距极有可能造成 2SLS 第一阶段工具变量与中国智能化指数的相关性较低。其他国家，如英国、挪威和法国，由于在本章样本区间内，均存在某个年份智能化指数低于中国的现象，因此为了保证因果识别的准确性，在选择工具变量构建国家时我们剔除了这三个国家。此外，如果我们在工具变量构建国家中加入芬兰和西班牙，与美国、瑞典和丹麦三个国家平均智能化指数的 70% 相比，所得到的工具变量线性关系的年度变化趋势与中国智能化指数的年度变化趋势存在较大差距，即工具变量与中国智能化指数的关系性变弱，且此时无法保证本章所有区间的样本工具变量均高于中国的智能化指数，因此这两个国家也被我们排除在外。此外，我们还可以看到，虽然本章所选择的工具变量在保证高于中国工业企业智能化指数的条件下，与中国智能化指数的差距在逐渐缩小，但在整体上尤其是样本区间的早期，依然较大幅度地领先于中国，造成这一结果的原因正如前文所述：因为中国智能化技术起步较晚，且主要依赖于发达国家的渗透和出口，所以与发达国家的智能化应用理所当然地存在差距；随着中国经济的腾飞，中国的智能化技术在近几年得到了飞跃式的发展，这一差距正在逐渐缩小。欧美国家如德国、法国和意大利，包括其他发达国家如日本和韩国，其智能化应用程度之所以较高的原因一方面是其本身先进的技术，另一方面如 Acemoglu 和 Restrepo（2018b）所论述，这些国家通常都具有较高的人口老龄化程度，而中年（生产）工人的相对短缺也在客观上推动了这些国家智能机器人技术的发展和运用。

本章所构造的中国工业企业智能化指数的工具变量 $China^{IV}\_Exposure$ 公式如下：

$$China^{IV}\_Exposure_{j,\,t} = \left(\frac{R_{j,\,t}^{China}}{L_{j,\,t}^{China}}\right)^{IV} = 70\% \times \frac{1}{3} \times \sum_{Advance3}\left(\frac{R_{j,\,t}^{c}}{L_{j,\,t}^{c}}\right) \tag{3-6}$$

其中，t 表示年份，j 表示本章所定义的 14 个专有行业（14_Indus^{China}），$R_{j,t}^{China}$ 表示中国市场中行业 j 在 t 年的智能化机器人数量，$L_{j,t}^{China}$ 表示中国市场中行业 j 在 t 年的劳动力数量（千人），c 属于 $Advance3$ 这三个本章用作构建工具变量的先进智能化国家，即美国、丹麦和瑞典的其中之一。

本章在图 3-5 中汇报了工具变量与中国工业企业智能化指数之间的相关性。我们可以看到，两者在总体上存在着正向关系。2SLS 第一阶段估计结果参见附录中附表 A4。

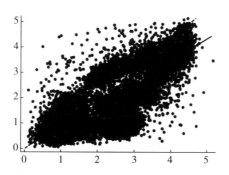

图 3-5　中国工业企业智能化指数与工具变量关系散点图

注：横轴为中国智能化指数工具变量；纵轴为中国工业企业智能化指数；实线为两者关系趋势线；虚线为 45° 趋势线。

第五节   智能机器人对公司生产率影响的基准回归结果

在这部分，我们考察了中国工业企业智能化指数对企业全要素生产率所产生的影响，分别考察具有和不具有时变控制变量两种情形下的结果。

中国工业企业智能化指数影响企业全要素生产率的 OLS 结果参见附录中附表 A5。结果表明，中国工业企业智能化指数与三种测度的全要素生产率均在 1% 的显著水平上呈正相关，即中国工业企业智能化的应用可以促进企业生产率的提高。例如，在包含控制变量的回归中，千人劳动力对应的机器人数量每增加 1 个单位可以使 ACF 法计算得到的全要素生产率 ln（TFP^{ACF}）增加相当于其 1.12 倍标准差大小的量级。这一结果表明，智能化机器人的使用的确可以显著促进企业的全要素生产率。

如前文所述，为了解决智能化变量中潜在的内生性问题，我们用工具变量估计了 2SLS 回归。未加入控制变量和已加入控制变量的两组 2SLS 第一阶段结果分别展示在附录中附表 A4 的 Panel A 和 Panel B 中。第一阶段结果表明，中国工业企业智能化指数变量与美国、丹麦和瑞典三个国家平均智能化指数 70% 所构建的工具变量呈现显著正相关关系。我们还可以看到，该部分所有结果均显著通过了工具变量的弱识别检验，如在添加控制变量情况下，ln（TFP^{ACF}）第一阶段的 F 统计量值为 588.17。

表 3-3 汇报了 2SLS 第二阶段的估计结果。Panel A 为未添加控制变量时的回归结果，Panel B 为添加控制变量后的回归结果。与 OLS 结果相一致，2SLS 第二阶段的回归结果表明中国工业企业智能化指数与三种测度的全要素生产率均在 1% 的显著水平上呈现正相关关系，即智能化指数可以显著提高企业的全要素生产率。例如，在包含控制变量的 Panel B 中，千人劳动力对应的智能机器人数量每增加 1 个单位，可以均在 1% 的水平上显著，提高 OP 法全要素生产率 ln（TFP^{OP}）相当于其 1.13 倍标准差大小的量级，提高 LP 法全要素生产率 ln（TFP^{LP}）相当于其 89.31% 标准差大小的量级，提高 ACF 法全要素生产率 ln（TFP^{ACF}）相当于其 1.03 倍标准差大小的量级。我们的结果支持本章的理论分析，即表明智能化技术

的应用可以显著提高企业的生产率水平，从而为人工智能促进公司层面的社会生产提供了实证证据。

表 3-3　智能机器人对公司生产率的影响

变量	Panel A			Panel B		
	（1）	（2）	（3）	（4）	（5）	（6）
	ln（TFP^{OP}）	ln（TFP^{LP}）	ln（TFP^{ACF}）	ln（TFP^{OP}）	ln（TFP^{LP}）	ln（TFP^{ACF}）
China_Exposure	0.869***	1.057***	0.801***	0.925***	1.086***	0.918***
	(0.298)	(0.324)	(0.307)	(0.334)	(0.245)	(0.297)
HHI				-0.113**	-0.441**	-0.223**
				(0.054)	(0.204)	(0.100)
ln（Age）				0.127*	0.301	0.138
				(0.057)	(0.214)	(0.089)
ln（AT）				0.042	0.017*	0.029
				(0.030)	(0.010)	(0.020)
Lev				0.118	0.074	0.093
				(0.103)	(0.062)	(0.081)
SOE				0.021	0.060	0.015
				(0.018)	(0.051)	(0.011)
ln（Wage_Per）				0.110*	0.123**	0.083**
				(0.062)	(0.061)	(0.039)
ln（Capital_Density）				0.009	0.023	0.004
				(0.007)	(0.019)	(0.003)
Firm FE	YES	YES	YES	YES	YES	YES
Province-Year FE	YES	YES	YES	YES	YES	YES
Observations	1790137	2492407	2258446	1765992	2459960	2239553

注：此表为人工智能影响公司生产率的 2SLS 第二阶段估计结果。Panel A 和 Panel B 分别为无控制变量和包含控制变量下的回归结果。第（1）列、第（2）列和第（3）列分别汇报了 ln（TFP^{OP}）、ln（TFP^{LP}）和 ln（TFP^{ACF}）的检验结果。变量的具体定义参见附录中附表 A3。括号内数据为 Bootstrapping 方法估计所得的稳健标准误。*、**、***分别代表回归系数在 10%、5%、1% 的置信区间上显著。本部分使用了 14_$Indus^{China}$ 专有行业分类标准。

从表 3-3 中，我们还可以看到 HHI 与公司生产率呈显著负相关，即产品市场竞争可以提升企业生产率，这与经典的以竞争理论为基础的超产权理论（Tittenbrun，1996；Martin and Parker，1997）的观点一致，同时也与 Hart（1983）、Vicker 和 Yarrow（1988）等的研究结论一致；ln（Wage_Per）与公司生产率呈显著正相关，即在公司员工薪酬激励制度的刺激下，员工更有可能积极地为公司做出贡献，从而促进公司生产率。

第六节　延伸性分析

一、技术进步与技术效率增长

参考Färe等（1994）的研究方法，本章使用数据包络分析法（Data Envelopment Analysis，DEA）中的曼奎斯特指数法（Malmquist）重新测算了全要素生产率，并将全要素生产率的变动分解为技术进步（Tech_Advance）和技术效率的增长（Tech_Efficiency）[①]。其中，技术进步主要衡量企业生产技术的创新程度，而技术效率变动主要衡量企业生产能力对生产可能性边界的追赶程度。结果如表3-4所示，最终我们发现中国工业企业智能化指数与技术进步和技术效率变动均在5%的水平上呈显著正相关，即人工智能技术的应用可以显著促进企业技术进步以及技术效率的提升。究其原因，技术是经济增长的根源（Schumpeter，1912），人工智能技术首先被企业作为提高生产力的先进技术所引进，其本身就可以被视作企业技术创新的一种，因而会通过知识创造、知识溢出与知识吸收来提高企业的技术进步；同时，本章所研究的应用于企业生产环节的人工智能技术可以极大地改进企业的生产环节，促进新技术在企业生产过程中得到最大程度的释放，并改善与企业生产过程相匹配的企业的管理环节，进而提升企业的技术效率变动水平。

表3-4　智能机器人对全要素生产率分解要素的影响

变量	（1） Tech_Advance	（2） Tech_Efficiency
China_Exposure	0.457** (0.195)	0.112** (0.055)
HHI	−0.020 (0.017)	−0.023 (0.019)

---

① 理论依据请参考Färe等（1994），本章在此不再赘述；DEA运算可由MaxDEA软件直接完成。

续表

变量	（1） *Tech_Advance*	（2） *Tech_Efficiency*
ln（*Age*）	0.093 （0.077）	0.101 （0.090）
ln（*AT*）	0.103 （0.088）	0.090 （0.071）
Lev	0.042 （0.033）	0.074 （0.057）
SOE	0.029 （0.023）	0.040 （0.033）
ln（*Wage_Per*）	0.049** （0.023）	0.019** （0.008）
ln（*Capital_Density*）	0.020 （0.015）	0.031 （0.028）
Firm FE	YES	YES
Province-Year FE	YES	YES
Observations	1774661	1713982

注：此表为人工智能影响全要素生产率分解因素的 2SLS 第二阶段估计结果。第（1）列和第（2）列分别汇报了 *Tech_Advance* 和 *Tech_Efficiency* 的检验结果。变量的具体定义参见附录中附表 A3。括号内数据为 Bootstrapping 方法估计所得的稳健标准误。*、**、*** 分别代表回归系数在 10%、5%、1% 的置信区间上显著。本部分使用了 14_*Indus*^{China} 专有行业分类标准。

二、发展能力与盈利能力

本章重点考察了机器人技术对企业绩效水平中的企业生产率，即生产效率水平的影响。在本部分，我们将进一步检验人工智能技术对企业绩效水平中的企业发展能力和盈利能力的影响。与生产效率相似但不同的是，企业的生产能力在应用先进的智能化生产设备之后会得到显而易见的提升，但随之而来的可能是企业成本的增加，包括企业短期不可能迅速减少的劳务成本以及企业使用长期资产的维护、维修以及折旧成本等，而这些因素极有可能制约企业的发展能力与盈利能力。参考 Lang 等（1996）、袁渊和左翔（2011）的研究方法，本章使用较为经典常用的企业销售收入三年平均增长率（*Sales_Average_Growth*3）来衡量企业的发展能力，通常情况下，这一变量越大，也就意味着企业的持续发展势头较好，市场扩张能力较强。此外，参考 Asmi（2014）和李钢（2005）的研究方法，本章还使用了以往文献中更为经典常用的企业总资产收益率（Return on Total Assets，*ROA*）与净资产收益率（Return on Equity，*ROE*）来衡量企业的盈利能力，以此来检验人工智能技术的应用对于企业盈利能力的影响。最终结果如表 3-5 所示，我们发现中国工业企业智能化指数与企业的发展能力及盈利能力分别在 5% 或者 1% 的显著水平上呈现正相关的关系。这一结果证明了人工智能技术的应用不仅可以提高企业绩效中的生产能力，还可以显著提升企业的发展能力和盈利能力。

表 3-5　智能机器人对企业发展和盈利能力的影响

变量	（1） *Sales_Average_Growth*3	（2） *ROA*	（3） *ROE*
China_Exposure	2.552 ** (1.004)	0.078 ** (0.035)	0.092 ** (0.041)
HHI	−0.034 (0.028)	−0.048 (0.040)	−0.101 (0.073)
ln（*Age*）	0.135 (0.121)	0.198 (0.155)	0.148 (0.093)
ln（*AT*）	0.070 (0.051)	0.041 (0.033)	0.061 (0.055)
Lev	0.083 (0.071)	0.103 (0.098)	0.073 (0.066)
SOE	0.044 (0.039)	0.071 (0.080)	0.039 (0.043)
ln（*Wage_Per*）	0.082 ** (0.039)	0.036 *** (0.012)	0.047 ** (0.022)
ln（*Capital_Density*）	0.014 (0.010)	0.076 (0.066)	0.071 (0.063)
Firm FE	YES	YES	YES
Province−Year FE	YES	YES	YES
Observations	2044825	2058027	2031934

注：此表为人工智能影响企业发展和盈利能力的 2SLS 第二阶段估计结果。第（1）列、第（2）列和第（3）列分别汇报了 *Sales_Average_Growth*3、*ROA* 和 *ROE* 的检验结果。变量的具体定义参见附录中附表 A3。括号内数据为 Bootstrapping 方法估计所得的稳健标准误。*、**、*** 分别代表回归系数在 10%、5%、1% 的置信区间上显著。本部分使用了 14_*Indus*^{China} 专有行业分类标准。

第七节 异质性分析

对于不同类型的公司来说，采用人工智能技术对公司生产率或公司绩效所产生的影响必然是不同的。在本节中，我们对处于不同性质、不同劳动密集度，以及不同市场竞争度和不同主营业务的企业分别进行了异质性检验来探讨人工智能影响企业生产率的异质性因素①。本节的所有结果均为 2SLS 第二阶段的估计结果。

一、国企与非国企

对于中国企业而言，国有企业与非国有企业在企业的劳动力结构、薪酬结构、管理层级以及其他诸多环节的优化与调整上都具有较大的不同。参考赵烁等（2020）的结论，国有企业由于自身制度的限制以及在国民经济中所承担社会责任的不同，其在设备引进的决策上，以及劳动力结构调整的力度上都具有较大的限制。如前文所述，人工智能技术对企业的影响都是通过对人力劳动力的替代产生的，这就使企业在引进智能化设备的同时不得不进行必要的裁员。对于国有企业而言，绝大多数的员工都具有国家正式编制，企业难以买断。同时，国有企业在国民经济体系中承担着较强的维护社会经济稳定的责任，过多的裁员定会造成失业人口增多，这是国家政府所不能允许的。同时，国有企业通常具有较大的企业规模和劳动力规模，引进的生产设备在短期内可能无法在其整个生产环节中占据主要地位。因此，本节猜想，机器人技术对于公司生产率的提升作用在国有企业中不如非国有企业明显。

为了验证我们的猜想，本节按照"中国工业企业数据库"中公司的实际控股股东是否为国企，将样本划分为国有企业子样本与非国有企业子样本，并分别进行了回归检验。最终结果表明，人工智能技术对于企业生产率水平的提高的确在非国有企业中更加显著。例如，对于 ACF 法计算得到的全要素生产率 ln（TFP^{ACF}）而

---

① 本章及其余各章异质性分析的分组回归系数差异显著性检验均采用了费舍尔组合检验（Fisher's Permutation Test）的估计方法。

言，中国工业企业智能化指数对于非国有企业生产率的提升更加明显，并且与国有企业呈现了 1.313 的差值，且这一差值在 5% 的水平上显著。这一结果与我们的猜想一致，即由于体制因素的限制以及自身规模的庞大，尽管国有企业引进了大量的先进设备，但其并不易于用智能机器人大比例地替代生产环节人类劳动力，同时引进的设备相对于其庞大的生产体系可能只占较小比重，因此机器人未能对其劳动力产生较为明显的替代影响，其所受到的人工智能技术的利好影响也远不如非国有企业明显。

二、劳动力密集度

如前文所述，智能化机器人可以大规模地取代人类劳动力，减少人类干预，使生产过程更加规范，从而提高企业的生产率。由于智能机器人对劳动力的替代作用更有可能凸显在公司所在行业本身劳动力密集度较高的企业中，因此在本节中，人工智能技术对这一部分企业生产率的影响也可能更加明显。为了验证这一猜想，本节我们按照证监会行业大类代码分类标准，以本章样本基期 2006 年的行业总就业人数（人）与 2006 年行业总销售收入（千元）的比例作为分组所用的行业劳动力密集度（*Labor_Intensity*）衡量指标，在与样本进行匹配后按照此变量的中位数将样本划分为高劳动力密集度子样本和低劳动力密集度子样本。我们采用样本基期数据构建分组变量的原因是为了避免劳动规模和行业规模本身变化所造成的干扰。构建劳动力密集度所使用的数据来自"中国工业企业数据库"。

不同劳动密集度的异质性检验结果如表 3-6 中的 Panel B 所示，我们最终发现在高劳动密集型子样本中，人工智能技术对公司全要素生产率的影响比低劳动密集型子样本中的影响更显著。例如，对于 ACF 法计算得到的全要素生产率 $\ln(TFP^{ACF})$ 而言，中国工业企业智能化指数对于高劳动力密集度企业生产率的提升更加明显，并且与低劳动力密集度企业呈现了 1.449 的差值，且这一差值在 5% 的水平上显著，从而印证了我们的猜想。

三、产品市场竞争

如前文所述，以 Bain（1968）和 Scherer（1980）为代表的西方产业组织学认为，市场绩效是由市场行为决定的，市场行为是由市场结构决定的，而产品市场竞争度正是市场结构的首要决定因素。目前，学术界关于产品市场竞争的普遍

表 3-6 异质性分析

Panel A：国企与非国企

变量	ln（TFP^{OP}）		ln（TFP^{LP}）		ln（TFP^{ACF}）	
	（1）国企	（2）非国企	（1）国企	（2）非国企	（1）国企	（2）非国企
China_Exposure	0.641 ** (0.277)	2.553 *** (0.857)	0.995 *** (0.354)	2.331 *** (0.425)	0.728 *** (0.241)	2.041 *** (0.521)
Difference	−1.912 **		−1.336 **		−1.313 **	
P value	0.035		0.017		0.023	
Observations	125296	1613101	174493	2247801	165993	2204201

Panel B：劳动力密集度

变量	ln（TFP^{OP}）		ln（TFP^{LP}）		ln（TFP^{ACF}）	
	（1）高	（2）低	（1）高	（2）低	（1）高	（2）低
China_Exposure	2.134 *** (0.725)	0.440 ** (0.180)	2.223 *** (0.409)	0.707 ** (0.331)	1.892 *** (0.564)	0.433 ** (0.178)
Difference	1.694 **		1.516 ***		1.449 **	
P value	0.024		0.007		0.016	
Observations	887055	878937	1233404	1226556	1173225	1166328

Panel C：产品市场集中度（HHI）

变量	ln（TFP^{OP}）		ln（TFP^{LP}）		ln（TFP^{ACF}）	
	（1）高	（2）低	（1）高	（2）低	（1）高	（2）低
China_Exposure	0.414 ** (0.182)	1.538 *** (0.407)	0.910 *** (0.283)	3.017 *** (0.526)	0.477 ** (0.193)	1.993 *** (0.510)
Difference	−1.124 **		−2.107 ***		−1.516 ***	
P value	0.013		0.000		0.007	
Observations	879915	886077	1226705	1233255	1166880	1172673

Panel D：轻工业与重工业

变量	ln（TFP^{OP}）		ln（TFP^{LP}）		ln（TFP^{ACF}）	
	（1）轻	（2）重	（1）轻	（2）重	（1）轻	（2）重
China_Exposure	0.508 ** (0.210)	2.106 *** (0.722)	0.971 *** (0.413)	2.528 *** (0.507)	0.410 ** (0.183)	1.774 *** (0.391)

续表

	ln（TFP^{OP}）		ln（TFP^{LP}）		ln（TFP^{ACF}）	
变量	（1） 轻	（2） 重	（1） 轻	（2） 重	（1） 轻	（2） 重
	Panel D：轻工业与重工业					
Difference	-1.598^{**}		-1.557^{**}		-1.364^{***}	
P value	0.035		0.023		0.007	
Observations	898102	857392	1249001	1199492	1193603	1135947
Controls	YES	YES	YES	YES	YES	YES
Firm FE	YES	YES	YES	YES	YES	YES
Province- Year FE	YES	YES	YES	YES	YES	YES

注：此表为人工智能影响公司生产率异质性分析的 2SLS 第二阶段估计结果。第（1）列、第（2）列和第（3）列分别汇报了 ln（TFP^{OP}）、ln（TFP^{LP}）和 ln（TFP^{ACF}）的检验结果。变量的具体定义参见附录中附表 A3。括号内数据为 Bootstrapping 方法估计所得的稳健标准误。*、**、*** 分别代表回归系数在 10%、5%、1%的置信区间上显著。本部分使用了 14_$Indus^{China}$ 专有行业分类标准。

研究理论均认为，产品市场竞争程度越高，会给企业带来更明显的规模经济效应，以此促进企业绩效的提升，如 Hart（1983）、Vicker 和 Yarrow（1988）等证明了产品市场竞争可以通过激励机制和发现机制来影响企业绩效；Januszewski 等（2002）使用了德国的样本，证明了强烈的市场竞争与有效的监管之间存在替代的作用，同时企业在竞争激烈的市场中运作时，生产率增长较高。除此之外，高市场竞争度有利于促进企业的专业化分工以及研发创新，从而进一步改善企业经营状况，如 Hou 和 Robinsen（2006）以 1963~2001 年的美国上市公司作为样本，实证研究发现行业集中度越低，即产品市场竞争度越高的公司由于竞争压力大而必须进行必要的创新，由于创新所带来的风险要求更高的回报，从而促使企业的绩效得到了提升。因此，高市场竞争度与人工智能在对公司绩效的协同影响上可能具有一定的相似性，这种相似性所导致的结果就是在低市场竞争度的行业中，人工智能技术发挥作用的空间可能更大，对于公司生产率的影响也可能更加明显。为了验证这一影响机制，本部分参考 Hoberg 和 Phillips（2010）、马建堂（1993）以及戚聿东（1998）的研究方法，使用了产品市场集中度（*HHI*）[①] 来衡量产品市场的竞争水平。为了避免行业本身内部结构变动对于异质性分析所产生的影响，本部分使用了证监会行业大类分类标准下，本章样本基期，即 2006 年的行业前十大企业销售收入占 2006 年行业总销售收入的比重作为分组 *HHI*，在与样本进行匹配后按照这一变量的中位数将样本分为高市场竞争子样本和低市场竞争子样本。

表 3-6 中的 Panel C 汇报了在不同产品市场竞争程度影响下，人工智能技术对公司生产率影响的结果。本部分结果充分证明了人工智能技术更能显著提高竞争力较低的行业中相应企业的生产率水平。例如，对于 ACF 法计算得到的全要素生产率 ln（TFP^{ACF}）而言，中国工业企业智能化指数对低行业竞争度（高 *HHI*）企业生产率的提升更加明显，并且与低行业竞争度企业呈现了 1.516 的差值，且这一差值在 1% 的水平上显著。这一结果表明，人工智能技术对公司生产率的提升作用的确与高行业竞争度具有一定的同质性，从而使这一作用在低竞争行业中更加明显。

四、轻工业与重工业

如前文所述，机器人技术是通过替代大量的人力劳动力来提高企业的生产率水平的，而这一替代关系更多的是发生在常规低技能劳动力占比较高的工作中。因此，我们可以预测的是，由于重工业企业工作性质与工作内容的原因，人工智能技术对生产率的影响在重工业（如采矿业、钢铁制造业等行业）发挥的作用远比轻工业（如纺织业、食品制造业等行业）发挥的作用更加明显。为了验证这一猜想，本部分按照"中国工业企业数据库"中对于企业主营业务的划分将样本分为轻工业和重工业两个子样本。其中，轻工业主要是指耐用消费品、快速消费品、文化艺术体育休闲用品和轻工机械装备等，不同于前文所提到的"高劳动密集行业"，轻工业虽然也包含食品制造业和纺织品制造业，但是部分轻工业产业，如化学药品制造业和轻机械制造业等仍然可能属于"低劳动密集行业"；与之对应的即为重工业。

结果如表 3-6 中的 Panel D 所示，人工智能技术对企业生产率水平的提高的确在重工业企业中更加显著。例如，对于 ACF 法计算得到的全要素生产率

---

① HHI（Herfindahl-Hirschman Index），译为赫芬达尔—赫希曼指数，是测量产品集中度的综合指数。HHI 越大，意味着产品市场集中度越高，市场竞争度越低。

ln（TFP^{ACF}）而言，中国工业企业智能化指数对重工业企业生产率的提升更加明显，并且与轻工业企业呈现了 1.364 的差值，且这一差值在 1% 的水平上显著。这一结果与我们的猜想一致，重工业企业由于本身工作任务更需要也更易于被先进的智能化机器设备所替代，因此其受到人工智能技术的利好也更加明显。

第八节　稳健性检验

为了证实本章基准回归结果的稳健性，我们在此部分使用安慰剂检验、替换智能化指数衡量方法、替换工具变量构造方法、替换样本、替换生产率衡量方法以及控制其他技术因素和政策因素等方式进行了稳健性检验。本节的所有结果均为 2SLS 第二阶段的估计结果。

一、安慰剂检验

为了规避先前趋势，即公司或者行业在引进人工智能技术之前已经受到的某些冲击的影响，如全要素生产率在样本开始之前已经呈现上升趋势，从而混淆我们对基准回归结果的解释。本章在此部分参考 Acemoglu 和 Restrepo（2020a）的安慰剂检验做法，在表 3-7 的 Panel A 中，首先计算了样本起始年之前，1998~2005 年公司全要素生产率的平均值，以及 2006~2014 年（不包含 2010 年）中国工业企业智能化指数的平均值。然后，我们检验了得到的智能化指数平均值对 1998~2005 年公司全要素生产率平均值的影响。最终发现三种测度全要素生产率的检验均不显著，这表明在 2006 年之前，无论是正向还是负向，高度采用人工智能技术公司的全要素生产率并没有预先存在某种趋势，从而并未对本章的基准回归结果产生影响。

表 3-7　安慰剂及其他稳健性检验

变量	Panel A：安慰剂检验		
	（1） ln（TFP^{OP}）	（2） ln（TFP^{LP}）	（3） ln（TFP^{ACF}）
China_Exposure	0.557 （0.508）	1.062 （1.009）	0.807 （0.608）
Observations	149841	183792	171816

续表

Panel B：替换生产率测度

变量	（1） ln（TFP^{OLS}）	（2） ln（TFP^{FE}）	（3） ln（LP）	（4） ln（CP）
China_Exposure	0.583*** (0.172)	0.771*** (0.277)	1.125*** (0.303)	0.923*** (0.288)
Observations	2448776	2430525	2417934	2403138

Panel C：控制其他新技术冲击

变量	（1） ln（TFP^{OP}）	（2） ln（TFP^{LP}）	（3） ln（TFP^{ACF}）
China_Exposure	0.873*** (0.262)	0.938*** (0.330)	0.896*** (0.251)
Observations	1760003	2453127	2329994

Panel D：控制政策因素

变量	（1） ln（TFP^{OP}）	（2） ln（TFP^{LP}）	（3） ln（TFP^{ACF}）
China_Exposure	0.902*** (0.274)	1.017*** (0.257)	0.904*** (0.286)
Observations	1765992	2459960	2339553
Controls	YES		
Firm FE	YES		
Province-Year FE	YES		

注：此表为人工智能影响公司生产率稳健性检验的 2SLS 第二阶段估计结果。变量的具体定义参见附录中附表 A3。括号内数据为 Bootstrapping 方法估计所得的稳健标准误。*、**、***分别代表回归系数在 10%、5%、1% 的置信区间上显著。本部分使用了 14_$Indus^{China}$ 专有行业分类标准。

二、替换智能化指数

（一）使用基期劳动力数据

在基准回归中，本章使用了当期的智能机器人数据与当期的劳动力数据构建了行业层面的中国工业企业智能化指数。然而这一做法可能存在均值回归或者劳动力本身变化所带来的干扰。为了避免这些干扰，在表 3-8 的 Panel A 中，我们使用了本章样本基期年（2006 年）的行业劳动力数据构建了每一年的智能化指数，所用公式如下：

$$China\_Exposure_{j,t} = \frac{R_{j,t}^{China}}{L_{j,2006}^{China}} \qquad (3-7)$$

其中，t 表示年份；j 表示行业；$R_{j,t}^{China}$ 表示中国市场中行业 j 在 t 年的智能机器人数量；$L_{j,2006}^{China}$ 表示中国市场中行业 j 在 2006 年的劳动力数量（千人）。

（二）智能机器人价值

由于我们无法得到准确的智能机器人的存货市场价值，因此本章的基准分析中使用智能机器人数量信息，并没有充分考虑机器人的价值。在表 3-8 的 Panel B 到 Panel D 中，我们根据可用数据估算了机器人的市场价值来替换智能化指数进行检验。

又由于我们无法得到各个国家准确的智能机器人存货价值，在第一种测度中，我们选择忽略价值的通货膨胀和设备的折旧影响，使用了每年销售至中国的机器人总销售收入年度数据来衡量中国市场智能机器人的总价值。随后我们以 IFR 机构提供的每个行业"产业机器人"的年销售量计算出每个行业智能机器人的年销售市场份额，结合中国智能机器人总价值计算出了每个行业的年度智能机器人价值。最后我们又以本章数据库 14 个行业（14_$Indus^{China}$）中每个行业各个公司每一年的销售收入在当年行业总销售收入中的比重作为权重，计算出了公司层面智能机器人的价值。本部分以公司层面智能机器人价值作为企业智能化指数的衡量测度，在表 3-8 的 Panel B 中对全要素生产率进行了检验。

与第一种类似，在智能机器人价值的第二种测度中，我们使用了中国市场在本章所定义的 14 个行业（14_$Indus^{China}$）的年度机器人数量和每一年中国市场机器人的单位售价，估算出了中国市场 14 个行业每一年的智能机器人总价值。同样，在按照公司的销售收入在当年行业总销售收入所占比重进行加权平均后，本书以此公司层面的智能机器人价值在表 3-8 的 Panel C 中进行了检验。数据同样来源于 IFR。

IFR 机构估算了全世界机器人存货市场的总价值。例如，IFR 的报告显示，2014 年全球机器人市场的存货总价值约为 320 亿美元，2013 年约为 290 亿美元。接着，本部分在全球市场机器人存货价值的基础上，根据中国智能机器人市场的存货份额，估算了中国市场的智能机器人存货价值的年度数据。本部分又根据本章所定义的中国 14 个行业（14_$Indus^{China}$）的智能机器人存货市场份额，估算出了中国每个行业的智能机器人市场存货价值。同样，在按照公司的销售收入在当年行业总销售收入所占比重进行加权平均后，本部分以此公司层面智能机器人价值在表3-8的 Panel D 中对全要素生产率进行了检验。数据来源于 IFR。

表3-8 中的 Panel B 至 Panel D 智能机器人价值的检验结果均与本章的基准回归结果一致，从而证明了本章结果的稳健性。

表 3-8 替换智能化指数

Panel A：使用基期（2006 年）劳动力数据		
变量	(1) $\ln\left(TFP^{OP}\right)$	(2) $\ln\left(TFP^{LP}\right)$	(3) $\ln\left(TFP^{ACF}\right)$
China_Exposure	0.882*** (0.303)	1.004*** (0.311)	0.890*** (0.229)
Observations	1765992	2459960	2339553
Panel B：使用中国市场机器人销售收入估算机器人价值		
变量	(1) $\ln\left(TFP^{OP}\right)$	(2) $\ln\left(TFP^{LP}\right)$	(3) $\ln\left(TFP^{ACF}\right)$
Robot Value	0.482*** (0.180)	0.763** (0.299)	0.502** (0.217)
Observations	1765992	2459960	2339553
Panel C：使用中国市场机器人单位售价估算机器人价值		
变量	(1) $\ln\left(TFP^{OP}\right)$	(2) $\ln\left(TFP^{LP}\right)$	(3) $\ln\left(TFP^{ACF}\right)$
Robot Value	0.855*** (0.297)	0.571*** (0.202)	0.401*** (0.123)
Observations	1765992	2459960	2339553
Panel D：使用全球机器人市场存货价值估算中国市场机器人价值		
变量	(1) $\ln\left(TFP^{OP}\right)$	(2) $\ln\left(TFP^{LP}\right)$	(3) $\ln\left(TFP^{ACF}\right)$
Robot Value	0.720*** (0.271)	0.773** (0.350)	0.716** (0.314)
Observations	1765992	2459960	2339553
Controls	YES	YES	YES
Firm FE	YES	YES	YES
Province-Year FE	YES	YES	YES

注：此表为人工智能影响公司生产率稳健性检验的 2SLS 第二阶段估计结果。第（1）列、第（2）列和第（3）列分别汇报了 $\ln\left(TFP^{OP}\right)$、$\ln\left(TFP^{LP}\right)$ 和 $\ln\left(TFP^{ACF}\right)$ 的检验结果。变量的具体定义参见附录中附表 A3。括号内数据为 Bootstrapping 方法估计所得的稳健标准误。*、**、***分别代表回归系数在 10%、5%、1% 的置信区间上显著。本部分使用了 14_$Indus^{China}$ 专有行业分类标准。

三、替换工具变量

在表 3-9 的 Panel A 和 Panel B 中，同样参考 Acemoglu 和 Restrepo（2020a）的研究方法，我们改变了工具变量的构造方式。在 Panel A 中，我们将原工具变量美国、丹麦和瑞典三个国家平均智能化指数的 70% 替换为这三个国家与德国智能化指数的平均值。在 Panel B 中，我们将其替换为九个欧洲发达智能经济体与美国智能化指数和的平均值。最终结果均与本章的基准回归结论一致。

四、替换样本

在表 3-9 的 Panel C 至 Panel E 中，本章替换了一些可能影响本书基准回归结果普遍性的干扰样本。在 Panel C 中，我们剔除了所有行业中智能化程度最高的"交通工具制造业"来排除这一部分样本可能单方面造成回归显著的可能性；如前文所述，"中国工业企业数据库"的统计标准在 2011 年发生了改变，2011 年之前（不包含）统计标准为 500 万元以上，2011 年以后（包含）修改为了 2000 万元以上，为了排除这一变动所造成的干扰，本部分在 Panel D 中将每一年的标准统一设定为了 2000 万元及以上，即剔除了 2000 万元以下的样本；"中国工业企业数据库"所包含的样本实际为全部国有工业企业与规模以上非国有工业企业，这也就造成了国企与非国企样本标准的不一致，同样为了保证两种性质样本的一致性，本部分在 Panel E 中将国企同样按照非国企的标准进行了筛选，即剔除了 2011 年（不包含）之前国企规模在 500 万元以下，2011 年（包含）之后国企规模在 2000 万元以下的样本；在 Panel F 中，我们剔除了本章所定义 18 个行业（18_Indus^{China}）中每一年智能化指数处于前 1% 的样本。在替换了样本之后，表 3-9 中 Panel C 至 Panel F 的结果仍然显示机器人技术可以显著提高企业的全要素生产率水平，即与本章基准回归结果一致。

表 3-9　替换工具变量或样本

Panel A：工具变量引入德国		
变量	(1) $\ln(TFP^{OP})$	(2) $\ln(TFP^{LP})$	(3) $\ln(TFP^{ACF})$
China_Exposure	0.323 ** (0.151)	0.514 ** (0.220)	0.352 ** (0.177)
Observations	1765992	2459960	2339553

续表

Panel B：以欧美 10 国构建工具变量		
变量	（1） ln（TFP^{OP}）	（2） ln（TFP^{LP}）	（3） ln（TFP^{ACF}）

变量	（1）ln（TFP^{OP}）	（2）ln（TFP^{LP}）	（3）ln（TFP^{ACF}）
China_Exposure	0.400 ** （0.199）	0.462 ** （0.233）	0.340 ** （0.163）
Observations	1765992	2459960	2339553
Panel C：剔除"交通工具制造业"样本			
变量	（1）ln（TFP^{OP}）	（2）ln（TFP^{LP}）	（3）ln（TFP^{ACF}）
China_Exposure	0.855 *** （0.300）	0.923 *** （0.287）	0.889 *** （0.288）
Observations	1633423	2267383	2150121
Panel D：剔除规模 2000 万元以下样本			
变量	（1）ln（TFP^{OP}）	（2）ln（TFP^{LP}）	（3）ln（TFP^{ACF}）
China_Exposure	0.918 *** （0.219）	1.107 *** （0.407）	1.048 *** （0.347）
Observations	940160	1309603	1224505
Panel E：剔除规模 500 万元以下（2011 年之前）、2000 万元以下［2011 年（包含）之后］国企样本			
变量	（1）ln（TFP^{OP}）	（2）ln（TFP^{LP}）	（3）ln（TFP^{ACF}）
China_Exposure	0.886 *** （0.173）	0.993 *** （0.334）	0.900 *** （0.327）
Observations	1679750	2339615	2456817
Panel F：剔除每一行业每年智能化指数前 1% 的样本			
变量	（1）ln（TFP^{OP}）	（2）ln（TFP^{LP}）	（3）ln（TFP^{ACF}）
China_Exposure	0.917 *** （0.339）	1.080 *** （0.251）	0.910 *** （0.303）
Observations	1714803	2388857	2411811
Controls	YES	YES	YES
Firm FE	YES	YES	YES

续表

	Panel F：剔除每一行业每年智能化指数前 1%的样本		
变量	(1) $\ln\left(TFP^{OP}\right)$	(2) $\ln\left(TFP^{LP}\right)$	(3) $\ln\left(TFP^{ACF}\right)$
Province-Year FE	YES	YES	YES

注：此表为人工智能影响公司生产率稳健性检验的 2SLS 第二阶段估计结果。第（1）列、第（2）列和第（3）列分别汇报了 $\ln\left(TFP^{OP}\right)$、$\ln\left(TFP^{LP}\right)$ 和 $\ln\left(TFP^{ACF}\right)$ 的检验结果。变量的具体定义参见附录中附表 A3。括号内数据为 Bootstrapping 方法估计所得的稳健标准误。＊、＊＊、＊＊＊分别代表回归系数在 10%、5%、1%的置信区间上显著。本部分使用了 14_Indus^{China} 专有行业分类标准。

五、替换生产率

本部分替换了公司生产率的构造方式。参考鲁晓东和连玉君（2012）的研究方法，我们使用了 OLS 法和 FE 法重新构造了企业的全要素生产率。参考何小钢等（2019）的研究，我们构造了企业的劳动生产率①，取自然对数 ［$\ln\left(LP\right)$］；以及资本生产率②，取自然对数 ［$\ln\left(CP\right)$］ 来重新衡量企业的生产率水平并进行了检验。检验结果如表 3-7 的 Panel B 所示，最终结果同样证明机器人技术可以显著提高公司的生产率水平。

六、控制其他技术冲击

人工智能技术的应用往往伴随着大数据、物联网和云计算等一系列的新技术。因此，为了排除其他相关新技术对于本章基准回归结果的影响，参考 Ewens 等（2018）以企业是否为互联网企业，是否受到较强烈网络新技术（如大数据、物联网和云计算等影响）所采用的研究方法，本章在此以企业受到互联网影响的大小作为其他新技术对其影响的衡量方式。参考 Hoberg 等（2020）的研究方法，我们构建了行业层面的互联网普及率。首先，我们从中国互联网信息中心（China Internet Network Information Center，CINIC）获得了中国省份层面的互联网普及率，即各省网民数量与总人数的比值。其次，我们在证监会行业大类分类代码标准下，以"中国工业企业数据库"中公司所在省份作为依据，计算出了本章数

---

① 劳动生产率即为企业人均工业增加值。
② 资本生产率即为企业营业收入与固定资产的比值。

据库中每一行业每一年各省份所有公司的总销售收入占行业当年总销售收入的比重。最后我们将这一比重与省份层面互联网普及率进行了加权[1]，得到了行业层面的互联网普及率。在与本章样本进行匹配后，我们便以这一行业层面互联网普及率作为企业受到其他网络新技术影响程度的衡量指标，并将其作为控制变量加入回归并重新进行了检验。最终所得结果与基准回归结果一致。

七、控制政策因素

如前文所述，人工智能技术一直是各国的重点发展扶持方向。我国政府在"十二五"规划（2011～2015 年）的第二年，即 2012 年，首次将"智能制造"作为专项发展计划单独提出[2]，自此，各级地方政府开始相继推出"智能制造"项目的扶持和优惠政策。为了排除各级政府在扶持"智能制造"项目期间的其他惠企政策，如财政补助、税收减免等本章基准回归结果的影响，我们构造了企业是否会受到"十二五"规划之后相关政策影响的虚拟变量，即若样本年份在2012 年（包含）之后，则认为其会受到相关干扰性政策的影响，虚拟变量设为1；否则为 0。在将此虚拟变量作为控制变量加入回归后，我们所得到的回归结果仍然与基准回归结果的结论一致，即智能机器人可以显著提高公司的生产率水平，从而证明了本章结论的稳健性。

第九节　结　论

本章研究发现，在中国市场中，机器人技术的应用可以显著促进公司的生产率水平。为了消除内生性影响，我们以美国、丹麦和瑞典平均智能化指数的 70%作为工具变量，结果同样显示了机器人技术的应用与公司生产率之间具有显著的正向关系，从而为人工智能促进公司层面的社会生产提供了实证证据。

机器人技术在企业生产中的广泛运用，可以缩短生产周期，降低工作条件，提高企业产量并提升产品质量，因此智能化的运用会提升生产率是理所当然的。

---

① 参考 Hoberg 等（2020）的做法，若一行业年度下，某一省份销售收入的比重小于10%，则说明该省份当年这一行业占比偏低，影响较小可忽略，我们直接将其比重设为 0。

② 参见中国科学技术部网站：https：//www. most. gov. cn/index. html。

本章研究旨在为此现象提供一个公司层面的可靠实证依据。在异质性分析中，我们发现人工智能对企业生产率的提升作用在国有企业中不够明显，这是因为国有企业由于自身体制及所承担社会责任，即便在引进先进生产设备后也并不易于进行裁员等改革措施，同时其庞大的生产体系会使机器人所占的生产地位也相对较小，因而使机器人对劳动力的替代影响不是很明显，公司生产率受到的影响也相对较弱。同时，机器人技术对公司生产率的提升作用在高劳动力密集市场和重工业企业中更加明显，这是因为这一部分企业的工作任务更需要也更易于被智能化生产设备所替代，因而所受到的影响也更显著；此外，该影响在低产品竞争市场中更加明显，这是因为高产品市场竞争本身就可以促进企业绩效的提升，从而与机器人技术具有替代作用，因此在高产品市场竞争下，人工智能技术发挥作用的空间相对较小。本章研究还发现人工智能技术既可以促进公司全要素生产率中的技术进步，也可以促进全要素生产率中的技术效率增长。同时，人工智能技术在显著提高企业生产能力的同时，还会提升企业的发展能力和盈利能力。

本章结论在控制了其他新技术因素以及国家政策因素后仍然十分稳健。同时，我们在替换智能化指数构造方式、替换工具变量构造方式、替换企业生产率构造方式、或替换样本后，仍然得到了与基准回归结果一致的研究结论。同时，本章结果没有受到先前趋势的影响。

本章的研究结论为政府部门对于人工智能技术引进政策的制定提供了实证依据和借鉴意义。在学术界经典的研究中，公司的绩效水平变化都是公司其他企业行为发生变化的基础，进而公司绩效本身也可以归属于公司治理。因此，在本章得到智能机器人可以显著促进公司生产率的基础上，我们将在下一章探讨人工智能对其他公司治理行为的影响。

第四章　智能机器人对公司治理的影响研究

第一节　引论

如前文所述，机器人及其所包含的人工智能技术一直在深刻地影响着人类社会。其实，人工智能并不算是一个新鲜事物，从 1936 年英国著名数学家、逻辑学家阿兰·图灵（Alan Turing）首次用机器逻辑代码模拟了人类的计算和逻辑思维过程，让纯数学的符号逻辑第一次与真实人类世界建立联系开始，人工智能就始终在不断地演变着，并先后步入了操作系统遍地开花的"产业化阶段"，以及现如今互联网、深度学习和大数据技术所引发的人工智能"爆发阶段"。与此同时，人工智能的发展也一直面临着许多质疑，著名物理学家史蒂夫·霍金（Stephen Hawking）就曾不止一次地预言人工智能技术意味着人类的世界末日；作为人工智能技术最大使用者之一特斯拉集团的创始人、传奇企业家埃隆·马斯克（Elon Musk）也曾多次在公开场合表示人工智能会成为人类的一场灾难。但尽管如此，人工智能仍然是受到世界各国所认可的最先进的通用技术。2017 年，中国和日本分别发布了《新一代人工智能发展规划》和《人工智能技术战略》①；2018 年，英

---

① 透视日本人工智能战略　三大方向齐头并进［EB/OL］. https：//www.sohu.com/a/1534 29529_99906635，2017-06-30.

国和德国分别发布了《人工智能行业新政》① 和《人工智能国家战略》计划②；美国也于 2019 年发布了《美国人工智能倡议》③。世界各国争先恐后所推出的这些智能发展政策无不在向社会传递着人工智能对于未来社会发展举足轻重的信号。毫无疑问，如第三章所论证的一样，人工智能技术可以有效地影响企业生产，那么该技术会不会对企业的公司治理行为产生影响呢？在本章，我们就来考察探究这一问题。

在第一章中，我们已经对本书所使用到的"产业机器人"做出了明确的定义，在此简单陈述"产业机器人"的定义就是：在经受过人类的编程教学，收到人类的开始任务指令后，可以不需要人为协助独立执行多项生产任务的全自动化机器。如第三章所论述的一样，机器人或者人工智能技术对社会生产最直接的影响就是可以替代大量的人力劳动力，并在生产环节覆盖大面积的操作区域，实现 24 小时工作，同时对工作环境的要求较低；此外，机器人还可以减少人类对生产操作的参与，实现标准化生产，大大提高产品质量和生产效率。因此，如第三章所得到的结论一样，人工智能技术可以显著提高企业的绩效水平。例如，德国知名制造商西门子（Siemens）的安贝格（Amberg）工厂是德国"工业 4.0"计划的代表之作，号称世界上最接近"未来"的全自动工厂。该工厂占地 10 万平方米，但却只有 1000 名员工，大多数设备都是在无人操作的情况下被选择和组装完成的。在智能化技术的操作下，安贝格工厂产品的量产数量达到了一个新的量级，同时该工厂每 100 万件产品中只有 15 件次品，产品合格率达到 99%，可追溯性达 100%，毫无疑问，高产量和高质量极大地提高了工厂的绩效水平。与此类似的是，全球最大的汽车技术供应商罗伯特·博世有限公司（Bosch）已投入数十万欧元用于生产线的智能化改进。目前在博世公司中，在每个生产环节结束后，所有零件都会自动反馈届时信息，从而提高了企业生产中的排查检验效率。对于博世来说，独特的智能生产线尽管投资很高，但由于库存减少了 30%，并且生产效率提高了 10%，因而智能制造实际为博世工厂的 20 多条生产线带来了低成本、高效率的回报，从而节省了数千万欧元。同样，全球知名电动汽车制

① 研究｜《新一代人工智能发展年度报告（2018）》：全球主要国家战略布局人工智能 持续加码研发投入 [EB/OL]. 上海青年创业学院，https：//www.sohu.com/a/314133330_100006727，2019-05-15.

② 德国发布人工智能国家战略——"AI Made in Germany"[EB/OL]. 控制工程网，http：//i4.cechina.cn/18/1219/09/20181219095253.htm，2018-12-19.

③ 美国人工智能倡议（全文）[EB/OL]. https：//www.sohu.com/a/3577127 74_825950，2019-12-01.

造商特斯拉（Tesla）的全自动化超级工厂可以在五天内实现电动汽车从定型到成型的生产过程，该项技术使特斯拉的生产效率在近几年得到了飙升。由此可见，人工智能技术对企业绩效的提升是显而易见的，参考 Durnev 和 Kim（2005）的研究结论，如果公司业绩增加，那么经理人将更加看重未来价值的增长，因此会将个人资产更多地放置在公司股票中以增加自身未来的收益，同时经理人将公司资源转向私人收益的比例会随之减少，委托人与经理人之间的目的一致性会得到增强，在这种情况下，企业委托代理关系中的代理成本会降低，企业的公司治理水平将会得到提高；同时，更强的股权激励机制也会引导经理者为企业做出更多的贡献，从而提升企业的公司治理水平，这正是机器人提升企业公司治理水平的内源性动机。因此，从现实中的案例来估计可能出现的实证结论，我们可以猜想的是人工智能技术的应用可以增强公司治理。

如第一章所述，"中国工业企业数据库"是本书研究方法下，可以对中国市场人工智能技术展开实证研究的唯一可用数据库，但此数据库由于变量统计的原因，无法计算得到相关的公司治理变量，因此本章对于公司治理的研究就使用了美国上市公司为样本。

公司治理是衡量公司经营状况的重要指标。Shleifer 和 Vishny（1997）认为有效的公司治理可以减少股东和债权人授予企业经理人的"控制权"，从而增加管理人投资于正净现值项目的可能性，这也就意味着有效的公司治理通常会伴随着良好的公司绩效，这一研究结论也与 Gompers 等（2003）、Bebchuk 和 Cohen（2005）、Brown 和 Caylor（2006）、Cremers 等（2007）、Bhagat 和 Bolton（2008）、Bebchuk 等（2009）关于公司绩效与公司治理关系的研究相一致。为了进一步证明机器人对于美国上市公司财务绩效也有显著的提升作用，本章首先参考 Parasuraman 等（1993）、Visser 和 Parasuraman（2011）、Azeez（2015）的研究，以公司绩效这一企业经营变化最直接的反应以及企业生产经营活动的最终目的，作为公司治理的第一个衡量指标。同时，企业的薪酬绩效敏感度直接表明了企业高管薪酬与企业绩效的匹配程度，即企业的薪酬激励机制是否有效地起到了促进企业积极发展的作用，其可以直接反映出经理人私人利益的获取比例及公司治理状况。敏感度水平低意味着经理人获得了不合理的私人收益，从而可能导致公司治理的效果不佳；敏感度水平高则意味着经理人付出了与所得薪酬相对等的努力，从而使公司治理水平较高。因此，本章参考 Hartzell 和 Starks（2003）的研究，采用了薪酬绩效敏感性作为公司治理的第二个衡量指标。此外，企业的投资效率是衡量企业经理人所做出的投资和撤资决策与价值最大化差距的重要指标。在很大程度上，企业的投资效率过低都是由管理者私人价值获取所导致的委托代理问题引起的。因此，通过减少管理者从公司资源中转移的私人价值来增强公司治理行为，通常都会为企业带来较高的投资效率。本章参考 Richardson（2006）和 Zhu（2018）的研究，采用了有效投资的获取机会和企业的过度投资行为来反映企业的投资效率，并以此作为企业公司治理行为的又一个衡量指标。通过第二章对于过往文献的总结和梳理，虽然公司治理的决定因素已经是一个被广泛研究的内容，但人工智能技术对公司治理的影响却仍然是公司金融领域一个研究不够充分的课题，本章将通过研究这一问题来填补以往文献的空白。

为考察机器人技术对企业公司治理行为的影响，参考 Acemoglu 和 Restrepo（2020a）的研究，本章首先通过行业层面智能机器人数量与就业人数（千人）的比率构建了美国行业层面的智能化指数。然后，我们又以每家美国公司不同行业销售收入的占比作为权重，与美国行业层面的智能化指数一起构建了公司层面的智能化指数。利用 2004～2015 年美国的上市公司样本，我们发现人工智能技术可以显著促进公司绩效。公司绩效的提升又会使公司经理人更加倾向于将自身利益投资于未来有增值价值的股票，从而减少从公司资源中直接获得私人利益。根据 Durnev 和 Kim（2005）的经典理论模型，企业经理人私人利益获取的减少通常会导致企业委托人和经理人直接有更强的目的一致性，从而降低委托代理关系中的代理成本，以此为企业带来更加强有力的公司治理状况。在此模型的理论指导下，本章研究在得到人工智能可以显著提高企业绩效的基础上，进一步实证证明了人工智能技术可以显著提高企业的其他公司治理指标，如提高企业的薪酬绩效敏感性和投资效率。

参考 Acemoglu 和 Restrepo（2020a）构建智能化指数工具变量的方法，由于丹麦、芬兰、法国、意大利和瑞典（后文简称 Euro5）五个国家智能化指数的平均值高于美国市场的智能化指数，并与其密切相关，因此我们使用了 Euro5 这五个国家行业层面智能化指数的平均值作为美国行业层面智能化指数的工具变量，进而又通过美国每家公司各行业销售收入的占比进行了加权，构造了美国公司层面智能化指数的工具变量来规避内生性问题①。最终本章的 2SLS 第二阶段估计结

---

① 选择这五个欧洲国家的详细理由参见本章第四节。

果显示了比 OLS 结果更加稳健和实质性的证据，论证了机器人技术的运用的确可以显著加强企业的公司治理行为。

本章对于机器人技术对公司治理的影响还进行了一系列的异质性检验。首先，如前文所述，如果公司绩效的提升使管理者倾向于持有更多的股票，那么他们届时将公司资源直接转向个人利益账户的动机将会减少，因为他们将更着眼于未来更富有增长潜力的股权价值（Durnev and Kim，2005），从而增强了公司治理，即高 CEO 持有股权在一定程度上可以作为高公司治理水平的信号，Durnev 和 Kim（2005）的理论模型同样证明了 CEO 持股比例越高，公司的治理水平越高[①]。为了进一步验证这一效应，本章研究将样本按照 CEO 所持股权的中位数分别划分为高 CEO 持股子样本和低 CEO 持股子样本，并检验了人工智能技术对不同 CEO 股权下公司治理的不同影响。最终我们发现在低 CEO 股权子样本中，人工智能技术对公司治理的影响较大。造成这一结果的原因就是高 CEO 股权子样本本身可能已经具有了相对较高的公司治理水平，从而使人工智能技术的作用没能更显著地凸显，这一结果也与我们的猜想相一致。

由于本章论证了人工智能可以提升公司治理，而外部监管对公司治理同样有着加强作用（Klein，2002；梁权熙、曾海舰，2016；盛丹、刘灿雷，2016），因此我们预测机器人在所受外部监管较强企业中发挥作用的空间较小，从而不会对这部分企业的公司治理行为产生较大影响。为验证这一猜想，本章以机构投资者持股作为外部监管的衡量指标，以其在本章样本的中位数为划分指标，将样本分为高监管子样本和低监管子样本，最终我们发现机器人对公司治理的加强作用在低监管子样本中更加显著，即证明了人工智能技术与外部监管具有替代作用。

在公司治理的影响因素中，产品市场的竞争可以通过为委托人提供信息来源，使公司的激励机制、信誉机制、发现机制都更加敏感，从而改善公司治理（Holmstrom，1982；Hart，1983；Vicker and Yarrow，1988）。因此，在本章中，我们考察了不同产品市场竞争程度对本章基准回归结果的影响。参考 Hoberg 和 Phillips（2010）、Hoberg 等（2014）、Hoberg 和 Phillips（2018）对于产品市场竞争程度的衡量方式，我们将样本分别按照产品市场集中度（*HHI*）、产品市场流动性（*Fluidity*）和产品市场相似性（*Similarity*）的中位数划分为集中型（低竞

---

① 模型证明参见本章第六节。

争）子样本和竞争型（高竞争）子样本。与第三章异质性结果相似，本章研究结果表明：在集中型（低竞争）子样本中，人工智能技术更显著地增强了企业的公司治理行为，这一结论意味着人工智能技术与高产品市场竞争度在加权企业公司治理行为上，同样具有替代性的作用。

再者，如第三章所述，由于智能机器人是通过大规模地取代人力劳动力来影响企业的生产，从而影响公司治理的，因此人力劳动力的密集程度必然会影响到本章的基准回归结果。在此基础上，我们按照样本中行业层面劳动力密集程度的中位数将样本分为高劳动密集型子样本和低劳动密集型子样本，又分别对人工智能技术在不同劳动密集型子样本中对公司治理的不同影响进行了研究。最终我们发现高劳动密集型子样本中的企业绩效、薪酬绩效敏感度和投资效率在应用人工智能技术后所受到的影响更加明显。

此外，由于新技术的引进必将导致技能偏移（Acemoglu，2002；Acemoglu et al.，2007），因此劳动力结构同样可能影响到智能机器人对人力劳动力的替代。在此基础上，本章检验了劳动技能结构和劳动性别结构对本书基准回归结果的影响。最终我们发现，人工智能技术对公司治理的影响效果更多地集中在低技能劳动力和男性劳动力占比较高的企业中。造成这一结果的原因是低技能劳动力由于工作性质和工作内容的缘故，更有可能被智能机器人所取代；男性劳动力占比较高的工作通常意味着其工作内容更倾向于繁重的体力劳动，同时这一部分工作也通常具有更高的集约化程度，因而同样更需要也更易于被智能机器人所替代。因此，人工智能技术对这一部分企业的公司治理产生了更明显的影响。

基于本章的基准回归结果，我们还进行了一系列的稳健性检验。首先，参考Acemoglu 和 Restrepo（2020a）安慰剂检验的做法，我们将 2004～2015 年公司治理面板数据替换为 1992～2003 年公司治理变量的平均值，以消除可能存在的先前趋势对本章估计结果的影响。最终，本章三个基准回归安慰剂检验的结果均不显著，这意味着本章的结果没有受到样本起始之前任何趋势的影响。其次，本章的基准回归结果在替换了核心解释变量——智能化指数之后仍然具有稳健性。例如，为规避劳动力结构变化对于本章结果的影响，我们将基于当期智能机器人数据和当期劳动力数据构建的智能化指数替换为基于当期机器人数据和样本基准年（2004 年）劳动力数据构建的智能化指数，所得到的结果仍然显示人工智能技术可以显著提高公司治理。再者，由于国际机器人联合会（IFR）只提供了 2011 年

（包含）之后的单独美国智能机器人数据，在 2011 年之前（不包含）所提供的是北美层面（包含加拿大、美国和墨西哥）的智能机器人数据，而本章在基准回归结果中参考 Acemoglu 和 Restrepo（2020a）的做法，均采用了整个北美市场的智能机器人数据来代表美国的机器人市场①。但为了论证本章结论的可靠性，我们在稳健性检验中将 2011 年之后的智能化指数重新使用美国单独的智能机器人数据进行了构造，最终结果依然与本章基准回归结果一致。除此之外，我们还估算了公司层面智能化机器人的价值，并以此代替智能化指数重新进行了检验，最终结果同样证明了本章基准回归结果的稳健性。

此外，本章还替换了工具变量的构造方式和样本进行了检验。本章首先对于行业层面智能化指数工具变量的构造方式进行基准回归，作为丹麦、芬兰、法国、意大利和瑞典五个国家行业智能化指数的平均值，进而再通过每个公司各行业销售收入的占比进行加权，得到公司层面智能化指数的工具变量。为了证明基准结果的稳健性，本章将行业工具变量的构造方式替换为以上五个欧洲国家外加德国智能化指数的平均值；或又将其替换为所有九个先进智能化欧洲国家智能化指数的平均值，这两种替换方式均未改变本章基准结果的研究结论。其次，本章还排除了部分可能对主体结论造成影响的特殊样本进行了稳健性检验，如由于许多美国企业的生产部门都位于海外，从而会影响本章对于美国人工智能技术的检验，因此我们首先剔除了海外部分销售额占公司总销售收入 50% 以上的公司样本。再次，我们还剔除了所有行业中智能化程度最高的"汽车制造和其他交通工具制造业"样本；或剔除了每个行业年度智能化指数排名前 1% 的样本；或又剔除了不能再进行细分的"所有非制造业"行业样本，最终替换样本后的结果均与基准回归结果一致。最后，本章还增加了其他技术冲击的控制变量并进行了稳健性检验，所得结果仍然支持了本章的基准研究结论。

本章的研究主要有以下几点学术贡献：

第一，本章通过考察机器人技术对公司治理的影响，丰富了过往文献的研究，并为之后相关领域的研究提供了借鉴意义。如第二章"文献综述"所述，以往关于自动化或人工智能技术的文献主要研究了自动化或者智能化对宏观经济或劳动力变量的影响，如智能化如何影响经济增长（Boyer，1999；Aghion et al.，

---

① 可以这样做的原因首先是基于美国智能机器人市场占据整个北美市场 90% 以上的事实，其次是因为本章所采用的 2SLS 方法在一定程度上可以减弱这一误差的影响。

2017)、如何影响就业或工资（Autor et al.，2003；Acemoglu and Restrepo，2018c，2020a；Cheng et al.，2019）等，目前有极少文献研究人工智能技术对公司治理的影响[①]，因此本章填补了以往文献研究的空白。

第二，过往文献对于公司治理的研究已经较为充分，但以往研究大多探讨了公司财务、外部市场和公司绩效与公司治理之间的关系，如 Williamson（1988）提出了公司财务和公司治理的综合测量处理方式；Porta 等（2000）的研究探讨了投资者保护与公司治理之间的关系；Bhagat 和 Bolton（2008）则论证了公司治理行为与企业绩效之间的正相关关系，极少有文献探讨人工智能对公司治理的影响。本章研究进一步丰富了公司治理领域的相关研究，同样也是实证研究自动化或人工智能技术对公司治理影响的开拓者。

第三，目前较少有文献使用具体测度指标来衡量公司层面的智能化指数，仅有的文献如王永钦和董雯（2020）也是对中国市场人工智能技术的研究，并且其探讨的也是人工智能对劳动力市场的影响。目前对于国外市场尚无公司层面人工智能技术的实证探讨，因此本章的研究对于丰富金融领域公司层面治理行为的研究具有非常大的创新意义。

此外，本章还具有较大的实践意义，为政府部门制定资本市场相关政策提供了极大的理论借鉴和实证依据。本章接下来的内容组织结构如下：第二节是渠道分析；第三节是数据；第四节是模型和研究方法；第五节是智能机器人对公司治理影响的基准回归结果；第六节是异质性分析；第七节是稳健性检验；第八节是总结。

第二节　渠道分析

在本部分，我们将探讨机器人技术增强公司治理水平的内源动机影响渠道，即企业绩效对委托代理问题的缓解。

首先，无论是以前的学术研究，如 Parasuraman 等（1993）、Autor 和 Salomons（2018）对于自动化或者智能化影响的探讨，还是实际案例，如西门子

---

① 仅有程虹和袁璐雯（2020）实证论证了人工智能可以显著改善生产工艺并提升企业质量，但该研究人工智能的衡量指标为机器人的资本存量，未考虑其与劳动力的替代关系，相对缺乏代表性。

和一些中国公司（如海尔和美的）智能制造技术的改进，所得到的普遍结论都是智能化可以取代人力劳动力，并有效地提高生产效率，这也与本书第三章的研究结论相一致。因此，毫无疑问，机器人技术对企业最直接的影响是提高企业的绩效。

在得到企业绩效引进人工智能技术后得以显著提升这一重要结论的基础之上，为了检验机器人技术对薪酬绩效敏感度和投资效率的影响，本章遵循 Durnev 和 Kim（2005）的理论模型，首先定义了 $1+\pi$ (j) 为投资于项目 j 的单位资本总回报率，其中 $j \geqslant 0$，π (j) 是线性并随 j 递减的净收益率，且对于每家公司均存在最大收益 $\bar{\pi} > 0$。紧接着，我们定义 d 是经理人将公司价值转移至私人账户的比例。如前文所论述，公司的治理水平很大程度上取决于股东与经理人之间的委托代理问题，即经理人在公司治理过程中从公司资源中获取了多大的私人利益。经理人所获得的私人利益越多，公司治理的水平越低。因此，本章通过将公司治理水平定义为 $(1-d)$ 来将经理人转移的私人利益与公司治理水平相联系。d 值越高，则意味着公司治理质量越差。按照 Durnev 和 Kim（2005）的模型设定，如果经理人在投资后会转移公司资源，那么他将接受所有净现值为正的项目，因为这既可以增加其清算股息的份额，也可以增加其将公司资源转移至私人账户的金额。因此，公司资源在被转移前的总价值为：

$$\prod = \int_0^{\bar{\pi}} (1 + \bar{\pi} - j) dj = \bar{\pi} + \bar{\pi}^2 / 2 \tag{4-1}$$

由于转移资源需要成本，我们将 C 定义为转移总成本，并假设 C 对于 d 和 $\prod$ 来说都是凸的，C 的取值即为经理人转移公司资源总金额中的某一恒定比例 c。同时，我们将 α 定义为经理人所拥有的现金流权比例。在此基础上，我们得到了转移总成本 C 的公式：

$$C = c(d \prod)^p \tag{4-2}$$

其中，$p > 1$。由此我们可以得到经理人每一次投资决策的利益最大化函数为：

$$\alpha(1-d) \prod + d \prod - C \tag{4-3}$$

对于式（4-3），我们通过求解 d 的一阶条件，得到：

$$(1-\alpha) \prod - pcd^{p-1} \prod^p = 0 \tag{4-4}$$

其中，当转移的边际收益 $(1-\alpha)$ 等于边际成本时，企业经理人才可以获得最大化的收益。此时，由式（4-4）可推导出存在的最优转移比例为：

$$d^* = \frac{1}{\prod} \left(\frac{1-\alpha}{pc} \right)^{\frac{1}{p-1}} \qquad (4-5)$$

如前文所述，如果公司业绩增加，企业经理人更愿意持有更多的股票来增加他的潜在价值，而不是直接获得现金利益，而经理人持有的股票越多，他就越会因为股票价值的潜在增加而减少私人收益的转移。此外，经理人持有的股票越多，股权激励机制也越会促进经理人为整个董事会做出更多的贡献，而不仅是考虑个人利益。

对于式（4-5）而言，因为$-p(p-1)cd^{p-2}\prod^p<0$，所以其满足二阶导数的运算条件。为了证明绩效提升的确可以减少经理人私人利益的获得，我们通过对式（4-5）中$\bar{\pi}$的二阶求导，可以得到：

$$\frac{\partial d^*}{\partial \bar{\pi}} = -\left(\frac{1+\bar{\pi}}{\prod^2} \right) \left(\frac{(1-\alpha)}{pc} \right)^{\frac{1}{p-1}} < 0 \qquad (4-6)$$

从式（4-6）中我们可以看到，二阶导数结果显然为负，即如果公司的业绩$\bar{\pi}$增加，经理人从公司资源中转移得到的私人利益比例d^*就会减少，随之而来的就是企业公司治理水平的提高，在此情况下，管理者薪酬与企业绩效的敏感度将被增强，投资效率也将得到提高。此外，随着人工智能技术的运用，企业的生产过程更加标准化，公司的运营过程将受到比以前更强的外部监督①，这也意味着经理人在将公司资源转移至他的私人收益时面临更多的困难，即转移成本增加。转移成本的增加，也必然会导致经理人私人利益的获得减少，从而提高公司治理水平。为了证明这一结论，我们在式（4-7）的基础上，通过进一步对转移成本在转移总金额的比例c求交叉偏导数来证实我们的结论，交叉偏导结果如下：

$$\frac{\partial d^*}{\partial \bar{\pi} \partial c} = \left(\frac{1}{p-1} \right) \frac{(1+\bar{\pi})}{\prod^2} \left(\frac{(1-\alpha)}{c^p p} \right)^{\frac{1}{p-1}} > 0 \qquad (4-7)$$

从式（4-7）中我们可以得到，交叉偏导数显著为正，即如果经理人的转移成本增加，那么其私人收益与公司治理之间的负相关性将变得更强。

对式（4-6）和式（4-7）的分析可以证实我们的猜想，即机器人技术带来

---

① 我们将在本章第六节中证明这一结论。

企业绩效的提升后，经理人在最大化个人价值时会倾向持有更多的公司股票①，从而导致企业经理人现时私人利益的获得减少，其与委托人之间也具有了更强的一致性目的，并且代理成本减少，借此提高了企业的公司治理水平，而且人工智能技术会使企业的生产过程更加标准化，从而增强企业所受到的外部监管，增加经理人私人利益获得所需要付出的转移成本，而转移成本的增加又会使经理人私人利益与公司治理水平的负相关性增加，从而进一步提高企业的公司治理水平。基于上述分析，我们在此提出了本章的重要猜想：智能机器人可以显著提升企业的公司治理水平。在后文中我们将系统地实证验证这一猜想。

第三节　数据

一、样本构建

如前文所述，"中国工业企业数据库"是本书研究方法下实证研究中国人工智能应用情况的唯一可用数据库，但此数据库无法构造公司治理相关变量，因此本章对于公司治理的研究使用了美国上市公司作为研究样本。

与第三章相类似，本章"产业机器人"的库存数据同样来自国际机器人联合会（IFR）；美国和欧洲国家的劳动力数据来自"欧盟资本、劳动力、能源、材料和服务投入数据库"（European Union Level Analysis of Capital, Labor, Energy, Materials, and Service Inputs Dataset, EU KLEMS）；美国劳动力技能结构的相关数据来自美国劳动力统计局（Bureau of Labor Statistics, BLS）的"劳动力就业统计数据库"（Occupational Employment Statistics, OES）；劳动力年龄结构和劳动力性别结构的数据来自美国劳动力统计局（BLS）的"当前人口统计"（Current Population Statistics, CPS）数据库；劳动力教育结构数据来自美国劳动力统计局（BLS）的"劳动力就业和失业地理统计数据"（Geographic Profile of Employment and Unemployment, GPEU）。美国上市公司的财务会计数据来自"标准普尔数据库"（Compustat）；首席执行官和高管相关数据来自"高管薪酬资料库"

---

① 本章将在第六节中实证探讨经理人持股比例对公司治理的影响。

（ExecuComp）；董事会数据来自"机构股东服务数据库"（Institutional Shareholder Ser-vices，ISS）；机构投资者所有权相关数据来自"汤森·路透数据库"（Thomson Reutuers）。

本章的基准样本为 ISS 数据库中的"标准普尔1500公司"数据。因为 IFR 对美国的智能机器人统计直到 2004 年才提供了行业细分的数据，而 EU KLEMS 对美国和欧洲国家的劳动力行业细分数据目前截至 2015 年，所以本章的样本区间为 2004~2015 年。

表4-1列出了本章样本的构建和分布情况。Panel A 汇报了本章样本的筛选过程，可以看到本章的初始基准面板样本，即公司治理变量没有缺失值的样本共包含13006个年度观察值；在剔除了美国上市的非美国公司421个观测值和特殊监管行业，即金融服务业（SIC 6000-6999）和公用事业（SIC 4400-5000）行业的147个观察值，以及1160个无法构建相关控制变量的年度观测值之后，本章的基准回归面板样本共包含涉及1443家公司的11278个年度观测数据。Panel B 汇报了本章基准回归样本的年度分布情况，可以看到本章的样本维持了年度观测值基本均衡的状态。

表4-1　样本构建与分布

Panel A：样本筛选	
可构建公司治理变量的样本总观测值	13006
减去	
美国上市的非美国公司样本观测值	-421
特殊监管的金融服务业样本观测值（SIC 6000-6999）	-10
特殊监管的公用事业样本观测值（SIC 4400-5000）	-137
无法构建控制变量的样本观测值	-1160
最终基准回归样本观测值	11278

Panel B：样本年度分布	
年份	观测值数量
2004	929
2005	933
2006	930
2007	934
2008	931

续表

Panel B：样本年度分布

年份	观测值数量
2009	938
2010	940
2011	942
2012	950
2013	947
2014	951
2015	953
总计	11278

二、变量

（一）智能化指数

与第三章相类似，本章通过智能机器人数量与劳动力数量（千人）的比值构造了智能化指数。同样参考 Acemoglu 和 Restrepo（2020a）的研究方法，我们首先使用行业层面智能机器人数量（单位：unit）与劳动力数量（单位：千人）的比率作为每个行业千人劳动力下智能机器人使用密度，即智能化指数的测量，本章使用 US_Exposure（Industry）来代表行业智能化指数，具体定义如下：

$$US\_Exposure（Industry）_{j,t} = \frac{R_{j,t}^{US}}{L_{j,t}^{US}} \tag{4-8}$$

其中，t 表示年份；j 表示行业；$R_{j,t}^{US}$ 表示美国市场在 t 年行业 j 的智能机器人数量（unit）；$L_{j,t}^{US}$ 表示美国市场在 t 年行业 j 的劳动力数量（千人）。

因为许多公司都存在着不同行业的经营业务，所以这些公司也在承受着不同行业人工智能技术的影响。在本章，我们使用 Compustat 中的"子公司（Segments）"数据库，计算出了每家公司不同行业销售收入占公司总销售收入的比值作为权重，并与行业智能化指数相结合构造了公司层面的智能化指数，具体的计算公式如式（4-9）所示：

$$US\_Exposure_{i,t} = \frac{R_{i,t}^{US}}{L_{i,t}^{US}} = \sum_{k=1}^{j} Weight\_k_{i,t} \times \frac{R_{k,t}^{US}}{L_{k,t}^{US}} \tag{4-9}$$

其中，i 表示公司；t 表示年份；k 表示行业（隶属于行业 j）；$R_{k,t}^{US}$ 表示美国

市场在 t 年行业 k 的智能机器人数量；$L_{k,t}^{US}$ 表示美国市场在 t 年行业 k 的劳动力数量（千人）；$Weight\_k_{i,t}$ 表示公司 i 在 t 年行业 k 的销售收入占公司总销售收入的比重；$R_{i,t}^{US}$ 和 $L_{i,t}^{US}$ 分别表示行业数据被赋予权重后所估算出的公司层面的智能机器人数量和劳动力数量（千人）。本章用于基准回归检验的智能化指数是公司层面的智能化指数。

此外，在本章中，因为机器人的行业分类与劳动力的行业分类无法完全匹配，所以我们自己定义了本章特有的行业分类（15_Industry）。如前文所述，本章智能机器人的数据来自 IFR，劳动力数据来自 EU KLEMS。虽然 IFR 和 EU KLEMS 都采用了第四版国际标准行业分类（International Standard Industry Classification，ISIC）的分类方法①，但这两个数据库中许多行业的统计口径是不同的，例如，EU KLEMS 提供了"一般金属，及除机械和设备外的装配式金属制品制造业"的行业劳动力数据，但在 IFR 数据库中，该行业被分为两个部门分别提供了智能机器人数据，即"一般金属制造业"和"除机械和设备外的金属制品制造业"行业。同样，IFR 为"汽车制造业"和"其他交通设备制造业"分别提供了智能机器人数据，但在 EU KLEMS 中，两者被归为"交通设备制造业"统一提供了劳动力数据。因此，我们通过对这两个数据库行业分类的比较和重新划分，在本章样本中定义了 15 个专有行业（15_Industry）。在制造业方面，本章定义了九个行业，它们分别为：食品、饮料和烟草产品；纺织品、皮革、服装；木材和木材产品、纸张和纸张产品、出版和印刷；塑料和化学产品、玻璃、陶瓷、石材、矿产品；一般金属和金属制品；金属设备；电气/电子；汽车和其他交通工具；其他制造业部门。在制造业之外，我们定义了六个行业，它们分别为：农业、狩猎、林业和渔业；采矿和挖掘；电力、天然气和供水（公用事业）；建筑；教育、研究和开发；其他非制造业。本章在计算行业层面的智能化指数以及公司层面不同行业销售收入的权重时，所遵循的行业分类均为本章所定义的 15 个专有行业。但为了在计算过程中将 Compustat 的标准行业分类（Standard Industry Classification，SIC）四位代码与本章所定义的 15_Industry 进行匹配，我们将两者的代码手动进行了对应，对应关系参见附录中附表 B1。

此外，因为 IFR 除提供了上文已列出的五个具体的非制造业行业机器人数据

---

① EU KLEMS 提供了 19 个 ISIC 1 位数行业和 19 个 ISIC 2 位数行业的就业数据，IFR 提供了 6 个 ISIC 1 位数行业和 16 个 ISIC 2 位数行业的年度智能机器人数据。

外，对其他非制造业只笼统提供了一个"其他非制造业"机器人数据，而我们也无法再对"其他非制造业"这一行业进行细分，所以本章在稳健性检验中将这一行业剔除重新进行了检验。同时，如本章引论所述，在 2011 年（不包含）之前，IFR 只提供了整个北美地区，包括美国、加拿大和墨西哥三个国家的智能机器人库存数据。但因为美国的智能机器人数量占整个北美机器人市场的 90% 以上，所以这一差距并不会严重影响本书的回归结果，参考 Acemoglu 和 Restrepo（2020a）的方法，我们使用了北美智能机器人的数据来代表美国①。但为了增加本章研究结论的可靠性，本章将 2011 年（包含）之后的北美智能机器人数据替换为单独美国的智能机器人库存数据并进行了稳健性检验。再者，在 IFR 统计中，大约 30% 的机器人是没有进行行业分类的，同样参考 Acemoglu 和 Restrepo（2020a）的研究方法，我们将这些未分类的机器人平均分配给了本章所定义的 15 个行业。

（二）公司绩效

公司绩效是衡量企业经营状况的最直接指标。此外，如前文所述，公司业绩可以直接影响企业的其他公司治理行为，更好的公司业绩可以带来更高的公司治理水平（Durnev and Kim，2005）。因此，我们首先使用公司绩效来作为公司治理的衡量指标。参考 Parasuraman 等（1993）、Visser 和 Parasuraman（2011）以及 Azeez（2015）的研究方法，本章使用三年期的销售增长率（Sgr3）、总资产标准化后税息折旧及摊销前利润（Ebitda/AT）、总资产账面价值标准化后的普通股市场价值与总负债账面价值之和（Tobin's Q）作为企业绩效的测度指标。计算公司绩效所需数据均来自 Compustat。

（三）薪酬绩效敏感度

如前文所述，公司治理水平的提升通常是由于经理人私人利益的获取比例减少所导致的，而经理人私人利益的获取与企业的薪酬绩效敏感度有着非常直接的关系。私人利益获取比例减少会提升企业的薪酬绩效敏感度，反之会减少。因此，我们可以将企业的薪酬绩效敏感度作为其公司治理水平的衡量指标。在此部分，参考 Hartzell 和 Starks（2003）的研究方法，我们使用股票流通市值（股票流通数×股价）的对数值［ln（Shareholder_Wealth）］来衡量公司的业绩，并使用 CEO 的薪酬对数值［ln（CEO_Pay）］，或 CEO 及除 CEO 外薪酬最高前四位

---

① 本章在后文所使用的 2SLS 估计方法也可以进一步减小这一误差。

高管的薪酬总和对数值［ln（$CEO+top4\_Pay$）］来衡量企业经理人的薪酬情况。我们所要研究的就是智能化指数对 $\ln(Shareholder\_Wealth) \times \ln(CEO\_Pay)$，或 $\ln(Shareholder\_Wealth) \times \ln(CEO+top4\_Pay)$ 的影响。本节薪酬绩效敏感度相关数据取自 ExecuComp。

（四）投资效率

企业的投资效率会影响到企业的绩效水平，同时也可以反映出企业的公司治理状况。参考 Zhu（2018）的研究，我们构建了采用人工智能技术后可以用来评估企业对扩大和缩小投资机会所做出的投资反应是否发生变化的有效投资获得机会指标（$Investment\_Opportunity$）来衡量企业的投资效率。我们通过第 $t+1$ 期资本支出（Capital expenditure，简称 $Capx$）和研发费用（Research and development expenditure，简称 Xrd）之和，除以 t 期资本支出和研发投资之和减去固定资产和设备销售收入（Sale of Property，Plant and Equipment，$SPPE$）的比值，取自然对数来作为投资有效性的测度，具体测度公式如下：

$$Investment\_Opportunity = \ln\left(\frac{Capx_{t+1}+Xrd_{t+1}}{Capx_t+Xrd_t-SPPE_t}\right) \tag{4-10}$$

此外，参考 Richardson（2006）的研究，我们构建了衡量企业过度投资行为的变量 $Over\_Investment$ 作为企业投资效率的另一个衡量指标。过度投资的计算过程如下：

首先，为了衡量企业的投资行为，我们将 $New\_Investment$（简称 I_{New}）定义为企业总投资（$Total\_Investment$，I_{Total}）[①] 减去维护运营现有资产所需费用（$Maintenance\_Investment$，$I_{Maintenance}$）[②] 的差额，参见式（4-11）：

$$I_{New,t} = I_{Total,t} - I_{Maintenance,t} \tag{4-11}$$

而过度投资指标 $Over\_Investment$ 即为 I_{New} 作为被解释变量时的残差值（I_{New}^{ε}），所确定的计算方程如式（4-12）所示：

$$I_{New,t} = \alpha + \beta_1(V/P)_{t-1} + \beta_2 Controls_{t-1} + \beta_3 I_{New,t-1} + I_{New}^{\varepsilon} \tag{4-12}$$

其中，V/P 是衡量企业增长机会的指标，它被定义为公司价值（V_{AIP}）与股票市场价值（年末股价×流通股数量）的比率，而 $V_{AIP} = (1-\alpha r)BV +$

---

① 企业的总投资（I_{Total}）为企业资本支出（$Capx$）、研发费用（Xrd）和收购费用（Acquisitions，Acq）的和，减去固定资产和设备的销售收入（$Sppe$）。

② 企业维护现有资产所需费用（$I_{Maintence}$）为企业的固定资产和设备的折旧摊销费用（Depreciation and Amortization，DP）。

$\alpha(1+r)X-\alpha rd$，其中，$\alpha=(w/(1+r-w))$，$r=12\%$，w 是来自 Ohlson（1995）理论框架中的超额收益持久性参数且 $w=0.62$；BV（Book Value of Common Equity）是普通股的账面价值；d（Dividends）是年股息；X（Operating Income after Depreciation）是企业折旧后的营业收入；$Controls$ 包含了与本部分主体回归相同的控制变量，以及年份固定效应和时间固定效应；I_{New}^e 即为企业的过度投资行为。

本节用于构造有效投资获取机会（$Investment\_Opportunity$）和过度投资（$Over\_Investment$）的数据均来自 Compustat。

（五）控制变量

本章公司层面的控制变量包括：公司年龄 $[\ln(Age)]$、公司规模 $[\ln(AT)]$、资产负债率（Lev）、机构投资者持股比例（$Ins\_Own\_Percent$）、CEO 持股比例（$CEO\_Own\_Percent$）、CEO 股票期权实值 $[\ln(Stock\_Option)]$、董事会规模 $[\ln(Board\_Size)]$、独立董事占比（$Independent\_Percent$）、常规低技能劳动力占比（$Routine\_Percent$）、适合工作年龄劳动力占比（$Mid\_Age\_Percent$）、高学历劳动力占比（$Ad\_Degree\_Percent$）和男性劳动力占比（$Male\_Percent$）。

其中，$\ln(Age)$ 是指公司首次出现在 CRSP 以来年限的自然对数；$\ln(AT)$ 为企业总资产的自然对数。我们控制 $\ln(Age)$ 和 $\ln(AT)$ 是因为企业的年龄可能会影响到企业的投资决策，不同发展时期的企业可能会有不同的投资方向，从而影响到企业的绩效及其他公司治理行为；而企业的规模涉及了企业在市场中的定位，并且还会影响到企业层级与企业的信息对称性，因此它将深刻影响企业的公司治理状况。Lev 为企业的总负债除以总资产，我们控制它是因为资产负债率是企业财务状况的一个重要体现，而企业财务毫无疑问会直接影响到企业的其他公司治理行为（Parrino and Weisbach，1999；Strebulaev，2007；Frank and Goyal，2009；陆正飞等，2006）。我们控制影响公司治理的其他几个变量：$Ins\_Own\_Percent$、$\ln(Board\_Size)$ 和 $Independent\_Percent$，是因为更大规模的董事会、更高的独立董事占比或机构投资者持股比例往往意味着企业受到了更强有效的外部监管，从而有助于其降低代理成本，并提高公司治理。我们控制 $CEO\_Own\_Percent$ 是因为较高的股份持有可以给 CEO 更多的投票权和话语权，而 CEO 作为企业管理最主要的决策者，其权力的变动必将会影响到企业的公司治理行为；同理，我们还控制了 CEO 所持有股票期权的市值 $[\ln(Stock\_Option)]$ 来规避这一影响。

因为劳动力结构会直接影响到智能机器人对人类劳动力的替代过程，所以我们还控制了劳动力结构的相关指标。参考 Zhang（2019）的研究，首先，我们使用美国 BLS 中"劳动力就业统计数据库"（OES）中的相关数据构造了行业层面常规任务劳动力所占份额的度量指标 $[Routine\_Percent(Industry)]$。我们将 $Routine\_Percent(Industry)$ 定义为：行业内支付给从事常规低技能任务劳动力的工资总额在总工资额中所占的比重。紧接着，我们又在 $Routine\_Percent(Industry)$ 的基础上构建了公司层面的常规任务劳动力所占份额 $Routine\_Percent$。我们将构造 $Routine\_Percent$ 具体的三个步骤总结如下：

第一，我们使用美国 BLS 第四版"职业头衔词典"（Dictionary of Occupational Titles，DOT）来测量每个职业在执行抽象、例行和非常规手工任务方面所需的技能水平级别（1~10）[①]。接下来，我们使用 Autor 等（2003）提出的加权方法将 DOT 职业按照 OES 的职业分类标准进行分类。参考 Autor 等（2003）的研究方法，我们将每个 OES 职业的常规任务强度（Routine Task Intensity，RTI）的评分定义为：

$$RTI_k = \ln(T_k^{Routine}) - \ln(T_k^{Abstract}) - \ln(T_k^{Nonroutine}) \tag{4-13}$$

其中，$T_k^{Routine}$、$T_k^{Abstract}$ 和 $T_k^{Nonroutine}$ 分别为职业 k 中常规、抽象和非常规手动任务技能的级别。然后，我们根据其职业 RTI 分数对本年度劳动力中的所有工人进行分类，如果 RTI 分数位于所有工人的前 1/5，我们即将此类工人定义为常规任务劳动力。

第二，本章研究在 SIC 四位行业代码分类标准下，通过行业劳动力总数、行业中常规任务劳动力人数和每个职业人均小时工资的中位数，计算得到每个行业常规任务劳动力的总工资占该行业总劳动力工资的比率。

第三，类似于智能化指数的构建过程，我们使用了公司在 SIC 四位行业代码分类标准下的销售收入权重对 SIC 四位行业分类下的常规任务劳动力占比进行了加权，最终得到了公司层面的 $Routine\_Percent$，计算模型如式（4-14）所示：

$$Routine\_Percent_{i,t} = \sum_{k=1}^{j} Weight\_k_{i,t} \times Routine\_Percent_{k,t} \tag{4-14}$$

其中，i 表示公司；k 表示行业（隶属于行业 j）；j 则表示 SIC 四位行业代码分类标准下的每个行业。

---

① 具体来说，抽象技能是通过数学技能，以及方向、控制和规划技能的组合来衡量的。常规技能是通过手指灵巧技能和设置极限、公差或标准差的技能组合来衡量的。非常规手工技能是通过眼—手—脚的协调技能来衡量的。

从 BLS 的"当前人口统计"（CPS）[①] 数据库中，我们得到了 SIC 行业分类标准下的行业层面适合工作年龄，即 20 岁至 54 岁（*Mid_Age_Percent*）劳动力占比和男性劳动力的占比（*Male_Percent*）[②]。然后，我们使用与模型（4-13）类似的方式，将其按照公司每个行业的销售收入占比进行了加权赋重，得到了企业层面的 *Mid_Age_Percent* 和 *Male_Percent*。

从 BLS 的"劳动力就业和失业地理统计数据"（GPEU）中，我们计算得到了美国州级层面获得大学或高等教育文凭的劳动力占比（*Ad_Degree_Percent*）。然后，我们又将这一州级层面的 *Ad_Degree_Percent* 按照公司总部所在地匹配到了本章样本数据库中。

本章控制 *Routine_Percent*、*Mid_Age_Percent*、*Ad_Degree_Percent* 和 *Male_Percent*，主要是因为不同的劳动力结构会直接影响到人工智能技术对人力劳动力的替代程度，从而影响到本章的基准回归结果。此外，本章回归中均控制了公司固定效应（Firm Fixed Effect，Firm FE）和年份固定效应（Year Fixed Effect，Year FE）。本章所有变量的定义参见附录中附表 B2。

三、描述性统计

首先，我们在表 4-2 中汇报了本章基准回归中所有变量的描述性统计情况。其中，价值变量单位均为百万美元，且所有变量均已在 1% 和 99% 的程度上缩尾。

表 4-2　描述性统计

变量	均值	中位数	标准差	最小值	最大值
US_Exposure	4.008	2.667	5.487	0.000	20.408
US^{IV}_Exposure	5.279	3.380	2.724	0.000	26.914
US_Exposure（*Industry*）	4.112	1.891	5.663	0.029	48.240
US^{IV}_Exposure（*Industry*）	4.823	2.332	2.970	0.088	52.782
Sgr3	0.148	0.171	0.441	−1.000	2.900
Ebitda/AT	0.092	0.077	0.797	−1.330	0.448

① 目前的 CPS 人口统计只统计了 16 岁以上的就业人数。

② 由于数据的限制，在构造 *Mid_Age_Percent* 和 *Male_Percent* 时，我们无法得到 SIC 四位行业分类代码的数据。因此，本节采用 SIC 三位行业分类代码进行了计算。对于部分不能精确到三位代码的行业，我们则使用了 SIC 两位行业分类代码进行了计算。

续表

变量	均值	中位数	标准差	最小值	最大值
Tobin's Q	2.507	0.800	2.799	0.113	102.721
ln（*CEO_Pay*）	0.219	0.223	1.517	−1.832	3.289
ln（*CEO+top4_Pay*）	0.993	0.988	2.586	−0.762	4.317
ln（*Shareholder_Wealth*）	7.998	7.000	9.083	4.007	8.932
Investment_Opportunity	0.031	0.049	0.621	−2.077	2.259
Over_Investment	0.004	0.000	0.075	−0.261	0.597
ln（*Age*）	2.555	2.708	0.978	0.000	4.237
ln（*AT*）	5.057	5.389	2.912	−3.507	11.460
Lev	0.181	0.154	0.176	0.000	0.921
Ins_Own_Percent	0.595	0.503	0.387	0.000	1.000
CEO_Own_Percent	0.028	0.005	0.057	0.000	0.739
ln（*Board_Size*）	2.024	2.079	0.680	1.285	2.996
Independent_Percent	0.698	0.707	0.144	0.000	0.992
Routine_Percent	0.302	0.280	0.186	0.028	0.401
ln（*Stock_Option*）	1.167	0.767	2.220	0.000	7.026
Mid_Age_Percent	0.601	0.608	0.080	0.109	0.910
Ad_Degree_Percent	0.621	0.653	0.100	0.522	0.697
Male_Percent	0.867	0.909	0.520	0.197	1.000
Sales/AT	1.171	0.915	1.136	0.000	6.557
HHI	0.260	0.176	0.229	0.030	1.000
Fluidity	6.845	6.083	3.595	1.410	18.091
Similarity	4.591	1.843	6.964	1.000	38.879
Labor_Intensity	0.090	0.031	0.199	0.000	2.032

注：变量的具体定义参见附录中附表 B2。

由表 4-2 我们可以看到，*US_Exposure* 的均值和中位数分别为 4.008 和 2.667，这意味着在本章样本中，美国劳动力与智能机器人的数量对应关系大约为 1000∶4。此外，*Sgr3* 的均值和标准差分别为 0.148 和 0.441，这与 Li 等 （2019）中的描述统计量大体一致；*Investment_Opportunity* 的均值和标准差分别为 0.031 和 0.621，这与 Zhu（2018）中描述的统计数据相一致；*Over_Investment* 的 均值和标准差分别为 0.004 和 0.075，这与 Richardson（2006）的描述统计数据也大体相似，以上统计数据表明本章样本中，公司绩效和投资效率在不同个体间都具有很大的差异。此外，我们还可以看到对数化 CEO 薪酬的平均值和中位数分别为 0.219 和 0.223，对应 CEO 薪酬原值约为 1.245 百万美元和 1.250 百万美元。

接下来，我们在不考虑 2004～2015 年控制变量缺失值的情况下，绘制了涵盖 15 个行业超过 11000 个观测值的美国智能化指数与公司治理之间相关性的变化趋势图。图 4-1 和图 4-2 分别展示了公司层面和行业层面的相关性情况。

因为企业的薪酬绩效敏感度涉及交乘项，所以无法较为清晰地展现其公司层面的变化规律，而公司绩效的变化趋势在第三章中已经有了初步呈现，因此在这一部分我们在图 4-1 中重点呈现了美国公司层面智能化指数与企业投资效率中过度投资（*Over_Investment*）之间的相关性趋势。我们可以看到在本章样本中，随着公司层面智能化指数的增加，企业的过度投资（*Over_Investment*）行为总体上呈现下降趋势。这些规律现象表明，人工智能技术采用后，企业的公司治理行为的确在规律趋势上得到了加强。

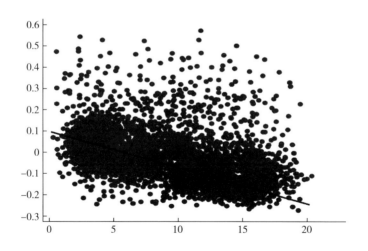

图 4-1 美国智能化指数与过度投资关系散点图

注：横轴为智能化指数；纵轴为过度投资；实线表示趋势线。

图 4-2 则展示了美国智能化指数与公司治理变量之间的行业趋势变化关系。同样，因为人工智能与企业绩效的变化趋势与第三章相类似，而薪酬绩效敏感度无法用图形形象地呈现行业趋势及异质性，所以本部分我们只展示了美国行业层

面（本章所定义的 15 个专有行业）智能化指数与企业过度投资（*Over_Invest-ment*）之间的变化趋势的行业异质性情况。我们可以看到：随着智能化指数的增加，美国企业的过度投资（*Over_Investment*）逐步递减，这与图 4-1 所呈现的结论保持一致。此外，图 4-2 还显示了部分行业，如"汽车制造业"和"电子制造业"高水平的智能化应用程度；与此相对比的是"建筑业"和"教育研发业"的智能化应用情况十分低迷。

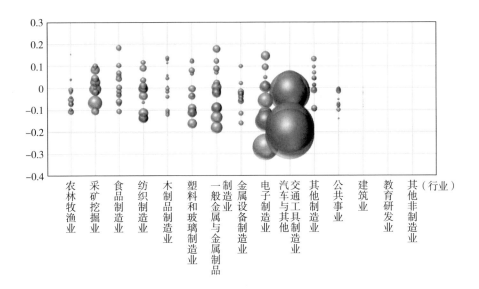

图 4-2 美国智能化指数与公司治理关系行业趋势图

注：横轴代表本章所定义的 15 个专有行业（15_*Industry*）；纵轴代表过度投资行为；圆形大小代表行业智能化指数大小。

第四节 模型和研究方法

一、模型

我们的基准回归模型如下：

$$Y_{i,t} = \beta_0 + \beta_1 US\_Exposure_{i,t} + \beta_2 X_{i,t} + \lambda_i + \lambda_t + \xi_{i,t} \qquad (4\text{--}15)$$

其中，$Y_{i,t}$ 为公司 i 在 t 年的公司治理行为变量；$US\_Exposure_{i,t}$ 为公司 i 在 t 年的智能化指数；$X_{i,t}$ 为时变控制变量；λ_i 和 λ_t 分别为公司固定影响和年份固定效应；$\xi_{i,t}$ 为方程残差。本章研究使用了 Bootstrapping 方法来估计稳健标准误。

二、研究方法

虽然在基准回归模型中，本章所采用的公司层面智能化指数是由行业层面智能化指数构造而来的，但是这一变量仍然可能存在内生性问题，例如，可能有一些未观察到的因素会影响到人工智能技术的运用以及行业层面的公司治理行为。为了解决这一问题，并进一步确定人工智能技术对企业公司治理行为的因果影响，本章用工具变量估计了两阶段最小二乘（2SLS）回归。

为了构造工具变量，我们遵循了 Acemoglu 和 Restrepo（2020a）的研究方法，其基本思想是利用企业经营业务所处行业在世界范围内其他地域的智能化技术发展前沿水平作为工具变量。每个公司的人工智能技术都会受到世界上该公司所处行业其他地域技术发展前沿水平的影响，然而，该行业其他地域的人工智能前沿技术对这部分企业来说都是外生的，因此不会直接影响到这部分企业的公司治理状况。Acemoglu 和 Restrepo（2020a）的研究表明，由于人口老龄化的缘故，欧洲国家迫于劳动力供给不足的客观原因不得不加快智能机器人对于劳动力的替代进程，这就使欧洲国家人工智能技术的应用水平要高于美国，并且，欧洲人工智能技术的迅速发展也在不断渗透到其他地域的国家，包括美国和中国等，即包括美国在内的许多国家人工智能技术的发展都在很大程度上依赖于欧洲国家人工智能技术的不断渗透，两者是高度相关的。欧洲国家的人工智能技术可以直接影响到美国市场的人工智能技术，但同时又不会直接对美国企业的公司治理行为产生影响。因此，我们使用欧洲国家的人工智能技术来构造美国人工智能技术运用的工具变量是符合工具变量选择标准的。

如第三章所述，IFR 机构对于丹麦、芬兰、法国、德国、意大利、挪威、西班牙、瑞典和英国九个欧洲国家"产业机器人"的库存情况提供了相对完整的统计数据，同时这九个欧洲国家也是世界上最先进的智能化经济体，其智能机器人库存数量占据世界智能机器人市场的 41%。本书第一章中的图 1-3 绘制了四条趋势变化线，分别为美国每千人劳动力下智能机器人的应用数量，即美国的智能化指数；德国每千人劳动力下智能机器人的应用数量，即德国的智能化指数；丹麦、芬兰、法国、意大利和瑞典五个国家每千人劳动力下智能机器人应用数量的平均值，即此五个国家智能化指数的平均值；以及挪威、西班牙和英国三个国家每千人劳动力下智能机器人应用数量的平均值，即此三个国家智能化指数的平均值。我们可以看到，美国智能化指数与丹麦、芬兰、法国、意大利和瑞典五个国家智能化指数的平均值是十分接近且密切相关的。因此，参考 Acemoglu 和 Restrepo（2020a）的构造方法，我们使用了此五个国家行业层面智能化指数的平均值来作为美国行业层面智能化指数的工具变量，并以此为基础构建了美国公司层面智能化指数的工具变量。同时，我们可以看到这五个欧洲国家人工智能技术方面的应用程度要领先于美国，这也与我们第一章所论述的研究方法相符，即着眼于智能技术领先于美国的国家有助于我们在工具变量构造过程中规避全球其他技术进步因素（而不是人工智能因素）的干扰，这也正是我们在选择工具变量构建国家时排除掉了挪威、西班牙和英国这三个智能化水平低于美国的国家的原因。此外，如第一章中的图 1-2 所示，因为德国的智能化水平要远远领先于包括美国在内的其他国家，所以在构建工具变量时，我们同样剔除了德国，这一做法的原因是德国的人工智能技术与美国人工智能技术的相关程度较低，因此如果包含德国，则极有可能造成 2SLS 第一阶段的结果较差。

与 Acemoglu 和 Restrepo（2020a）的结论相一致，本书第一章中的图 1-3 显示，美国每千人劳动力下的智能机器人数量要比丹麦、芬兰、法国、意大利和瑞典五个国家千人劳动力下智能机器人数量的平均值低 20% 左右。正如 Acemoglu 和 Restrepo（2018b）所述，人口结构因素是造成这种跨国差异的重要原因，也是本章前文所介绍的欧洲国家智能化程度领先于美国的原因。在迅速老龄化的国家，如德国、法国、意大利、日本和韩国，中年（或适合工作年龄）的劳动力十分短缺，这也就促使了这些国家必须大力发展人工智能技术，而当这些国家的智能化水平发展到一定的程度后，又会渗透或者出口到其他国家，如美国和中国这些人口结构变化相对较慢的国家。因此，虽然美国和欧洲五国智能化水平有 20% 的差异，但这一差异是符合常理的，我们仍然可以使用欧洲五国智能化指数的平均值来构建本章的工具变量。

为构建公司层面的工具变量，我们首先构造了行业层面欧洲五个国家的智能化指数的平均值，构造公式如下：

$$Euro5\_ Exposure(Industry) = \frac{1}{5} \times \sum_{Euro5} \left(\frac{R_{c,\,j,\,t}}{L_{c,\,j,\,t}} \right) \qquad (4\text{-}16)$$

其中，c 表示本章选做构造工具变量的五个欧洲国家（$Euro5$），即丹麦、芬兰、法国、意大利和瑞典之一；j 表示我们研究中定义的 15 个特定行业（15_Industry）之一；$R_{c,j,t}$ 和 $L_{c,j,t}$ 分别表示 t 年国家 c 在行业 j 中的智能机器人数量和劳动力数量（千人）。

$Euro5\_Exposure$（$Industry$）即为选做构建工具变量的欧洲五国行业层面智能化指数的平均值，基于前文所述，$Euro5\_Exposure$（$Industry$）同样也是本章美国行业层面智能化指数的工具变量。在此基础上，与本章第四节相类似，对于行业层面智能化指数的工具变量，我们使用每家公司各行业销售收入占公司总销售收入的比重进行了加权，从而得到了公司层面智能化指数的工具变量 $US^{IV}\_Exposure$，构造公式如下：

$$US^{IV}\_Exposure_{i,t}$$

$$= \sum_{k=1}^{j} Weight\_k_{i,t} \times Euro5\_Exposure(Industry)$$

$$= \sum_{k=1}^{j} Weight\_k_{i,t} \times \frac{1}{5} \times \sum_{Euro5} \left(\frac{R_{c,k,t}}{L_{c,k,t}} \right) \tag{4-17}$$

其中，$Weight\_k_{i,t}$ 表示公司 i 中行业 k 销售收入占公司总销售收入的比重；行业 k（隶属于行业 j）即为本章所定义 15 个专有行业（15_Industry）之一。

2SLS 第一阶段结果参见附录中附表 B3，基准回归的第一阶段结果均显示工具变量与智能化指数直接呈现正相关关系。我们在图 4-3 中汇报了本章节样本中所有公司层面工具变量观测值与美国智能化指数之间的对应关系，结果显示两者在趋势分布上的确存在着正向的关系。

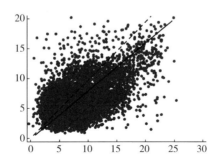

图 4-3　美国智能化指数与工具变量关系散点图

注：横轴为工具变量；纵轴为智能化指数；实线表示两者关系趋势线；虚线为 45°趋势线。

第五节　智能机器人对公司治理
影响的基准回归结果

一、公司绩效

本章首先考察了机器人技术对公司绩效的影响。我们分别检验了不具有时变控制变量和具有时变控制变量的两种回归结果。

智能机器人对公司绩效影响的 OLS 结果参见附录中附表 B4。结果显示：在包含时变控制变量的回归里，人工智能技术与企业三年期销售收入增长率（$Sgr3$）、总资产标准化后的税息折旧及摊销前利润（$Ebitda/AT$）以及总资产账面价值标准化后的普通股市场价值加上总负债的账面价值之和（$Tobin's Q$）均在 1% 的显著性水平上呈正相关，即人工智能技术可以在 1% 的显著水平上提高 $Sgr3$、$Ebitda/AT$ 和 $Tobin's Q$。例如，在时变控制变量组中，每千人劳动力下的智能机器人数量每增加 1 个单位，可以使三年期销售收入增长率（$Sgr3$）增加相当于其 17.23% 标准差大小的量级。结果表明，机器人技术可以显著促进企业绩效的提升。

为了解决美国智能化指数衡量指标中潜在的内生性问题，我们用工具变量估计了 2SLS 回归。其中，不包含和包含时变控制变量的第一阶段结果分别汇报在附录中附表 B3 中 Panel A 和 Panel B 的第（1）~（3）列中。结果表明，美国智能化指数与基于欧洲五国智能化指数平均值所构建的工具变量呈现显著正相关的关系。我们还可以看到，此节所有结果都通过了工具变量的弱识别检验，例如，具有时变控制变量组中，$Sgr3$ 第一阶段的 F 统计量为 571.11。

表 4-3 报告了 2SLS 第二阶段的结果，同样，Panel A 汇报了没有时变控制变量的结果，而 Panel B 汇报了具有时变控制变量的结果。与 OLS 结果一致，结果表明，在 1% 的显著性水平上，智能化指数与 $Sgr3$、$Ebitda/AT$ 和 $Tobin's Q$ 均呈现显著正相关，即人工智能技术可以在 1% 水平上显著增加 $Sgr3$、$Ebitda/AT$ 和 $Tobin's Q$。例如，在 Panel B 中，千人劳动力下智能机器人数量每增加 1 个单位，可以使三年期销售收入增长率（$Sgr3$）增加相当于其 18.59% 标准差大小的量级。

我们的结果表明，机器人技术的确可以显著提高企业的绩效水平，这些结果与我们的猜想一致。

从表4-3中，我们可以看到 Ins_Own_Percent 与公司绩效呈显著正相关，这与张涤新和李忠海（2017）认为的机构投资者可以加强企业外部监管，从而可以改善公司绩效的研究结论相一致；ln（Board_Size）与公司绩效呈正相关关系，这与 Zahra 和 Pearce（1989）所发现的董事会的监测可以降低所有权和控制权分离所固有的代理成本，从而提高公司绩效的结论相一致，同时也印证了 Fama（1980）的代理理论。同样也是由于代理问题的缓解，Independent_Percent 对企业绩效也有正向的影响。此外，我们可以看到 Routine_Percent 与公司绩效呈负相关关系，因为具有较多常规低技能工人的企业通常意味着企业所经营的是更有可能伴随着低生产效率的传统行业。而因为常规低技能工人的学历也通常较低，所以 Ad_Degree_Percent 与公司绩效呈现正相关关系。

表4-3　智能机器人对公司绩效的影响

变量	Panel A			Panel B		
	（1） Sgr3	（2） Ebitda/AT	（3） Tobin's Q	（1） Sgr3	（2） Ebitda/AT	（3） Tobin's Q
US_Exposure	0.025** （0.011）	0.042*** （0.016）	0.094** （0.042）	0.082*** （0.029）	0.104*** （0.032）	0.216*** （0.069）
ln（Age）				−0.798* （0.425）	0.179 （0.158）	−0.369 （0.390）
ln（AT）				−0.068 （0.082）	−0.035 （0.030）	0.411 （0.389）
Lev				−0.099 （0.084）	−0.146* （0.087）	−0.267 （0.194）
Ins_Own_Percent				0.548** （0.258）	0.496** （0.200）	0.231* （0.127）
CEO_Own_Percent				−0.900 （0.679）	−0.038 （0.031）	3.208 （2.067）
ln（Board_Size）				0.275* （0.147）	0.085* （0.047）	0.138 （0.140）
Independent_Percent				0.020** （0.008）	0.011** （0.004）	0.014*** （0.003）

续表

变量	Panel A			Panel B		
	(1) Sgr3	(2) Ebitda/AT	(3) Tobin's Q	(1) Sgr3	(2) Ebitda/AT	(3) Tobin's Q
Routine_Percent				−0.251** (0.112)	−0.266** (0.109)	−0.387** (0.164)
Mid_Age_Percent				0.095* (0.054)	0.122** (0.053)	0.245** (0.114)
Ad_Degree_Percent				0.108** (0.053)	0.131* (0.075)	0.220** (0.103)
Male_Percent				0.032 (0.028)	0.040 (0.033)	0.059 (0.050)
Stock_Option				−0.191 (0.152)	−0.010 (0.011)	0.029 (0.018)
Firm FE & Year FE	YES	YES	YES	YES	YES	YES
Observations	11170	11208	11184	11170	11208	11184

注：此表汇报了人工智能影响企业绩效的 2SLS 第二阶段估计结果。Panel A 和 Panel B 分别为无控制变量和包含控制变量的回归分析。第（1）～第（3）列分别汇报了 Sgr3、Ebitda/AT 和 Tobin's Q 的检验结果。变量的具体定义参见附录中附表 B2。本章使用 Bootstrapping 方法估计了稳健标准误。*、**、***分别代表回归系数在 10%、5%、1% 的置信区间上显著。

二、薪酬绩效敏感度

接下来，我们考察了机器人技术对薪酬绩效敏感度的影响。同样，我们分别检验了不具有时变控制变量和具有时变控制变量两种结果。参考 Hartzell 和 Starks（2003）的文章，本章在回归中控制了滞后一期的 ln（Shareholder_Wealth）以排除上一期的企业绩效可能对本部分结果造成的影响。企业引进人工智能技术之后，经理人会在看到企业绩效提升的潜力后，再做出是以继续持股还是现金回报的方式来满足自己薪酬的决定，也就是说，由于经理人需要等待和观望企业业绩的变化，导致人工智能技术对于企业薪酬绩效敏感度的影响可能存在一定的滞后效应，在此分析下，对于本章回归中的交乘项，我们使用了滞后一期的智能化指数与当期的薪酬绩效敏感度。综上所述，在本节的回归中，被解释变量为企业第 t 期的 ln（CEO_Pay）$_t$ 和 ln（CEO+top4_Pay）$_t$；核心解释变量为 US_Exposure$_{t-1}$× ln（Shareholder_Wealth）$_t$；控制变量除 ln（Shareholder_Wealth）$_{t-1}$ 外，其余均为

第 t 期。

机器人对薪酬绩效敏感度影响的 OLS 结果参见附录中附表 B5。结果显示：在包含时变控制变量的回归里，$US\_Exposure_{t-1} \times \ln$（$Shareholder\_Wealth$）$_t$ 与以 $\ln$（CEO_Pay）$_t$ 和 $\ln$（$CEO+top4\_Pay$）$_t$ 为企业经理人薪酬衡量指标的薪酬绩效敏感度均在 5% 的显著性水平上呈正相关，即人工智能技术可以在 5% 的显著性水平上提高两种测度下的薪酬绩效敏感度。例如，在时变控制变量组中，每 1% 的企业绩效提升可以在 5% 的显著性水平上增加 0.107% 的 CEO 薪酬水平，而千人劳动力下的智能机器人数量每增加 1 个单位，可以将这一敏感度在 1% 的显著性水平上提升 0.089 个单位。这些结果表明，人工智能技术可以有效地缓解高管薪酬过度的问题，并在显著促进企业绩效提升的同时，增强高管薪酬与企业绩效之间的黏性。

为了解决美国智能化指数衡量指标中潜在的内生性问题，我们用工具变量估计了 2SLS 回归。其中，不包含和包含时变控制变量的第一阶段结果分别汇报在附录中附表 B3 中 Panel A 和 Panel B 的第（4）列中。结果表明，美国智能化指数与基于欧洲五国智能化指数平均值所构建的工具变量呈现显著正相关的关系。我们还可以看到，此节所有结果都通过了工具变量的弱识别检验，例如，具有时变控制变量组中，薪酬绩效敏感度第一阶段的 F 统计量为 208.14。

表 4-4 报告了机器人影响薪酬绩效敏感度的 2SLS 第二阶段估计结果。同样，Panel A 汇报了没有时变控制变量的结果，而 Panel B 汇报了具有时变控制变量的结果。第（1）列汇报了以 $\ln$（CEO_Pay）$_t$ 为薪酬测度的敏感度结果，第（2）列汇报了以 $\ln$（$CEO+top4\_Pay$）$_t$ 为薪酬测度的敏感度结果。与 OLS 结果一致，我们可以看到：企业股东总财富的变化显著增加了高管薪酬的变化，即薪酬绩效敏感度显著为正，而人工智能技术又会显著提升这一敏感度。从 Panel B 的交乘项中我们可以看到，千人劳动力下的智能机器人数量每增加 1 个单位，企业以 $\ln$（CEO_Pay）$_t$ 作为薪酬测度的薪酬绩效敏感度会在 1% 的显著性水平上增加 0.135 个单位，以 $\ln$（$CEO+top4\_Pay$）$_t$ 作为薪酬测度的薪酬绩效敏感度会在 1% 的显著性水平上增加 0.144 个单位。这些结果表明，机器人的确可以显著提高高管薪酬与企业绩效之间的黏性，从而减少企业高管的超额薪酬现象，提高企业的公司治理水平。从表 4-4 中我们还可以看到：智能化指数与高管的薪酬呈显著正相关，单个 CEO 的薪酬以及 CEO 与其余薪酬前四大高管的薪酬总和均与智能化指数在 5% 的显著性水平上显著。从 Panel B 的第（1）列中，我们可以看到，千

人劳动力下的智能机器人数量每增加 1 个单位, 会使 CEO 薪酬的变化值增加相当于其 5.54% 标准差大小的量级。

以上结果说明, 人工智能技术可以显著提高管理者的薪酬水平, 并且的确可以显著提升高管薪酬与企业绩效的黏性, 这也与我们的猜想一致。

表 4-4　智能机器人对薪酬绩效敏感度的影响

变量	Panel A		Panel B	
	(1) ln (CEO_Pay)$_t$	(2) ln ($CEO+$ $top4\_Pay$)$_t$	(1) ln(CEO_Pay)$_t$	(2) ln ($CEO+$ $top4\_Pay$)$_t$
$US\_Exposure_{t-1} \times \ln(Shareholder\_Wealth)_t$	0.047** (0.022)	0.066** (0.027)	0.135*** (0.045)	0.144*** (0.046)
ln ($Shareholder\_Wealth$)$_t$	0.060** (0.029)	0.081** (0.034)	0.114*** (0.036)	0.109*** (0.038)
$US\_Exposure_{t-1}$	0.021** (0.010)	0.017** (0.008)	0.084*** (0.026)	0.077*** (0.029)
ln ($Shareholder\_Wealth$)$_{t-1}$	0.058** (0.027)	0.080** (0.038)	0.122** (0.060)	0.140** (0.069)
ln (Age)			−0.013 (0.023)	−0.025 (0.019)
ln (AT)			0.016 (0.009)	0.021* (0.012)
Lev			−0.049 (0.037)	−0.054 (0.048)
$Ins\_Own\_Percent$			0.069** (0.033)	0.085** (0.038)
$CEO\_Own\_Percent$			−0.100 (0.111)	−0.105 (0.113)
ln ($Board\_Size$)			0.018 (0.020)	0.013 (0.020)
$Independent\_Percent$			0.112*** (0.040)	0.106** (0.048)
$Routine\_Percent$			−0.220** (0.107)	−0.193** (0.095)
$Mid\_Age\_Percent$			0.088** (0.043)	0.080* (0.045)

续表

变量	Panel A		Panel B	
	(1) ln （CEO_Pay）$_t$	(2) ln（CEO+ top4_Pay）$_t$	(1) ln（CEO_Pay）$_t$	(2) ln（CEO+ top4_Pay）$_t$
Ad_Degree_Percent			0.103* （0.054）	0.096** （0.047）
Male_Percent			0.041* （0.024）	0.034 （0.022）
ln（Stock_Option）			0.006 （0.006）	0.011 （0.022）
Firm FE and Year FE	YES	YES	YES	YES
Observations	11079	11079	11079	11079

注：此表汇报了人工智能影响薪酬绩效敏感度的 2SLS 第二阶段估计结果。Panel A 和 Panel B 分别为无控制变量和包含控制变量的回归分析。第（1）列和第（2）列分别汇报了 ln（CEO_Pay）和 ln（CEO+top4_Pay）的检验结果。未标注时间区间的控制变量均为第 t 期。变量的具体定义参见附录中附表 B2。本章使用 Bootstrapping 方法估计了稳健标准误。*、**、*** 分别代表回归系数在 10%、5%、1%的置信区间上显著。

三、投资效率

最后，我们考察了机器人技术对公司投资效率的影响。同样，我们分别检验了不具有时变控制变量和具有时变控制变量两种结果。

智能机器人对公司投资效率影响的 OLS 结果参见附录中附表 B6。结果显示，在包含时变控制变量的回归里，人工智能技术与公司有效投资的获得机会（Investment_Opportunity）在 1%的水平上显著正相关，与企业的过度投资行为（Over_Investment）在 1%的水平上显著负相关，即人工智能技术可以在 1%的水平上显著提高企业的投资有效性并显著降低企业的过度投资行为。例如，在时变控制变量组中，每千人劳动力下的智能机器人数量每增加 1 个单位，可以使有效投资的获得机会（Investment_Opportunity）增加相当于其 8.70%标准差大小的量级。结果表明，机器人技术可以显著促进企业的投资效率。

为了解决美国智能化指数衡量指标中潜在的内生性问题，我们用工具变量估计了 2SLS 回归。其中，不包含和包含时变控制变量的第一阶段结果分别汇报在附录中附表 B3 中 Panel A 和 Panel B 的第（5）列和第（6）列中。结果表明，美国智能化指数与基于欧洲五国智能化指数平均值所构建的工具变量呈现显著正相关的关系。我们还可以看到，此节所有结果都通过了工具变量的弱识别检验，例如，具有时变控制变量组中，$Investment\_Opportunity$ 和 $Over\_Investment$ 第一阶段的 F 统计量分别为 390.94 和 298.22。

表 4-5 报告了机器人影响公司投资效率的 2SLS 第二阶段估计结果，同样，Panel A 汇报了没有时变控制变量的结果，而 Panel B 汇报了具有时变控制变量的结果。与 OLS 结果一致，结果表明，在 1% 的显著性水平上，智能化指数与 $Investment\_Opportunity$ 和 $Over\_Investment$ 分别呈现显著正相关和显著负相关，即机器人技术可以在 1% 水平上显著增加 $Investment\_Opportunity$，并显著降低 $Over\_Investment$。例如，在 Panel B 中，千人劳动力下智能机器人数量每增加 1 个单位，可以使企业有效投资的获得机会（$Investment\_Opportunity$）增加相当于其 10.14% 标准差大小的量级，并可以使企业的过度投资行为（$Over\_Investment$）降低相当于其 68.03% 标准差大小的量级。这些发现表明，由于企业的业绩增加，公司经理人将公司资源转向个人利益的比例会减少，从而降低代理成本，提升公司治理，也因此显著增加了企业有效投资的获得机会，并显著减少了企业的过度投资行为。这些结果均与我们的猜想一致。

从表 4-5 中我们还可以看到，$Ins\_Own\_Percent$ 与 $Investment\_Opportunity$ 呈显著正相关，与 $Over\_Investment$ 呈显著负相关，这与 Richardson（2006）、Liu 和 Bredin（2010）的研究结果相一致，即机构投资者持股的增加可以提高企业所受到的外部监管水平，借此促进企业的投资效率。一般来说，董事会规模和独立董事与机构投资者具有相同的监测效果，而在我们的结果中，我们也可以看到 ln（$Board\_Size$）和 $Independent\_Percent$ 均与 $Investment\_Opportunity$ 呈显著正相关，与 $Over\_Investment$ 呈显著负相关。此外，我们还可以看到 $Routine\_Percent$ 与企业投资效率呈负相关，$Mid\_Age\_Percent$ 与企业投资效率呈正相关，这一结果也就呈现了目前市场上普遍存在的现象：公司所处行业如果常规低技能劳动力较多，则通常这部分行业都主要从事传统非高科技业务，并伴随着相对较低的生产效率和投资效率；而如果公司所处行业适合工作年龄的工人较多，则通常伴随着相对较高的投资效率。

表4-5 智能机器人对投资效率的影响

变量	Panel A		Panel B	
	(1) *Investment_* *Opportunity*	(2) *Over_* *Investment*	(1) *Investment_* *Opportunity*	(2) *Over_* *Investment*
US_Exposure	0.014** (0.006)	-0.032** (0.015)	0.063*** (0.024)	-0.051*** (0.019)
ln (*Age*)			0.032 (0.072)	0.408* (0.244)
ln (*AT*)			-0.039 (0.042)	0.034 (0.039)
Lev			-0.121* (0.066)	0.123** (0.056)
Ins_Own_Percent			0.015*** (0.005)	-0.273*** (0.096)
CEO_Own_Percent			-0.389 (0.660)	0.807 (1.178)
ln (*Board_Size*)			0.051* (0.027)	-0.012** (0.005)
Independent_Percent			0.021** (0.010)	-0.093*** (0.036)
Routine_Percent			-0.183** (0.077)	0.169** (0.070)
Mid_Age_Percent			0.052** (0.025)	-0.044** (0.022)
Ad_Degree_Percent			0.063* (0.035)	-0.057** (0.028)
Male_Percent			0.017 (0.012)	-0.022 (0.026)
Stock_Option			-0.035 (0.025)	0.103 (0.077)
Firm FE & Year FE	YES	YES	YES	YES
Observations	11162	11124	11162	11124

注：此表汇报了人工智能影响企业投资效率的2SLS第二阶段估计结果。Panel A 和 Panel B 分别为无控制变量和包含控制变量的回归分析。第（1）列和第（2）列分别汇报了 *Investment_Opportunity* 和 *Over_Investment* 的检验结果。变量的具体定义参见附录中附表 B2。本章使用 Bootstrapping 方法估计了稳健标准误。*、**、***分别代表回归系数在10%、5%、1%的置信区间上显著。

第六节　异质性分析

对于不同类型的公司来说，机器人技术的应用可能对其公司治理产生不同的影响。在本节中，我们针对不同 CEO 持股比例、不同外部监管、不同市场竞争度、不同劳动力密度以及不同劳动力技能结构和性别结构的企业分别进行了异质性检验。本节我们只关注三年期的销售增长率（$Sgr3$），以 ln（CEO_Pay）作为薪酬测度的薪酬绩效敏感度和投资效率（$Investment\_Opportunity$）。本节的结果均为 2SLS 第二阶段的估计结果。

一、CEO 所有权

参考 Durnev 和 Kim（2005）的研究结论，在第四章第二节所得的式（4-5）的基础上，我们可以进一步通过对企业高管持有的股权 α 的偏导，得到高管持股对于企业公司治理的影响，如式（4-18）所示：

$$\frac{\partial d^{*}}{\partial \alpha} = -\left(\frac{1}{p-1}\right)\frac{1}{\prod}\left(\frac{(1-\alpha)^{2-p}}{pc}\right)^{\frac{1}{p-1}} < 0 \tag{4-18}$$

我们可以看到，高管个人利益获得的比例相对于高管持有股份的偏导显然小于 0，这也就说明如果经理人持有较多的股票，那么为了其在未来可以获得更多的股权价值，经理人必将减少违背股东初衷的、从公司资源中获取私人利益这一损害公司整体业绩的行为，进而增强企业的公司治理行为。由此可见，高管持股比例的影响与本章的主要渠道分析有着很大的相似性，即在公司绩效提升或者经理人本身持有较多股份的情况下，经理人都会更加看重自身的股权价值，从而减少直接从公司资源中获取私人利益的比例，进而提高公司治理水平。因此，CEO 持股必然会影响本章的基准回归结果，根据式（4-17）所得到的结论，我们可以猜想的是在 CEO 持股较高的样本中，因为其本身可能已经具有较高的公司治理水平，所以人工智能对于这一部分样本没有形成较显著的影响。在这一节，我们就来论证这一机制。

我们将样本按 $CEO\_Own\_Percent$ 的中位数划分为高 CEO 持股子样本和低

CEO 持股子样本。如表 4-6 的 Panel A 所示，我们可以看到，低 CEO 持股子样本中的公司治理受人工智能的影响更加明显。其中，在高子样本和低子样本中，$Sgr3$ 系数差异为-0.077 且在 1% 显著性水平上显著；ln（CEO_Pay）的系数差异为-0.011 且在 10% 显著性水平上显著；$Investment\_Opportunity$ 的系数差异为-0.043 且在 5% 显著性水平上显著。造成这些结果的原因如前所述，高所有权的经理人将会较少地直接获取其私人收益，从而提高企业的公司治理，这也就意味着拥有高 CEO 所有权的公司通常保持着有效的公司治理机制，因此人工智能技术在这部分企业中发挥作用的空间不是很大；而对于 CEO 持股较低的企业，人工智能技术更能充分发挥其作用并加强其公司治理行为。这一结论证实了我们的猜想，也进一步论证了本章的影响渠道分析。

二、外部监管

外部监管是公司治理的重要组成部分。毫无疑问，有效的外部监管可以带来更强有效的公司治理。人工智能技术应用于企业的生产环节，会使企业生产更加标准化，同时可以减少人为参与，这就等同于为企业的生产过程增加了外部市场的监管。因此，在本节中，我们将考察机器人技术与企业所受到的外部监管对公司治理的替代作用。参考 Ahn 和 Choi（2009）的研究，我们使用了 Thomson Reuters 数据库中机构投资者持股的百分比（$Ins\_Own\_Percent$）来测度企业的外部监管，并按照 $Ins\_Own\_Percent$ 的中位数将样本划分为了高外部监管子样本和低外部监管子样本。

如表 4-6 的 Panel B 所示，我们可以看到，在低监管子样本中，机器人技术更显著地增强了公司治理。例如，在高子样本和低子样本中，$Sgr3$ 的系数差异为-0.080 且在 5% 的显著性水平上显著；ln（CEO_Pay）的系数差异为-0.024 且在 5% 显著性水平上显著；$Investment\_Opportunity$ 的系数差异为-0.076 且在 1% 的显著性水平上显著。这些结果均表明，人工智能技术的确在高监管企业中发挥其监督作用的空间相对较小，而在低监管企业中发挥作用的空间较大，因此人工智能技术对低监管企业公司治理产生的效果要显著大于高监管企业，这与我们的猜想是一致的，并证明了人工智能与外部监管之间具有替代作用。

表 4-6 异质性分析

Panel A: *CEO_Own_Percent*

变量	*Sgr3*		ln（*CEO_Pay*）		*Investment_Opportunity*	
	（1）高	（2）低	（1）高	（2）低	（1）高	（2）低
US_Exposure	0.020** (0.010)	0.097*** (0.025)	0.055** (0.024)	0.106*** (0.030)	0.034** (0.014)	0.077*** (0.020)
US_Exposure× ln(*Shareholder_Wealth*)			0.004* (0.002)	0.015** (0.006)		
Difference	−0.077***		−0.011*		−0.043**	
P value	0.005		0.075		0.073	
Observations	5566	5604	5531	5548	5507	5655

Panel B: *Ins_Own_Percent*

变量	*Sgr3*		ln（*CEO_Pay*）		*Investment_Opportunity*	
	（1）高	（2）低	（1）高	（2）低	（1）高	（2）低
US_Exposure	0.041** (0.020)	0.121*** (0.035)	0.040** (0.019)	0.117*** (0.036)	0.015* (0.009)	0.091*** (0.027)
US_Exposure× ln(*Shareholder_Wealth*)			0.008* (0.004)	0.032*** (0.010)		
Difference	−0.080**		−0.024**		−0.076***	
P value	0.048		0.020		0.009	
Observations	5346	5368	5247	5419	5230	5401

Panel C: *HHI*

变量	*Sgr3*		ln（*CEO_Pay*）		*Investment_Opportunity*	
	（1）低	（2）高	（1）低	（2）高	（1）低	（2）高
US_Exposure	0.005** (0.003)	0.110*** (0.031)	0.029*** (0.011)	0.105*** (0.030)	0.010 (0.007)	0.084*** (0.031)
US_Exposure× ln(*Shareholder_Wealth*)			0.003 (0.002)	0.020*** (0.006)		
Difference	−0.135***		−0.011***		−0.074**	
P value	0.000		0.009		0.020	
Observations	5379	5352	5528	5299	5421	5333

续表

	Panel D：_Fluidity_					
	Sgr3		ln（_CEO_Pay_）		_Investment_Opportunity_	
变量	（1）高	（2）低	（1）高	（2）低	（1）高	（2）低
_US_Exposure_	0.001（0.002）	0.120***（0.032）	0.034**（0.015）	0.115***（0.029）	0.007（0.007）	0.077**（0.028）
_US_Exposure_×ln（_Shareholder_Wealth_）			0.002（0.002）	0.015**（0.006）		
Difference	−0.119***		−0.013**		−0.070**	
P value	0.000		0.045		0.016	
Observations	5342	5399	5585	5293	5484	5278

	Panel E：_Similarity_					
	Sgr3		ln（_CEO_Pay_）		_Investment_Opportunity_	
变量	（1）高	（2）低	（1）高	（2）低	（1）高	（2）低
_US_Exposure_	0.044*（0.023）	0.140***（0.037）	0.031**（0.015）	0.130***（0.035）	0.030**（0.014）	0.084***（0.023）
_US_Exposure_×ln（_Shareholder_Wealth_）			0.004*（0.002）	0.017***（0.006）		
Difference	−0.096**		−0.013**		−0.054**	
P value	0.028		0.044		0.047	
Observations	5383	5347	5519	5236	5410	5340

	Panel F：_Labor_Intensity_					
	Sgr3		ln（_CEO_Pay_）		_Investment_Opportunity_	
变量	（1）高	（2）低	（1）高	（2）低	（1）高	（2）低
_US_Exposure_	0.121***（0.030）	0.051*（0.029）	0.091***（0.023）	0.035**（0.017）	0.112***（0.034）	0.003（0.010）
_US_Exposure_×ln（_Shareholder_Wealth_）			0.014***（0.005）	0.002（0.002）		
Difference	0.070*		0.012**		0.109***	
P value	0.093		0.019		0.008	
Observations	5533	5637	5512	5567	5598	5564

变量	Panel G：Routine_Percent（Base）					
	Sgr3		ln（CEO_Pay）		Investment_Opportunity	
	（1）高	（2）低	（1）高	（2）低	（1）高	（2）低
US_Exposure	0.119*** （0.030）	0.042** （0.020）	0.122*** （0.040）	0.050** （0.022）	0.098*** （0.025）	0.022* （0.012）
US_Exposure× ln(Shareholder_Wealth)			0.030*** （0.011）	0.008 （0.006）		
Difference	0.077**		0.022*		0.076***	
P value	0.030		0.074		0.008	
Observations	5528	6642	5551	5528	5594	5568

变量	Panel H：Male_Percent（Base）					
	Sgr3		ln（CEO_Pay）		Investment_Opportunity	
	（1）高	（2）低	（1）高	（2）低	（1）高	（2）低
US_Exposure	0.099*** （0.034）	0.031** （0.015）	0.095*** （0.028）	0.060** （0.029）	0.116*** （0.042）	0.030** （0.013）
US_Exposure× ln(Shareholder_Wealth)			0.027** （0.011）	0.006 （0.004）		
Difference	0.068*		0.021*		0.086*	
P value	0.067		0.071		0.049	
Observations	6267	6303	6269	6309	6155	6207
Controls	YES	YES	YES	YES	YES	YES
Firm FE & Year FE	YES	YES	YES	YES	YES	YES

注：此表汇报了人工智能对公司治理影响的异质性分析的2SLS第二阶段估计结果。Panel A论证了CEO持股对于本书主体结果的影响；Panel B论证了人工智能与外部监管的替代效应；Panel C至Panel E汇报了人工智能与高产品市场竞争度的替代作用；Panel F汇报了劳动力密度效应；Panel G至Panel H论证了劳动力结构的影响。对于薪酬绩效敏感度，difference所呈现的结果为US_Exposure×ln（Shareholder_Wealth）的系数差异检验；对于公司绩效和投资效率，difference所展现的是US_Exposure的系数差异检验结果。对于薪酬绩效敏感度的检验，除US_Exposure$_{t-1}$×ln（Shareholder_Wealth），和ln（Shareholder Wealth）$_{t-1}$外，其余变量均为第t期。对于公司绩效和投资效率，所有变量均为第t期。变量的具体定义参见附录中附表B2。本章使用Bootstrapping方法估计了稳健标准误。*、**、***分别代表回归系数在10%、5%、1%的置信区间上显著。

三、产品市场竞争

从亚当·斯密（Adam Smith）的信息假说理论，即竞争的过程和结果可以以最经济的方式揭秘信息开始，学术界普遍的观点都认为产品市场竞争度可以替代公司经理人的激励机制，如 Holmstrom（1982）研究发现，因为股东在行业竞争度的比较下可以获得有关经理人业绩更充分的信息，所以经理人为其声誉会更加努力地工作，即经理人市场的信誉机制在行业竞争度的比较下可以更好地发挥作用。Karuna（2008）研究发现，在一定水平内，当产品市场竞争程度增加时，公司治理的强度也会更大。由此可见，高市场竞争有可能对企业的公司治理水平产生积极的影响，即人工智能技术与高产品市场竞争度对企业的公司治理行为可能也具有替代的作用。在本节中，我们就来论证这一机制。

参考 Hoberg 和 Phillips（2010，2018）、Hoberg 等（2014）的研究方法，我们使用了产品市场集中度（*HHI*）、产品市场流动性（*Fluidity*）和产品市场相似性（*Similarity*）来衡量公司的产品市场竞争水平。其中，集中度（*HHI*）是衡量公司所处行业市场集中程度的变量；相似性（*Similarity*）是衡量市场结构和买方卖方不适当地影响商品价格能力的变量。根据经典理论（如 Cournot 寡头垄断模型①），*HHI* 与定价权呈正相关关系；而根据 Chamberlin 和 Hotelling 的产品差异化理论②，*Similarity* 通常与定价权呈负相关关系。流动性（*Fluidity*）是衡量一个企业周围产品市场每年变化程度的指标，它侧重于产品空间动态和产品的变化。由此可见，低 *HHI*、高 *Fluidity* 和高 *Similarity* 则表明产品市场竞争较为激烈。本章此三个变量的数据均来自 Gerard Hoberg 和 Gordon Phillips 数据库③。我们用这三个变量的中位数将样本分为高竞争子样本和低竞争子样本。

表 4-6 中的 Panel C 至 Panel E 汇报了三种测度的不同产品市场竞争下，机器人技术对公司治理的影响。第（1）列和第（2）列分别呈现了高竞争和低竞争子样本的结果。最终我们得到了强有力的证据表明：对于产品市场竞争程

---

① 由法国经济学家古诺（Cournot）于 1838 年提出，是寡头理论分析的出发点。

② 霍特林（Hotelling）于 1929 年创建了空间差异化模型来研究消费者对不同产品的偏好；张伯伦（Chambelin）于 1933 年在"垄断竞争理论"中指出由于产品差异化的存在，垄断竞争的形势与空间差异化模型中的零盈利均衡有所不同。

③ 该数据库基于 TNIC（Text-based Network Industry Classifications）行业分类方法，为每一家公司寻找了市场竞争者，并构建了公司层面的 *HHI*、*Similarity* 和 *Fluidity*，具体可见：http://hobergphillips.tuck.dartmouth.edu/。

度较低的企业，人工智能技术更能显著地提高企业的销售增长率、薪酬绩效敏
感度以及投资效率。例如，机器人技术对于低 HHI（高竞争）企业公司治理的
影响远不如对高 HHI（低竞争）企业公司治理的影响明显。在 Panel C 中，我
们可以看到 $Sgr3$ 在高竞争和低竞争中的系数差异为 -0.135，且在 1% 的显著性
水平上显著；$\ln$（CEO_Pay）在两个子样本中的差异为 -0.011，且在 1% 的显
著性水平上显著；$Investment\_Opportunity$ 在两个子样本的系数差异则为 -0.074，
且在 5% 的显著性水平上显著。此外，我们进一步考察了不同产品市场流动性
和相似性下人工智能对公司治理的影响，最终证明了本节结果的稳健性。例
如，在 Panel D 产品市场流动性的分组检验中，$Sgr3$ 的系数差异为 -0.119，且
在 1% 的显著性水平上显著；$\ln$（CEO_Pay）的系数差异为 -0.013，且在 5%
的显著性水平上显著；$Investment\_Opportunity$ 的系数差异为 -0.070，且在 5% 的
显著性水平上显著。产品市场相似性的检验结果也得到了相同的结论。这些结
果均表明：机器人的确与高产品市场竞争度具有替代效应，即可以增强企业的公
司治理行为。

四、劳动力密集度

如前文所述，智能机器人可以大规模地取代人力劳动力，减少人类干预，使
生产过程更加规范，从而降低企业的层级和监督成本，借此提高企业的绩效并增
强企业的公司治理行为。因此，毫无疑问，劳动力的密集程度必将影响到本章的
基准回归结果。在本节中，我们就来考察这一影响。

首先，我们构建了可以用来衡量劳动力密集程度的变量。为避免劳动力规模
和行业规模变化所造成的干扰，我们首先在 SIC 四位行业分类代码标准下，通过
样本基期（2004 年）各行业就业人数（千人）与 2004 年行业总产值（百万美
元）的比率计算得到了各行业的劳动力密度。然后，与智能化指数的构建方式相
似，我们利用 2004 年的劳动力密度和在 SIC 四位行业分类代码标准下各公司每
年不同行业的销售收入权重，构建了公司层面劳动力密度的衡量指标（$Labor\_In$-
$tensity$）。最终，我们按照公司层面 $Labor\_Intensity$ 的中位数将样本划分为高劳动
密集型子样本和低劳动密集型子样本。本节构建 $Labor\_Intensity$ 所需的数据均从
BLS 中提取。

如表 4-6 的 Panel F 所示，我们发现在高劳动密集型子样本中，人工智能对
公司治理的影响要比对低劳动密集型子样本中的影响更加显著。例如，在两个子样

本中，$Sgr3$ 的系数差异为 0.070，且在 10% 的显著性水平上显著；ln（CEO_Pay）的系数差异为 0.012，且在 5% 的显著性水平上显著；$Investment\_Opportunity$ 的系数差异为 0.109，且在 1% 的显著性水平上显著。这些结果论证了：在高劳动密集型企业中，智能机器人的影响效果，如减少人类参与、减少企业层级和监督成本并促进企业绩效，会更加明显。

五、劳动力技能结构

如前文所述，智能机器人主要通过大规模地取代人力劳动力来影响微观企业行为。而根据赵烁等（2020）的研究，当企业面临资本市场冲击而必须要进行裁员时，常规低技能劳动力更有可能被替换，这一点也与 Acemoglu（2002）、Acemoglu 等（2007）的技能偏向理论所阐述的技术变革就是技术偏向的观点相似。因此，智能机器人更有可能取代从事常规低技能工作的劳动力来改变生产。由此可见，企业本身的劳动力技能结构对本章的基准回归结果会有很大的影响，我们在这一小节中就来考察这一机制。

参考 Zhang（2019），如第四章第三节中所示，我们已经获得了公司层面常规劳动力占比（$Routine\_Percent$）。然而，如果我们用此 $Routine\_Percent$ 来划分样本，劳动力结构本身的变化可能会影响到我们对人工智能影响效应的判断。因此，同样类似于劳动力密集度的度量方式，我们首先计算得到了样本基期（2004年）SIC 四位行业代码分类标准下的行业层面常规劳动力占比，再通过每家公司每年各行业的销售收入权重进行加权，构造了规避劳动力结构变化的公司层面的常规低技能劳动力占比，为与控制变量中的常规劳动力占比进行区别，我们将其表示为 $Routine\_Percent$（$base$）。

接着，我们将样本按照 $Routine\_Percent$（$base$）划分为高常规劳动力占比子样本和低常规劳动力占比子样本，并分别检验了不同程度常规劳动力占比对我们基准结果的影响。如表 4-6 的 Panel G 所示，我们最终发现在高常规劳动力子样本中，机器人技术对公司治理的影响要明显高于低常规劳动力子样本。例如，在两个子样本中，$Sgr3$ 的系数差异为 0.077，且在 5% 的显著性水平上显著；ln（CEO_Pay）的系数差异为 0.022，且在 10% 的显著性水平上显著；$Investment\_Opportunity$ 的系数差异为 0.076，且在 1% 的显著性水平上显著。这些发现既证实了以往文献的研究结论，也证实了我们前面的推测分析，即在应用人工智能技术后，常规低技能劳动更可能也更易于被替代，人工智能技术对常规低技能劳动力占比较多的企业产生了更加明显的影响。

六、劳动力性别结构

公司通常会根据工作类型和强度决定是否雇用女工，同样，公司也会根据工作类型和强度决定是否采用智能机器人。因此，劳动力的性别结构也可能影响我们的主体回归结果。在这一部分，我们就来论证这一机制。

与劳动力密集度和劳动力技能结构的分组变量构造方式相似，我们使用了样本基期（2004 年）SIC 行业代码分类标准下的男性劳动力占比和 SIC 行业代码分类标准下公司每年各行业的销售收入权重构建了用于分组的男性劳动力占比变量 $Male\_Percent$（$base$）[①]，并按照此变量的中位数将样本分为了高男性劳动力占比子样本和低男性劳动力占比子样本。

如表 4-6 的 Panel H 所示，$Male\_Percent$（$Base$）的异质性检验发现：在高男性劳动力占比子样本中，人工智能技术对公司治理的影响比低男性劳动力占比子样本中的影响更加显著。例如，在两个子样本中，$Sgr3$、$\ln$（CEO_Pay）和 $Investment\_Opportunity$ 的系数差异分别为 0.068、0.021 和 0.086，且均在 10% 的显著性水平上显著。这也就说明男性劳动力占比较高的企业更易于受到人工智能技术的影响。造成这一结果的原因是男性劳动力占比较高的企业通常意味着企业工作任务的强度相对较高，而这部分工作更有可能也更需要被智能机器人所取代，从而使人工智能对这部分样本的公司治理产生了更显著的影响。

然而，我们也可以看到，与其他异质性分析的结果相比，劳动力性别结构两个子样本之间的系数差异均仅在 10% 的显著性水平上显著，这表明这种差异相对于其他异质性差异较为不明显。结合具体的实际案例进行分析，这可能是因为一些女性劳动力占比较高的行业，如纺织工业和轻型制造业，目前也在大力引入智能机器人来提高生产效率，造成这一差异并不十分强烈。

---

① 在构建 $Male\_Percent$（$Base$）时使用的行业分类与第四章第三节中构建 $Male\_Percent$ 时使用的分类标准相同。

第七节　稳健性检验

为了证实本章基准回归结果的有效性，我们使用了安慰剂检验、替换智能化指数、替换工具变量构造方式和替换样本的方式进行了一系列的稳健性检验。此外，我们还控制了其他新技术冲击因素进行了稳健性检验。在本节，我们同样只关注三年期的销售增长率（Sgr3），以 ln（CEO_Pay）作为薪酬测度的薪酬绩效敏感度和投资效率（Investment_Opportunity）。本节的所有结果均为 2SLS 第二阶段的估计结果。

一、安慰剂检验

为了规避先前趋势，即公司或者行业在引进人工智能技术之前已经受到某些冲击的影响，如公司治理指标在样本开始之前已经呈现逐步增加的趋势，从而混淆我们对基准回归结果的解释。因此，本章在此部分参考 Acemoglu 和 Restrepo（2020a）的安慰剂检验做法，在表 4-7 的 Panel A 中，首先计算了样本起始年之前 1992~2003 年公司绩效、薪酬绩效敏感度和投资效率三个公司治理指标的平均值，以及2004~2015 年智能化指数的平均值。然后，我们检验了此智能化指数平均值对此公司治理平均值的影响。我们发现三个公司治理的检验均不显著，这表明在 2004 年样本起始之前，无论是正向还是负向，高度采用人工智能技术的公司治理指标并没有预先存在某种趋势，从而并未对本章的基准回归结果产生影响。

表 4-7　安慰剂与控制其他技术冲击检验

	Panel A：安慰剂检验		
变量	（1） Sgr3	（2） ln（CEO_Pay）	（3） Investment_Opportunity
US_Exposure	−0.051 (0.036)	0.331 (0.352)	0.003 (0.015)
US_Exposure×ln（Shareholder_Wealth）		0.004 (0.003)	
Observations	10009	10473	10141

续表

Panel B：控制其他技术冲击			
变量	（1） Sgr3	（2） ln（CEO_Pay）	（3） Investment_Opportunity
US_Exposure	0.091 *** （0.030）	0.076 ** （0.030）	0.087 *** （0.029）
US_Exposure×ln（Shareholder_Wealth）		0.021 ** （0.010）	
Observations	11170	11079	11162
Controls	YES	YES	YES
Firm FE and Year FE	YES	YES	YES

注：此表所有结果均为 2SLS 的第二阶段估计结果。Panel A 汇报了安慰剂检验的结果；Panel B 汇报了增加其他技术冲击控制变量后的稳健性检验结果。第（1）~第（3）列分别汇报了公司绩效、薪酬绩效敏感度和投资效率的检验结果。对于薪酬绩效敏感度的检验，除 $US\_Exposure_{t-1}×ln（Shareholder\_Wealth）_t$ 和 $ln（Shareholder\_Wealth）_{t-1}$ 外，其余变量均为第 t 期。对于公司绩效和投资效率，所有变量均为第 t 期。变量的具体定义参见附录中附表 B2。本章使用 Bootstrapping 方法估计了稳健标准误。* 、** 、*** 分别代表回归系数在 10% 、5% 、1% 的置信区间上显著。

二、替换智能化指数

在表 4-8 的 Panel A 至 Panel F 中，我们替换了核心解释变量智能化指数，重新进行了回归检验。

表 4-8　替换智能化指数

Panel A：使用行业层面智能化指数			
变量	（1） Sgr3	（2） ln（CEO_Pay）	（3） Investment_Opportunity
US_Exposure	0.061 *** （0.023）	0.028 ** （0.013）	0.017 ** （0.007）
US_Exposure×ln（Shareholder_Wealth）		0.005 ** （0.003）	
Observations	11170	11079	11162

续表

Panel B：使用基期劳动力数据

变量	（1） Sgr3	（2） ln（CEO_Pay）	（3） Investment_Opportunity
US_Exposure	0.056*** (0.019)	0.022* (0.012)	0.014** (0.006)
US_Exposure×ln（Shareholder_Wealth）		0.010* (0.005)	
Observations	11170	11079	11162

Panel C：使用单独美国市场智能机器人数据

变量	（1） Sgr3	（2） ln（CEO_Pay）	（3） Investment_Opportunity
US_Exposure	0.060*** (0.023)	0.019** (0.009)	0.017** (0.008)
US_Exposure×ln（Shareholder_Wealth）		0.012** (0.006)	
Observations	11170	11079	11162

Panel D：使用机器人销售收入估算机器人价值

变量	（1） Sgr3	（2） ln（CEO_Pay）	（3） Investment_Opportunity
Robot_Value	0.070** (0.029)	0.030*** (0.010)	0.051*** (0.018)
Robot_Value×ln（Shareholder_Wealth）		0.009** (0.004)	
Observations	11170	11079	11162

Panel E：使用机器人单位售价估算机器人价值

变量	（1） Sgr3	（2） ln（CEO_Pay）	（3） Investment_Opportunity
Robot_Value	0.057*** (0.020)	0.044*** (0.013)	0.071*** (0.019)
Robot_Value×ln（Shareholder_Wealth）		0.015** (0.007)	
Observations	11170	11079	11162

Panel F：使用全球市场机器人价值估算美国市场机器人价值

变量	(1) Sgr3	(2) ln（CEO_Pay）	(3) Investment_Opportunity
Robot_Value	0.055 *** (0.019)	0.039 *** (0.015)	0.067 *** (0.021)
Robot_Value×ln（Shareholder_Wealth）		0.011 ** (0.005)	
Observations	11170	11079	11162
Controls	YES	YES	YES
Firm FE and Year FE	YES	YES	YES

注：此表汇报了替换智能化指数的稳健性检验，所有结果均为 2SLS 的第二阶段估计结果。第（1）~第（3）列分别汇报了公司绩效、薪酬绩效敏感度和投资效率的检验结果。对于薪酬绩效敏感度的检验，除 $US\_Exposure_{t-1}×ln（Shareholder\_Wealth）_t$ 和 $ln（Shareholder\_Wealth）_{t-1}$ 外，其余变量均为第 t 期。对于公司绩效和投资效率，所有变量均为第 t 期。变量的具体定义参见附录中附表 B2。本章使用 Bootstrapping 方法估计了稳健标准误。*、**、*** 分别代表回归系数在 10%、5%、1%的置信区间上显著。

（一）使用行业智能化指数

在本章的基准回归结果中，我们均使用了公司层面的智能化指数。而如果我们使用行业层面的智能化指数来对公司层面的公司治理变量进行检验，在一定程度上也可以规避内生性问题。因此，在表 4-8 的 Panel A 中，我们在本章所定义的 15 个专有行业（15_Industry）的分类标准下，按照每个公司销售收入占比最大主营业务的所属行业为每个公司匹配了行业层面的智能化指数，并以此进行了稳健性检验。美国行业层面智能化指数公式参见式（4-8），工具变量公式参见式（4-16）。

（二）使用基期劳动力数据

在基准回归中，本章使用了当期的智能机器人数据与当期的劳动力数据构建了行业层面的智能化指数。然而这一做法可能存在均值回归或者劳动力本身变化所带来的干扰。为了避免这些干扰，在表 4-8 的 Panel B 中，我们使用了本章样本基期年（2004 年）的行业劳动力数据和每年的机器人数据重新构建了智能化指数进行了稳健性检验，所用公式如下：

$$Eur\_Exposure_{i,t} = US\_Exposure_{i,t}^{IV} = \left(\frac{R_{i,t}^{US}}{L_{i,2004}^{US}}\right)^{IV} = \sum_{k=1}^{j} Weight\_k_{i,t} \times \frac{R_{i,k,t}^{US}}{L_{i,k,2004}^{US}}$$

$$= \sum_{k=1}^{j} Weight\_k_{i,\,t} \times \frac{1}{5} \times \sum_{Euro5} \left(\frac{R_{c,\,k,\,t}}{L_{c,\,k,\,2004}} \right) \tag{4-19}$$

其中，$Weight\_k_{i,t}$ 表示公司 i 在 t 年行业 k 的销售收入占公司总销售收入的比重；行业 k（隶属于行业 j）即为本章所定义 15 个专有行业（$15\_Industry$）之一；c 表示选做工具变量的 $Euro5$ 国家之一；$R_{c,k,t}$ 表示 $Euro5$ 其中某一国家 c 在 t 年行业 k 的智能机器人数量；$L_{c,k,2004}$ 表示 $Euro5$ 其中某一国家 c 在 2004 年行业 k 的劳动力数量。

（三）使用单独的美国智能机器人数据

如第四章第三节所述，对于单独美国市场的智能机器人数据，由于 IFR 只提供了 2011 年（包含）之后的数据，因此本章参考 Acemoglu 和 Restrepo（2020a）的做法，采用了整个北美市场的智能机器人数据来测量美国智能机器人的使用情况。在表 4-8 的 Panel C 中，我们将 2011 年（包含）之后的智能机器人数据替换为了单独美国市场的智能机器人数据进行了稳健性检验。本部分估算机器人价值的数据均来自 IFR 年报。

（四）智能机器人价值

因为我们无法得到确切智能机器人的存货市场价值，所以本章的基准分析中使用了智能机器人的数量信息，并没有充分考虑机器人的价值。在表 4-8 的 Panel D 至 Panel F 中，我们根据可用数据估算了机器人的市场价值来替换智能化指数进行检验。

由于无法得到各个国家准确的智能机器人存货价值，在第一种测度中，我们选择忽略价值的通货膨胀和设备的折旧，使用了销售至北美[①]的机器人总销售收入的年度数据来衡量美国市场智能机器人的总价值。随后我们以 IFR 机构提供的每个行业"产业机器人"年销售量计算出每个行业智能机器人的销售市场份额，结合美国智能机器人总价值计算出了每个行业的智能机器人存货价值。最后我们又以本章数据库 15 个行业（$15\_Industry$）中每个行业各个公司每一年的销售收入在当年行业总销售收入中的比重作为权重，计算出了美国公司层面智能机器人的存货价值。本部分以公司层面智能机器人价值作为企业智能化指数的衡量测度，在表 4-8 的 Panel D 中对公司治理指标进行了检验。

与第一种相类似，在智能机器人价值的第二种测度中，我们使用了北美市场

---

① 在此部分，同样由于 IFR 所提供的数据限制，我们使用北美市场代替美国。

在本章所定义的 15 个行业（15_ Industry）的年度机器人数量和每一年北美市场机器人的单位售价，估算出了北美市场 15 个行业每年的智能机器人总价值。同样，在按照本章每个行业各个公司每年的销售收入在当年行业总销售收入中所占的比重进行加权平均后，本章在此得到了新的公司层面的智能机器人价值，并在表 4-8 的 Panel E 中重新进行了检验。

IFR 机构估算了全世界机器人存货市场的总价值。例如，IFR 的报告显示，2015 年全球机器人市场的总价值约为 350 亿美元，2014 年约为 320 亿美元。本部分根据北美智能机器人市场在全球机器人市场的存货份额，估算了北美市场的机器人价值的年度数据。接下来，本部分根据本章所定义的 15 个行业（15_ Industry）的北美机器人市场份额，估算出了美国每个行业的机器人市场价值。同样，在按照本章每个行业各个公司每年的销售收入在当年行业总销售收入中所占的比重进行加权平均得到新的公司层面机器人价值后，本章又以此机器人价值在表 4-8 的 Panel F 中进行了检验。

表 4-8 中的 Panel A 至 Panel F 的结果均与本章的基准回归结果相一致，从而证明了本章结果的稳健性。

三、替换工具变量

在表 4-9 的 Panel A 和 Panel B 中，我们改变了工具变量的构造方式。原基准回归中，我们使用的是丹麦、芬兰、法国、意大利和瑞典五个国家智能化指数的平均值，在表 4-9 的 Panel A 中，我们在这五个欧洲国家的基础上加入了德国，重新构建了这六个欧洲国家的平均值作为了行业层面的工具变量，并借此构建了公司层面的工具变量；在 Panel B 中，我们使用了本章第三节第二部分中所列出的所有九个欧洲国家智能化指数的平均值重新进行了工具变量的构建。最终所得到的结果与我们的主要结论是一致的。

四、替换样本

在本章样本中，许多美国公司都有海外生产部门，这一因素极有可能影响到我们的主要结论。因此，在本节中，我们首先删除了海外部门销售额占公司总销售收入 50% 以上的公司样本重新进行了检验，结果呈现在表 4-9 的 Panel C 中。

因为部分公司或行业的异常高智能化可能会影响我们的样本基准结果的普遍性，所以我们分别剔除了智能化程度在所有行业中排名最高的"汽车及其他交通工具制造业"样本；剔除了每个行业年度前1%智能化指数的样本，结果汇报在表4-9的 Panel D 至 Panel E 中。

此外，如前文所述，由于我们无法再将"其他非制造业"样本进行细分，因此我们剔除了此行业的样本进行了稳健性检验，结果汇报在表4-9的 Panel F 中。

最终，替换样本后的稳健性检验结果均与本章基准回归结果相一致。

表4-9　替换工具变量或样本

Panel A：构建工具变量国家中加入德国			
变量	（1） Sgr3	（2） ln（CEO_Pay）	（3） Investment_Opportunity
US_Exposure	0.108 *** （0.040）	0.036 ** （0.016）	0.079 ** （0.035）
US_Exposure×ln（Shareholder_Wealth）		0.019 ** （0.008）	
Observations	11170	11079	11162
Panel B：九大欧洲先进经济体共同构建工具变量			
变量	（1） Sgr3	（2） ln（CEO_Pay）	（3） Investment_Opportunity
US_Exposure	0.052 *** （0.012）	0.030 ** （0.012）	0.010 *** （0.003）
US_Exposure×ln（Shareholder_Wealth）		0.010 ** （0.004）	
Observations	11170	11079	11162
Panel C：剔除海外业务超过50%的样本			
变量	（1） Sgr3	（2） ln（CEO_Pay）	（3） Investment_Opportunity
US_Exposure	0.069 *** （0.022）	0.047 ** （0.022）	0.054 *** （0.020）
US_Exposure×ln（Shareholder_Wealth）		0.012 **	
US_Exposure		（0.006）	
Observations	9395	9380	9389

续表

变量	(1) Sgr3	(2) ln（CEO_Pay）	(3) Investment_Opportunity
Panel D：剔除"汽车及其他交通工具制造业"样本			
US_Exposure	0.060** （0.029）	0.074** （0.029）	0.059** （0.027）
US_Exposure×ln（Shareholder_Wealth）		0.013** （0.006）	
Observations	10799	10705	10744
Panel E：剔除每个年度行业前1%智能化指数的样本			
变量	(1) Sgr3	(2) ln（CEO_Pay）	(3) Investment_Opportunity
US_Exposure	0.079** （0.033）	0.086** （0.035）	0.065** （0.028）
US_Exposure×ln（Shareholder_Wealth）		0.014** （0.007）	
Observations	10973	10925	10937
Panel F：剔除"其他非制造业"样本			
变量	(1) Sgr3	(2) ln（CEO_Pay）	(3) Investment_Opportunity
US_Exposure	0.100*** （0.034）	0.090** （0.039）	0.072*** （0.026）
US_Exposure×ln（Shareholder_Wealth）		0.016** （0.007）	
Observations	7925	7896	7901
Controls	YES	YES	YES
Firm FE and Year FE	YES	YES	YES

注：此表汇报了替换智能化工具变量构造方式或替换样本的稳健性检验，所有结果均为 2SLS 的第二阶段估计结果。第（1）~第（3）列分别汇报了公司绩效、薪酬绩效敏感度和投资效率的检验结果。对于薪酬绩效敏感度的检验，我们使用了 ln（CEP_Pay）$_t$、US_Exposure$_{t-1}$×ln（Shareholder_Wealth）$_t$ 和 ln（Shareholder_Wealth）$_{t-1}$，其余变量均为第 t 期。对于公司绩效和投资效率，所有变量均为第 t 期。变量的具体定义参见附录中附表 B2。本章使用 Bootstrapping 方法估计了稳健标准误。*、**、***分别代表回归系数在 10%、5%、1%的置信区间上显著。

五、控制其他技术冲击

由于一些新技术，如大数据或云计算与人工智能技术是密切相关的，也可能影响我们的主体回归结果。为控制住其他技术冲击的影响，参考 Ewens 等（2018）的研究，如果一家公司属于互联网行业，它有很大的可能性受到云计算和其他互联网技术的影响。因此，我们首先构造了一个衡量企业是否属于互联网行业的虚拟变量来衡量企业是否受到其他信息技术的冲击，如果公司属于互联网行业，则等于 1，否则为 0。

此外，参考 Jia 等（2020）的研究方法，按照 Reisinger（2014）的陈述，我们着眼于拥有最全面信息技术投资类别的企业信息系统（Enterprise Systems，ES），该系统是目前全球最全面的企业信息系统，其功能之强大、技术之先进可以直接影响到企业的信息环境（Dorantes et al.，2013），因此我们又以企业是否采用了 ES 系统作为了企业信息技术的衡量指标。对于 ES 样本的确定，我们首先使用 ES 的搜索关键字从 Lexis-Nexis 数据库中获得企业 ES 使用记录，然后参考 Dewan 和 Ren（2011）、Tian 和 Xu（2015）的研究，我们又使用计算机智能数据库（Computer Intelligence，CI）里的统计信息对 ES 样本进行了补充。最终获得了 244 个 ES 使用样本，在此基础上，我们构造了另一个衡量企业信息技术运用的虚拟变量，如果企业使用了 ES 系统，则虚拟变量等于 1，否则为 0。

最终，本节我们添加了此两个技术虚拟变量作为了控制变量，结果如表 4-7 的 Panel B 所示，在控制了其他技术因素后，人工智能技术仍然可以显著加强公司治理。

第八节　结　论

本章的研究发现，机器人技术可以显著增强公司治理。为了消除内生性的影响，我们以丹麦、芬兰、法国、意大利和瑞典五个欧洲国家行业层面智能化指数的平均值构建了美国行业层面智能化指数的工具变量，并通过公司不同行业销售收入的比重进行加权，得到了美国公司层面智能化指数的工具变量，所得结果进一步证实了机器人技术的确可以显著提升企业的公司治理。

我们发现智能机器人显著提升了企业的绩效。由于高的公司绩效会导致经理人更倾向于持有公司的股票来获得未来更多的增值空间，从而较少地将公司资源直接转向其私人收益，因此智能机器人可以降低企业高管私人利益的获得，从而提高公司治理。在此渠道的作用下，我们验证了机器人技术可以提升薪酬绩效敏感度和公司的投资效率。

异质性分析中我们发现：智能机器人对企业公司治理行为的加强作用主要集中在 CEO 持股较低的公司中，即人工智能技术在 CEO 持股较高的企业中发挥作用的空间相对较小。这一结果进一步论证了本章的影响渠道，即当公司绩效提升或者经理人持有更多的股份时，经理人会更看重自己在企业中的股权价值，也必然会减少从公司资源中直接获取私人利益的比例，进而使其与委托人之间具有了更强的一致性目的，即代理成本下降，企业也会更易于具有较高的公司治理水平。同时，人工智能对公司治理的加强作用在所受外部监管程度较低，或在市场竞争程度较低的企业中较为明显，这表明人工智能技术与外部监管或高产品市场竞争具有替代的作用。此外，在高劳动力密集程度、低技能劳动力占比较高或男性劳动力占比较高的企业中，智能机器人对公司治理的影响要显著优于相对应的另一个分组，这也就说明在智能机器人替代人力劳动力的过程中，由于常规低技能劳动力占比或男性劳动力占比较高的企业通常属于从事繁重工作任务的传统行业，因此其更可能也更易于被智能机器人所替代，从而使人工智能技术对这部分企业的公司治理产生了较为明显的影响。

此外，本章的基准回归结果在控制了其他新技术因素后仍然十分稳健。同时，本章结果没有受到任何先前趋势的影响。此外，我们在替换了智能化指数、工具变量的构造方式或替换了样本后，仍然得到了与本章主体回归结果一致的结论。

综上所述，本章主要论证了人工智能可以显著增强公司治理，为政府部门推进相关政策、维护资本市场运行环境、降低监管压力提供了实证依据和借鉴意义。而由于人工智能本身可以使得生产过程更加标准化，从而影响到企业的信息对称性，因此在下一章，我们将进一步研究智能机器人对可以突出体现公司治理状况的企业财务信息质量的影响。

第五章 智能机器人对公司财务信息质量的影响研究

第一节 引论

如前两章所述，虽然人工智能技术在大规模地替代人类劳动力过程中，可能在短期内引发"技术性失业"[1]，但从长期来看，整个社会的进步会越来越多地依赖于自动化和人工智能技术，而当前的全球主要经济大国，如美国、中国、德国和日本也在全球云计算、物联网和大数据等各方面新技术齐头发展的前提下，将人工智能技术的发展作为国际竞争中提升国际地位的重要武器，并纷纷将其提升到了国家战略发展政策的高度，相继投入大量的人力及资金用于智能技术的发展，如德国的"工业4.0"计划、日本的《人工智能技术战略》计划[2]、美国的"国家创新网络"计划，以及中国的"新型基础设施建设"政策等。而与包括人工智能在内各种新技术的不断发展相伴随的是近20年来资本市场上不断发生的财务欺诈事件，如安然公司（Enron）和世通公司（WorldCom）的财务欺诈事件等。层出不穷的财务信息舞弊不仅撼动着投资者对于股市的信心，更使公司的财务信息质量越来越多地引起人们的关注。在本章，我们统计了美国证监会网站[3]

---

[1] 根据麦肯锡全球经济研究院（Mckinsey Global Institute）2017年的预测数据，预计到2030年全球将有4亿至8亿人的工作被机器人替代，而中国则可能有31%的工作时间被自动化替代。

[2] 透视日本人工智能战略 三大方向齐头并进［EB/OL］. https：//www.sohu.com/a/1534 29529_99906635，2017-06-30.

[3] 美国证监会，https：//www.sec.gov.

上的财务欺诈披露案例，最终发现因为美国企业中人工成本占总成本的比例相对较大，所以这些舞弊案件大多涉及人工成本核算项目的虚报，比较著名的案例如世通公司（WorldCom）和泰科公司（Tyco）在企业并购的过程中利用劳动力变动较大作为掩护，人为操纵了并购前后的劳动力成本，从而谎报了公司的财务信息。我们按照这个案例的逻辑去进行分析，如果智能化设备的出现可以代替人类进行劳动，从而减少生产过程中的人为干预，那么智能机器人技术在一定程度上肯定会影响企业对人工成本的操纵，借此也会在一定程度上影响企业对其他会计项目的管理。因此，我们在此提出了本章的研究问题，即人工智能技术会如何影响企业的财务信息质量？企业的财务信息质量不仅是企业各方面利益相关者做出投资决策的重要依据，同时也是一个企业公司治理状况的重要体现（Healy and Palepu，2001）。本章将通过研究人工智能如何影响企业的不道德操纵行为（即盈余管理）、研究人工智能如何影响企业的非法会计欺诈行为、人工智能如何影响企业的信息透明度来回答这一问题。

在前两章智能机器人对公司生产率和公司治理影响的研究中，我们已经对"产业机器人"做出了明确的定义，本书所用到的"产业机器人"即在经受过人类的编程教学，收到人类的开始任务指令后，可以不需要人为协助地独立执行多项生产任务的全自动化机器。智能机器人可以大规模地替代人类劳动力，同时其工作的覆盖面积大，可以实现 24 小时工作，对工作环境要求也比较低，并且可以降低人为因素所造成的误差。如第三章所论述的一样，智能机器人的这些优点都可以大大提高企业的生产效率、产品质量和操作安全，大大降低工人的劳动成本和劳动强度。然而，对于人工智能如何影响企业的财务信息质量，我们还不能直接得出确切的答案。

智能机器人可以大规模替代人类劳动力，从而会对劳动力产生替代效应。但与此同时，智能机器人又可以提高企业的生产效率，扩大生产规模，从而可能增加企业对于劳动力的需求；同时，人工智能技术的应用又极有可能创造许多新的就业岗位（Acemoglu and Restrepo，2018c）。在这两种作用下，人工智能会对劳动力产生规模效应。因此，作为企业操纵盈余和实施会计舞弊行为的主要会计主体，企业的劳动力成本在引进人工智能技术后，存在降低或增加两种可能。也就是说，人工智能为企业财务信息的变化增加了不确定性。此外，采用智能机器人后，企业的固定资产费用、原材料损失和销售收入都会大幅度增加，从而导致这些账户的操作空间比以前增大许多，因此可能诱使经理人在这些会计科目上做手脚，造成的结果就是会降低企业的财务信息质量。然而，如上所述，与此同时，智能机器人可以减少生产操作中的人为干预，从而使生产更加系统化和标准化，也就是说，用智能机器人代替人类可以增强企业投入与产出之间的相关性。再者，几乎所有的自动化和机器人生产线都配备了智能生产信息统计系统，如企业资源计划管理系统（Enterprise Resource Planning，ERP），并直接为企业的财务系统提供数据支持，即降低了对会计信息进行虚假操作的可能性。因此，人工智能也可能有助于提高企业的财务信息质量。

基于这两个相反的假设，我们以 2004~2015 年美国上市公司为样本，实证检验了机器人技术对企业财务信息质量的影响。与第四章的研究方法一致，参考 Acemoglu 和 Restrepo（2020a）的研究，本章首先通过行业层面智能机器人数量与就业人数的比率构建了美国行业层面的智能化指数。然后，我们又通过每家美国公司不同行业销售收入的占比作为权重，与美国行业层面的智能化指数结合构建了公司层面的智能化指数作为本章基准回归结果的主要解释变量。

本章首先考察了机器人对应计盈余管理和真实盈余管理的影响。此外，参考 Badertscher（2011）对盈余管理总体水平的测度，我们还构建了企业的整体盈余管理指标并对此进行了考察。最终发现：人工智能可以显著降低企业的应计、真实和整体盈余管理，即表明人工智能的应用提高了企业财务信息的质量。

企业操纵盈余通常有两种动机：虚假提高企业业绩以获得融资；虚假减少企业收益以逃避纳税义务。因此，在本章中，我们分别研究了人工智能的应用对企业上调型盈余管理和下调型盈余管理的影响。最终发现智能机器人的应用对三种类型盈余管理上调虚高和下调虚减的行为均起到了显著抑制的作用。这些结果表明，人工智能抑制了企业为吸引投资者而人为提高盈余的动机，也抑制了企业为逃避缴纳所得税而进行的人为减少盈余的行为。这些发现进一步证明了我们的结论，即人工智能可以显著减少盈余管理。

盈余管理属于企业合法但不道德的财务信息操纵行为，其背后也往往伴随着财务信息的舞弊行为，而会计舞弊则是企业对财务信息最直接的造假行为。因此，本章也研究了人工智能对会计舞弊的影响。最终结果表明：人工智能与会计舞弊的可能性呈负相关，与舞弊行为被检举的可能性呈正相关，这也就表明了人工智能显著减少了企业的会计造假行为，同时提高了会计造假行为被揭发的可能性。这些发现也证明了人工智能技术可以显著提高企业的财务信息质量。

盈余管理可以显著降低公司股票的特质信息质量（Hutton et al.，2009），从而进一步影响分析师的预测质量（Elton et al.，1984）。因此，我们可以利用衡量企业信息透明度的公司特质性风险和分析师预测误差来作为企业财务信息质量的产出，并检验人工智能对其的影响。最终结果表明：人工智能技术可以显著增加企业的特质性风险，并显著降低企业分析师的预测误差，即智能机器人的运用可以通过降低企业的盈余管理来有效地降低企业的信息不对称性。这些研究结果也证明了人工智能的确有助于提高企业的财务信息质量。

同时，为规避内生性问题，与第四章方法一致，我们同样参考 Acemoglu 和 Restrepo（2020a）构建工具变量的方法，使用了丹麦、芬兰、法国、意大利和瑞典（Euro5）这五个国家①行业层面智能化指数的平均值作为美国行业层面智能化指数的工具变量，进而再通过美国公司各行业销售收入的占比进行了加权，构造了美国公司层面智能化指数的工具变量。最终所得的 2SLS 第二阶段结果均呈现了比相应的 OLS 结果更加稳健的实质性证据，证明了机器人技术可以显著提升企业的财务信息质量。

此外，我们的实证结果最终也证实了猜想的影响渠道：智能机器人的确是通过加大企业投入与提升产出之间的黏性来提高企业财务信息质量的。我们发现，人工智能技术在企业层面上加强了营业费用和销售收入之间的相关性。也就是说，人类在企业生产过程中所能进行的干预会越来越少，从而使其所能进行财务信息操纵的空间越来越少，进而使人工智能提高了财务信息质量。

本章还进行了一系列的异质性分析，以探讨人工智能对不同类型企业财务信息质量的影响。首先，因为智能机器人所带来的增强的生产标准化和信息透明度通常总是伴随着外部监管的增强，所以我们针对企业所受到的不同的外部监管强度考察了人工智能对财务信息质量的影响。我们根据跟踪分析师人数或机构投资者持股比例的中位数将样本分为高监管子样本和低监管子样本，并分别进行了回归检验。结果表明：在低监管子样本中，人工智能更显著地降低了盈余管理和分析师预测误差，更显著地增加了公司特质性风险，这一结果表明在低监管子样本中，人工智能技术提高公司财务信息质量的效果更明显，即人工智能具有替代性的监管作用。

其次，由于我们已经论证了智能机器人提高企业财务信息质量的渠道就是通过大规模地取代人类劳动力，使企业投入和产出之间的关系性更加紧密。因此人

---

① 选择这五个欧洲国家的详细原因参见第四章第四节。

类劳动力的密集程度也必然会影响到本章的基准结果。我们针对不同的劳动密集型样本，分别考察了人工智能对财务信息质量的不同影响。在根据就业人数与产值之比的中位数将样本分为高劳动密集型和低劳动密集型子样本后，我们研究发现采用智能机器人后，相对于低劳动密集型子样本，高劳动密集型子样本的盈余管理和分析师预测误差会更大幅度地降低，公司的特质性风险也会更大幅度地增加。

最后，因为劳动力结构会直接影响到智能机器人对人类劳动力的替代过程，所以我们还考察了劳动力技能结构和劳动力性别结构对本章基准回归结果的影响。我们发现，因为常规低技能劳动力更易于也更有可能被智能机器人所取代，所以常规低技能劳动力占比较高的公司，其财务信息质量在采用人工智能技术后所受到的影响更大。相类似地，因为男性劳动力较多企业的工作通常是高强度的也是更容易被智能机器人取代的任务，所以男性劳动力占比较高的企业中，人工智能也更显著地提高了企业的财务信息质量。

本章还进行了一系列的稳健性检查来证明本章结论的有效性。稳健性的检验方式与第四章相类似。首先，参考 Acemoglu 和 Restrepo（2020a）安慰剂检验的做法，为消除可能存在的先前趋势对本章估计结果的影响，我们考察了 2004～2015 年智能化指数的平均值对 1992～2003 年财务信息质量平均值的影响，最终安慰剂检验的结果不显著，这也就意味着没有任何先前趋势影响本章的主体结果。其次，本章的研究结果在将核心解释变量公司层面智能化指数替换为行业层面智能化指数或由样本基期（2004 年）劳动力数量构建的智能化指数，以及使用 2011 年之后单独美国市场智能机器人数据构建的智能化指数后，研究结论仍与基准回归结果保持一致。最后，我们还估算了智能机器人的市场存货价值，并以此替代智能化指数重新进行了检验，最终结果同样证明了本章基准回归结果的稳健性。

与第四章所得到的结论基本一致，首先，当我们替换了工具变量的构造方式，在原 Euro5 五个国家的基础上加上德国，或使用所有九个欧洲先进国家①智能化指数的平均值构建工具变量时，结果也是稳健的。其次，我们还剔除了可能对本章主体结果造成影响的特殊样本，如剔除了海外市场销售额占公司总销售收

---

①　如前文所述，九个欧洲先进国家是：丹麦、芬兰、法国、德国、意大利、挪威、西班牙、瑞典和英国。如第四章所述，我们之所以选择它们，是因为这九个欧洲国家智能化程度较高，其智能机器人占世界机器人市场的 41%。

入50%以上的公司样本;剔除了自动化或智能化程度在所有行业中最高的"汽车及其他交通工具制造业"样本;剔除了每个行业年度智能化指数前1%的样本;剔除了无法再进行细分的"其他非制造业"样本,最终所得到的结果均与本章的主体研究结论相一致。最后,当我们控制了其他技术冲击因素或替换了应计盈余管理和整体盈余管理的计算方法后,所得的结果仍然支持了本章的主体研究结论。

本章的研究主要具有以下学术贡献:

第一,如第一章"引言"和第二章"文献综述"所阐述的一样,有关自动化或人工智能技术的过往文献主要研究了自动化或人工智能对宏观经济或劳动力市场的影响(Aghion et al. , 2017[①];Acemoglu and Restrepo,2020a;陈彦斌等,2019;郭凯明,2019;闫雪凌等,2020;赵春明等,2020;王永钦和董雯,2020),目前还没有关于自动化或人工智能技术如何影响公司财务信息质量的研究。本章通过研究人工智能对微观经济行为(财务信息质量)的影响,填补了以往文献的研究空白。

第二,与自动化或智能化的研究不同,以往文献对企业财务信息质量的研究是十分充分的。但以往的研究大多集中在公司治理与财务信息质量的关系,如Klein(2002)考察了审计委员会和董事会特征是否与公司盈余管理有关,研究发现,更加独立于CEO的董事会结构更能有效地监控公司的财务会计过程;Ferreira 和 Laux(2007)研究了公司治理政策与特质性风险之间的关系,最终发现公司控制权对市场的开放性将通过鼓励收集和交易私人信息来丰富股价信息含量。此外,也有学者研究了财务信息质量与公司绩效的关系,如 Jennifer(2014)使用了2002~2010年来自25个国家和中国香港特别行政区共1960家国际非金融上市公司的非均衡样本,并以盈余质量、会计谨慎性和应计质量来衡量企业的财务信息质量,最终发现财务信息质量对企业绩效有正向影响;Li(2019)采用中国多层级的资本市场体系样本,论证了信息披露水平与公司绩效呈正相关。由此可见,目前还没有研究实证研究自动化或人工智能技术对财务信息质量的影响,我们的研究开创了这一研究领域的先河。

第三,前几章已经阐述,以往少有文献具体测度公司层面的人工智能技术。

---

① 在我们的基准结果中,因为IFR未提供2011年之前(不包含)单个北美国家的机器人数据,所以我们使用了整个北美的机器人数据构建了美国的智能化指数。详情参见本书第四章第三节。

Acemoglu 等（2020b）构建了法国企业是否使用机器人的虚拟变量作为公司层面人工智能的测度，对于机器人对劳动力替代关系的反映相对较弱，同时这篇文献所研究的也只是传统的劳动力市场。程虹等（2020）、程虹和袁璐雯（2020）也同样只是从企业机器人使用量的角度进行了衡量。王永钦和董雯（2020）虽然测度了公司层面的人工智能指数，但其所探讨的同样为传统的劳动力市场，未涉猎到公司行为研究。由此可见，本章刻画了具体反映人工智能技术内涵的公司层面智能化指数，并探讨了其对公司微观经济行为的影响，的确是开创了相关领域研究的先河。

第四，由于人工智能技术的广泛应用，以及财务信息质量对于投资者充分了解企业，并做出投资决策的重要性，我们可以得知本章的研究具有很高的实用价值。此外，本章研究还为政府部门制定相关政策措施着力提升资本市场的信息透明度、维护资本市场的健康运营环境提供了借鉴意义和实证依据。

本章的其余部分结构如下：第二节提出了研究假设；第三节介绍了数据和样本；第四节介绍了实证策略与识别；第五节是本章的主体，即 2SLS 第二阶段估计结果；第六节是本章的渠道分析；第七节是本章针对不同外部监管、不同劳动力密度和不同劳动力结构的异质性分析；第八节介绍了安慰剂检验，以及其他替换智能化指数、替换工具变量构造方式、替换样本、替换盈余管理计算方式和增加其他技术冲击控制变量后的稳健性检验结果，同时本章在第八节中考察了智能机器人价值对财务信息质量的影响；第九节为本章的研究结论做总结。

第二节　研究假设

除了本章引论所提到的对人工成本的操纵和其他人为可以决定的会计项目操纵外，企业伪造财务信息的途径还有很多种。例如，1997～2000 年，安然公司（Enron）以其庞大的组织结构为庇护，将出售资产的收入作为营业收入虚增了利润；2002 年，世通公司（WorldCom）在其电信系统项目扩建的过程中，没有将扩建的大量费用计入正常成本，而是作为"资本支出"进行了处理，这为世通公司带来了 38 亿美元的巨额"利润"。此外，大量的企业还利用资本资产和费用支出之间的模糊边界来创建虚拟资产以此谎报财务信息。通过对以往财务舞弊案例的总结，我们发现企业操纵财务信息的渠道主要有：成本与费用之间的转换、费用与资本之间的转换、收入与负债之间的转换、费用与资本之间的转换、资本与负债之间的转换、不同费用科目之间的转换、不同成本科目之间的转换、不同收入科目之间的转换；等等。此外，许多公司还通过操纵费用科目的应计/递延/选择性分配、成本科目的预支/递延/选择性分配和收入科目的预支/递延/选择性分配，来控制企业的损益情况。

我们在此将引进人工智能技术后，可能造成企业财务信息质量下降的因素总结如下：

第一，如上所述，在引进智能机器设备后，企业的固定资产将增加，这意味着企业的会计人员可能有更多的空间通过固定资产项目或总资产中的其他项目来操纵财务信息，例如：

（1）固定资产和费用之间的转换。因为企业资产价值中的费用与"其他费用"的确认边界有时难以界定，所以部分会计人员经常将其他费用纳入资产价值项目，并在折旧中递延，以及在税前扣除来虚增企业价值；反之，许多企业还会将属于资产项目的支出直接确认为费用，并在当期税前扣除以此来虚减利润。例如，企业将新厂房确认为固定资产，投入使用后的费用本应计入当期损益，但企业却将其分摊到"初始成本"中进行计提折旧，从而达到了企业利润的虚增；同时，一些企业经常将支出转入"其他应收款"，将超出企业所得税税前扣除限额的费用（业务招待费、广告费等）虚报为"其他应付款"，以此使企业的利润虚减，从而影响当期应缴纳的所得税税额。

（2）资产和负债之间的转换。有的企业为了避税，会把"应收账款"归入"其他应收款"，或将"预收款项"归入"其他应付款"，从而混淆真实的资产和负债，并影响到当期损益。

（3）随着固定资产的增加，企业固定资产的折旧、摊销、递延和报废的相关账务也在增加，这也就意味着企业在固定资产折旧、摊销、递延和报废会计科目上的操作空间也随之变大。通常，会计人员会根据固定资产在使用中的磨损程度和日常维护、检修情况，确定其折旧、摊销、递延使用或者直接报废的年限。而当存在操纵当期损益的动机时，会计人员可以缩短或延长固定资产的使用寿命来达到理想的财务报表效果，例如，有的企业会通过延长固定资产的折旧年限来减少当期折旧以此提高当期利润，反之亦然。

第二，引进智能机器人之后，企业的生产规模扩大，生产成本中的原材料成本和制造成本中的水电成本也会必然随之增加；同时企业的人力劳动力成本也可能增大，这些都会使成本项目的操作空间变大，例如：

（1）如本章引论所述，智能机器人会对劳动力带来两种效应：其一是会减少劳动力成本的替代效应，即智能机器人大规模地替代人类劳动力，从而会对劳动力成本产生减小作用；其二是会增大劳动力成本的规模效应，即智能机器人扩大了企业的生产规模，从而使企业相比从前要雇用更多的人类劳动力维持生产，同时人工智能还可能创造许多新业态和新模式下的就业岗位，从而会增大劳动力成本。

在这两种效应的作用下，若智能机器人对劳动力所带来的规模效应大于替代效应，则人力劳动力成本会增大，企业对劳动力成本的可操纵性也会增加。对美国公司来说，劳动力成本占据着企业总成本相对较大的比重。另外，因为人工成本具有较强的不稳定性和可调性，所以人工成本科目始终是会计欺诈的主要操作对象。而因为智能机器人会对企业产生规模效应，所以引进智能机器人后企业规模和生产规模都可能会增大，这也就意味着企业可能会比以前雇用更多的人力劳动力，从而使劳动力成本可操纵的空间变大。劳动力成本的增加会增加会计人员依靠成本与其他项目的转换来操纵会计信息的可能性。例如，有的企业会把应包含在"期间费用"中的"销售和管理费用"转换为"生产成本"，如果产品在生产之后变成"存货"，那么"生产成本"可以包含在资产项目中，而不会包含在费用项目中，这样企业的收益就会增加；有的企业还将发放给员工的自有住房和租赁住房的费用转为"制造费用"，然后在期末将其转换为成本并进行资本化处理，以此提高当期收益。相反，企业也可以将"生产成本"转换为"期间费用"，例如，有的企业将支付给员工的奖金和福利不计入"应付职工薪酬"项目，而是直接计入"管理费用"中，从而降低了企业的收益。

（2）成本和费用之间的转换。成本包括直接人工成本、直接材料成本和制造费用。但直接人工费用、制造费用、销售费用和管理费用之间十分容易混淆，而"直接材料"中包含的运费和人工搬运费也很难与管理费用分开。因此，企业往往利用这些会计科目定义的模糊性，将属于成本科目的支出转为费用，以便在当期税前扣除，从而减少当期利润；或者将属于费用科目的支出转入成本科目，控制税前扣除比例，夸大当期利润。例如，有的企业会将应计入"管理费用"科目的无形资产摊销到"制造费用"科目中，月末将制造费用分摊到"生产成本"科目中，从而导致期间费用少计，利润虚增；反之亦然。

（3）成本预支/延期/选择性分配的操纵。由于企业对成本的会计定义和相关规定并不十分明确，有的企业会间接地在当期将成本计入或排除在外，然后在下一个会计期间填补相应的成本科目，或将成本分摊到不同的期间，以操纵收益。例如，许多企业都不会根据会计年度的实际情况及时结转成本，以此达到人为调整当期损益的目的。

（4）不同成本科目之间的转换。由于企业成本的规模越来越大，企业也会有更多的空间来操纵成本。许多公司会将可以结转的成本项目转换成其他不能结转或转回的项目。例如，有些企业总是把直接人工成本和直接材料成本混入销售费用和管理费用中，以此达到调整当期损益的目的。

第三，如第三章和第四章所论证的，采用人工智能技术后，企业的收入会得到大幅度提升，从而会扩大收益核算项目的操作空间，例如：

（1）收入和负债之间的转换。根据会计准则，企业的"其他应付款"本应属于"流动负债"科目，并应在一个会计期间当期进行核算。然而，由于"其他应付款"科目的复杂性，许多企业总是将其作为逃税的工具。例如，有的企业会将收入转入"其他应付款"，从而造成借债的假象，以达到拖延或不交税的目的。

（2）收入预支/延期/选择性分配的操纵。与成本操纵类似，由于企业对于收入科目的定义及相关规定并不十分明确，企业通常会间接增加或减少当期收入，并在下一期填补相应的收入科目；或者将收入分配到不同时期，以达到操纵当期收益的目的。

（3）不同收入科目之间的转换。企业经常将总收入在不同收入科目之间进行调整，例如，将"主营业务收入"转换为"其他业务收入"或者"营业外收入"，以达到控制流转税或突出主营业务业绩的目的。

上述分析表明，采用人工智能技术后，企业操纵财务信息的可能性将增加，因此我们提出了第一条研究假设：

研究假设 A：智能机器人会降低公司的财务信息质量。

然而，随着人工智能技术的应用，许多公司财务信息操纵的可能性也可能随之降低，从而提升企业的财务信息质量，我们将具体情况总结如下：

第一，由于智能机器人大规模取代了人类劳动力，如前文所述，在智能机器人的双重效应下，如若其对劳动力带来的替代效应大于规模效应，则其必会降低企业的劳动力成本，这也就意味着劳动力成本的操纵空间会变小，企业的财务信息质量提升。

第二，人工智能技术可以提高企业生产投入与企业总产出的黏性，包括企业劳动力成本投入与企业总产出的黏性，以及企业设备成本投入与企业总产出的黏性，进而提高企业的公司治理水平，具体如下：

（1）人工智能技术的使用可以使企业劳动力成本的投入和企业总产出的关系更加密切。在引进智能机器人之前，劳动力成本占企业总投入的比重通常会比较大。但企业是无法保证工人所要求的工资可以与他们实际完成的工作量相匹配的，经常会出现工人并未尽力工作，但是仍然正常获取工资的事例。在此种情况下，企业的劳动力成本投入是无法与企业产出高度匹配的。但在智能机器人被使用之后，企业的大部分生产工作将由智能机器人完成，从而降低了人工成本的占比，增加了机器成本在企业总投入中所占的比重。这一替代关系的优点就是：智能机器不会像人类工人一样虚报其工作量，从而使企业总投入中的虚假信息会大大减少。此外，智能机器人采用后，大多数生产过程中的人类工人，特别是低技能工人会被大量取代，企业仅需要保留部分用于监控设备、协助智能机器人完成产品最终生产的工人，而这部分工人的工资将可以通过工作时间和产量来计算支付，因此，人工成本再也很难被人为虚报。综上，基于本部分的分析，我们可以得出结论：采用人工智能后，企业的劳动力成本投入会变得更加真实，劳动力成本投入与总产出之间的关系会更加密切，从而使财务信息可操纵的空间减少。

（2）人工智能技术的使用可以使企业设备成本的投入与企业总产出的关系更加密切。如上所述，企业会通过固定资产的折旧、摊销、递延和报废来操纵财务信息。常用的方法是在不同会计期间分配累计折旧和摊销，以调整当期利润。例如，如果想增加当期利润，企业可以把五年的折旧和摊销计算为十年，这样就减少了每次分摊；反之亦然。而采用智能机器人的优点就是可以使企业各期的折旧、摊销、递延和报废科目的消耗更加系统化和规范化。在引进全自动化生产设备之前，半自动化设备的折旧、摊销、延期和报废期限与工人的操作行为密切相关，不同技术水平的工人可以导致设备的折旧摊销被分配到不同的会计期间。此外，一些工人还可能会因为个人的原因而刻意地加速或减缓机器设备的折旧和摊销，提前或延迟报告设备报废等。相比之下，全自动智能化设备的操作过程可以由设备自身编程和运作，从而减少了人为操作的空间。同时，全自动化设备单位产品的折旧、摊销、递延和报废是十分稳定的，因为其总折旧、摊销、递延和报废的期限始终与企业的产量密切相关，并可以根据生产情况和设备情况进行计算，无法人为造假。综上所述，采用智能机器人可以使企业设备成本的投入和企业总产出之间的黏性更紧密，从而减少人为操作的空间，降低企业对财务会计信息的操纵。

第三，与前文类似，采用智能机器人可以减少生产操作中的人为干预，从而达到规范企业各期的原材料损耗、水电费和修理费的目的。例如，一般情况下，较大的修理费用应计入资产类别的"长期待摊费用"，而小修费用则总是包含在"制造费用"或"管理费用"中，这也就意味着会计实操中"修理费用"的定义是不明确的，因而其操纵空间很大。但智能机器人采用后，全自动设备的维护和维修往往是由智能设备自动检测的，并不依赖于维修人员；同时，智能机器人的硬件维修也大多是对生产模块的更换，而不是人工维修。因此，采用智能机器人后，企业设备的维修费用相对固定、透明，虚报的难度大大增加。

第四，采用智能机器人进行生产，其生产过程可以由设备自动记录，包括产品数量、工作时间、材料消耗等，很难主观造假。例如，与智能化生产设备最常配套的企业资源计划管理系统（ERP）可以记录企业产品从原材料采购到最终产品销售的各个部分的全部数据，而每个部分的数据都是紧密相连的，所以几乎不可能改变。此外，智能生产信息系统总是与企业的财务系统相对应，两个系统通常由同一个账号直接锁定，不允许手工记录，从而保证了两个系统数据的一致性，保证了数据的准确性。因此，采用人工智能技术后，企业再也很难改变实际的生产和会计信息，即人工智能设备能有效地抑制人为的会计操纵行为，从而提高公司财务信息质量。

基于以上分析，我们提出了与第一条相反的研究假设：

研究假设 B：智能机器人会提高公司的财务信息质量。

第三节　数据

一、样本构建

与第四章相类似，因为在本书的研究方法下无法获得智能机器人对中国市场公司财务信息质量影响的相关变量，所以本章同样以美国上市公司作为研究样本。本章"产业机器人"的库存数据同样来自国际机器人联合会（IFR）；美国和欧洲国家的劳动力数据来自"欧盟资本、劳动力、能源、材料和服务投入数据库"（EU KLEMS）；美国劳动力技能结构的数据来自美国劳动力统计局（BLS）的"劳动力就业统计数据库"（OES）；劳动力年龄结构和劳动力性别结构的数据来自美国劳动力统计局（BLS）"当前人口统计"（CPS）数据库；劳动力教育结构数据来自美国劳动力统计局的"劳动力就业和失业地理统计数据"（GPEU）。美国上市公司的财务会计数据来自"标准普尔数据库"（Compustat）；美国上市公司会计欺诈数据首先是由美国证券交易委员会（Securities and Exchange Commission，SEC）的诉讼公告①手动收集所得的，而因为股东也可以独立于 SEC 提起私人民事诉讼，所以我们又用斯坦福法学院证券集体诉讼清算所（Stanford Law School Securities Class Action Cleaning House，SSCAC）② 的数据对 SEC 的诉讼案件进行了补充。首席执行官和高管相关数据来自"高管薪酬资料库"（Execu-Comp）；董事会数据来自"机构股东服务数据库"（ISS）；机构投资者所有权相关数据来自"汤森·路透数据库"（Thomson Reutuers）；分析师数据来自"汤森·路透数据库"（Thomson Reutuers）的"机构经纪人预测系统"（Institutional Brokers' Estimate System，I/B/E/S）；公司的特质性风险相关数据来自"证券价格研究中心数据库"（Center for Research of Security Prices，CRSP）。

本章的基准样本为 ISS 数据库中的"标准普尔 1500 公司"数据。因为 IFR 对于美国的智能机器人统计直到 2004 年才提供了行业细分的数据，而 EU KL-EMS 对于美国和欧洲国家的劳动力行业细分数据目前截至 2015 年，所以本章样本的涵盖区间为 2004～2015 年。

表 5-1 列出了本章样本的构建和分布情况。Panel A 汇报了本章样本的筛选过程，可以看到本章基准面板样本，即财务信息质量相关变量没有缺失值的样本共包含 13029 个年度观察值。在剔除了美国上市的非美国公司 432 个观测值；特殊监管行业，即金融服务业（SIC 6000-6999）和公用事业（SIC 4400-5000）行业的 160 个观察值；以及 943 个无法构建相关控制变量的年度观测值之后，本章的基准回归面板样本共包含 1449 家公司的 11494 个年度观测数据。Panel B 汇报了本章基准回归样本的年度分布情况，可以看到本章的样本基本维持了年度间观测值保持均衡的状态。

① 美国证券交易委员会官网，https：//www.sec.gov/page/litigation.
② 斯坦福法学院官网，https：//securities.stanford.edu/index.html.

表 5-1 样本构建与分布

Panel A：样本筛选	
可构建公司财务信息质量相关变量的样本总观测值	13029
减去	
美国上市的非美国公司样本观测值	-432
特殊监管的金融服务业样本观测值（SIC 6000-6999）	-11
特殊监管的公用事业样本观测值（SIC 4400-5000）	-149
无法构建控制变量的样本观测值	-943
最终基准回归样本观测值	11494

Panel B：样本年度分布	
年份	观测值数量
2004	947
2005	949
2006	958
2007	966
2008	951
2009	959
2010	958
2011	962
2012	970
2013	961
2014	954
2015	959
总计	11494

二、变量

（一）智能化指数

此部分有关智能化指数的构造过程与第四章智能化指数的构造一致，在此不再赘述，具体可参见第四章第三节。

（二）盈余管理变量

盈余管理是文献中广泛使用的衡量财务信息质量的指标，因此我们将其作为本章的主要衡量指标。我们的盈余管理变量包括应计、真实和整体盈余管理测度[①]。

1. 应计盈余管理（Accruals Management，AM）

操纵可支配性应计利润是盈余管理的一种常见方式。参考 Fang 等（2016）的研究方法，我们首先使用了修正 Jones 模型构造了基于应计利润的盈余管理变量。首先我们在"Fama-French 48 行业"的分类标准下，估计了每个会计年度行业层面的横截面模型[②]，参见式（5-1）。

$$\frac{TA_{i,t}}{AT_{i,t-1}}=\beta_0+\beta_1\frac{1}{AT_{i,t-1}}+\beta_2\frac{\Delta SALE_{i,t}}{AT_{i,t-1}}+\beta_3\frac{PPE_{i,t}}{AT_{i,t-1}}+\xi_{i,t} \tag{5-1}$$

其中，i 表示企业；t 表示会计年度；$TA_{i,t}$ 是指企业 i 在会计年度 t 的"非常规项目前收益（IBC）"减去"经营活动现金流（OANCF-XIDOC）"后的应计利润总额；$AT_{i,t-1}$ 是公司 i 上一会计年度 $t-1$ 的总资产（Total Assets，AT）；$\Delta SALE_{i,t}$ 是公司 i 从 $t-1$ 年到 t 年的销售收入（SALE）的变化额；$PPE_{i,t}$ 是公司 i 在 t 年的不动产、厂房和设备的总值（PPEGT）。

然后，我们通过应用等式（5-1）中的估计系数来计算拟合的不可支配应计利润，或正常应计利润（Normal Accruals，NA），计算方式参见式（5-2）：

$$NA_{i,t}=\hat{\beta}_0+\hat{\beta}_1\frac{1}{AT_{i,t-1}}+\hat{\beta}_2\frac{(\Delta SALE_{i,t}-\Delta AR_{i,t})}{AT_{i,t-1}}+\hat{\beta}_3\frac{PPE_{i,t}}{AT_{i,t-1}} \tag{5-2}$$

其中，$\Delta AR_{i,t}$ 表示公司 i 在 t 年的应收账款（RECT）变动额。

接下来，我们通过式（5-3）计算得到了各公司每年的可自由支配应计利润（Discretionary Accruals，DA），即应计盈余管理：

$$DA_{i,t}=(TA_{i,t}/AT_{i,t-1})-NA_{i,t} \tag{5-3}$$

其中，$DA_{i,t}$ 只代表了公司向上调的盈余管理行为，为了涵盖公司下调利润以避税的行为，参考 Lin 等（2015）的研究方法，我们对 $DA_{i,t}$ 取绝对值，并将其定义为 $|AM_{i,t}|$ 来代表包含上调和下调两种方式的可操纵性应计利润操纵，计

---

① 因盈余管理的计算公式涉及较多变量，为与过往文献（Roychowdhury，2006；Lin et al.，2015；Fang et al.，2016）保持一致且为了与本章基准回归变量进行区分，本章对于盈余管理计算中所涉及的变量均统一采用了大写的形式。

② 对于此横截面估计，我们要求每个会计年度每个行业样本中至少有 15 个观察值。

算方式参见式（5-4）：

$$|AM_{i,t}| = |(TA_{i,t}/AT_{i,t-1})-NA_{i,t}| \tag{5-4}$$

2. 真实盈余管理（Real Activities Management，RM）

除基于可支配性应计利润的盈余管理之外，盈余管理也可以通过真实的经营活动来进行（Fudenberg and Tirole，1995；Healy and Wahlen，1999；Dechow and Skinner，2000）。因此，我们衡量企业财务信息质量的第二个指标就是企业的真实盈余管理行为。

参考 Dechow 等（1998）和 Roychowdhury（2006）的研究方法，我们首先将生产成本（$PROD_{i,t}$）定义为企业 i 在 t 年的商品成本（$COGS_{i,t}$）和存货变动（$\Delta IINV_{i,t}$）之和，即 $PROD_{i,t}=COGS_{i,t}+\Delta IINV_{i,t}$。同时，$COGS_{i,t}$、$\Delta IINV_{i,t}$ 和 $PROD_{i,t}$ 分别存在式（5-5）至式（5-7）的线性关系：

$$\frac{COGS_{i,t}}{AT_{i,t-1}}=\alpha_0+\alpha_1\times\left(\frac{1}{AT_{i,t-1}}\right)+\beta_1\times\left(\frac{SALE_{i,t}}{AT_{i,t-1}}\right)+\xi_{i,t} \tag{5-5}$$

$$\frac{\Delta INV_{i,t}}{AT_{i,t-1}}=\alpha_0+\alpha_1\times\left(\frac{1}{AT_{i,t-1}}\right)+\beta_1\times\left(\frac{\Delta SALE_{i,t}}{AT_{i,t-1}}\right)+\beta_2\times\left(\frac{\Delta SALE_{i,t-1}}{AT_{i,t-1}}\right)+\xi_{i,t} \tag{5-6}$$

$$\frac{PROD_{i,t}}{AT_{i,t-1}}=\alpha_0+\alpha_1\times\left(\frac{1}{AT_{i,t-1}}\right)+\beta_1\times\left(\frac{SALE_{i,t}}{AT_{i,t-1}}\right)+\beta_2\times\left(\frac{\Delta SALE_{i,t}}{AT_{i,t-1}}\right)+\beta_3\times\left(\frac{\Delta SALE_{i,t-1}}{AT_{i,t-1}}\right)+\xi_{i,t} \tag{5-7}$$

接着，我们同样在"Fama-French 48 行业"的分类标准下，对式（5-7）每个会计年度内行业层面的观测值进行了估计，同样每一个会计年度每一行业，我们至少需要 15 个观测值来完成每个截面估计。接着，我们使用式（5-7）的估计系数计算了拟合的生产成本，计算模型如式（5-8）所示：

$$\frac{PROD_{i,t}}{AT_{i,t-1}}=\hat{\alpha}_0+\hat{\alpha}_1\times\left(\frac{1}{AT_{i,t-1}}\right)+\hat{\beta}_1\times\left(\frac{SALE_{i,t}}{AT_{i,t-1}}\right)+\hat{\beta}_2\times\left(\frac{\Delta SALE_{i,t}}{AT_{i,t-1}}\right)+\hat{\beta}_3\times\left(\frac{\Delta SALE_{i,t-1}}{AT_{i,t-1}}\right) \tag{5-8}$$

然后，我们通过实际生产成本减去拟合正常生产成本得到了所需要的异常生产成本（定义为 $RM\_PROD_{i,t}$）。

同样，我们又在"Fama-French 48 行业"的分类标准下，对式（5-9）中每个会计年度行业层面的横截面数据进行了估计，同样每个会计年度每个行业，我们至少需要 15 个观测值来完成每个截面估计，估计模型如下：

$$\frac{CFO_{i,t}}{AT_{i,t-1}}=\beta_0+\beta_1\times\left(\frac{1}{AT_{i,t-1}}\right)+\beta_2\times\left(\frac{SALE_{i,t}}{AT_{i,t-1}}\right)+\beta_3\times\left(\frac{\Delta SALE_{i,t}}{AT_{i,t-1}}\right)+\xi_{i,t} \tag{5-9}$$

其中，$CFO_{i,t}$ 表示企业 i 在 t 年的经营活动现金流（$OANCF-XIDOC$）。接下来，我们使用式（5-9）的估计系数，通过式（5-10）计算得到了拟合的 $CFO_{i,t}$：

$$\frac{CFO_{i,t}}{AT_{i,t-1}}=\hat{\beta}_0+\hat{\beta}_1\times\left(\frac{1}{AT_{i,t-1}}\right)+\hat{\beta}_2\times\left(\frac{SALE_{i,t}}{AT_{i,t-1}}\right)+\hat{\beta}_3\times\left(\frac{\Delta SALE_{i,t}}{AT_{i,t-1}}\right) \tag{5-10}$$

然后，我们通过实际经济活动现金流减去拟合正常经营活动现金流得到了所需要的异常经济活动现金流（定义为 $RM\_CFO_{i,t}$）。

在 Dechow 等（1998）的简化假设下，可支配费用（$DISEXP_{i,t}$）被定义为公司 i 在 t 年的研发费用（XRD）、广告费用（XAD）以及销售和管理费用（$XSGA$）总和，并与销售额呈式（5-11）的线性关系。同样，我们在"Fama-French 48 行业"的分类标准下，估计了每个会计年度行业层面的模型，见式（5-11）：

$$\frac{DISEXP_{i,t}}{AT_{i,t-1}}=\alpha_0+\alpha_1\times\left(\frac{1}{AT_{i,t-1}}\right)+\beta\times\left(\frac{SALE_{i,t-1}}{AT_{i,t-1}}\right)+\xi_{i,t} \tag{5-11}$$

接下来，我们使用式（5-11）的估计系数，通过式（5-12）计算得到了拟合的 $DISEXP_{i,t}$：

$$\frac{DISEXP_{i,t}}{AT_{i,t-1}}=\hat{\alpha}_0+\hat{\alpha}_1\times\left(\frac{1}{AT_{i,t-1}}\right)+\hat{\beta}_1\times\left(\frac{SALE_{i,t-1}}{AT_{i,t-1}}\right) \tag{5-12}$$

然后，我们通过实际可支配费用减去拟合的正常可支配费用得到了所需要的异常可支配费用（定义为 $RM\_DISEXP_{i,t}$）。

最后，本章将真实盈余管理的绝对值描述为 $|RM_{i,t}|$，参考李增福等（2011a）、李增福等（2011b）和袁知柱等（2014）的研究方法，$|RM_{i,t}|$ 的计算公式如下：

$$|RM_{i,t}|=|RM\_PROD_{i,t}-RM\_CFO_{i,t}-RM\_DISEXP_{i,t}| \tag{5-13}$$

与 $|AM_{i,t}|$ 相似，$|RM_{i,t}|$ 包含了公司向上调和向下调的真实盈余管理活动。

3. 整体盈余管理（Total Earnings Management，TM）

参考 Badertscher（2011）将应计利润操纵和实际盈余操纵的总和作为企业整体盈余管理水平的研究方法，我们构建了 $|TM|$ 来衡量企业的整体盈余管理，与 $|AM|$ 和 $|RM|$ 类似，这一指标包含了公司向上调和向下调的整体盈余管理，计算公式如式（5-14）所示。

$$|TM_{i,t}| = |DA_{i,t}+RM\_PROD_{i,t}-RM\_CFO_{i,t}-RM\_DISEXP_{i,t}| \qquad (5-14)$$

在后文，我们还通过整体盈余管理绝对值等于应计盈余管理绝对值加真实盈余管理绝对值的计算方式进行了稳健性检验，即：

$$|TM_{i,t}| = |DA_{i,t}| + |RM\_PROD_{i,t}-RM\_CFO_{i,t}-RM\_DISEXP_{i,t}|$$

（三）会计造假

如果企业管理者非常积极地操纵企业收益来达到其自身目的，那么他们也极可能会进行会计造假。因此，我们也同样采用会计造假行为来衡量企业的财务信息质量。从 SEC 的诉讼报告和 SSCAC 中，我们共收集了可匹配到本章样本的 344 起公司财务欺诈案件，共涵盖 1641 个年度观测值。

参考 Khanna 等（2015）的研究方法，我们使用了 $Fraud^*_{i,t}$ 和 $Detect^*_{i,t}$ 作为决定公司 i 在 t 年实施会计造假可能性和造假行为被发现可能性的潜在变量，公式如下：

$$Fraud^*_{i,t} = X^F_{i,t}\delta+\mu_{i,t} \qquad (5-15)$$

$$Detect^*_{i,t} = X^D_{i,t}\eta+v_{i,t} \qquad (5-16)$$

其中，$X^F_{i,t}$ 是确定公司 i 在 t 年实施会计造假可能性的变量向量；$X^D_{i,t}$ 是确定其造假行为是否被发现的变量向量；$\mu_{i,t}$ 和 $v_{i,t}$ 的均值均为零，并且服从二元正态分布，且两者的相关系数为 ρ。

如果 $Fraud^*_{i,t}>0$，我们则定义为 $Fraud_{i,t}=1$；否则 $Fraud_{i,t}=0$。如果 $Detect^*_{i,t}>0$，我们则定义 $Detect_{i,t}=1$；否则 $Detect_{i,t}=0$。在本节中，我们所要观测的是 $Observe_{i,t}=Fraud_{i,t}\times Detect_{i,t}$，而不是 $Fraud_{i,t}$ 和 $Detect_{i,t}$。如果公司 i 在 t 年实施了会计造假并且被检测到，则 $Observe_{i,t}=1$；如果公司 i 在 t 年未实施会计造假或实施了造假但未被检测到，则 $Observe_{i,t}=0$。因此，我们导出了 $Observe_{i,t}$ 的累积分布函数：

$$P(Observe_{i,t}=1)=P(Fraud_{i,t}\times Detect_{i,t}=1)=\Phi(X^F_{i,t}\delta, X^D_{i,t}\eta, \rho) \qquad (5-17)$$

$$P(Observe_{i,t}=0)=P(Fraud_{i,t}\times Detect_{i,t}=0)=1-\Phi(X^F_{i,t}\delta, X^D_{i,t}\eta, \rho) \qquad (5-18)$$

其中，Φ 为二元标准正态累计分布函数。在此基础上，我们使用最大似然估计得到了 log-likelihood 函数模型，如下所示：

$$L(\delta, \eta, \rho) = \sum \log(P(Observe_{i,t}=1)) + \sum \log(P(Observe_{i,t}=0))。$$
$$(5-19)$$

（四）财务信息质量产出

Hutton 等（2009）已经证明了盈余管理可以显著降低公司股票特质信息质

量。Elton 等（1984）表明，公司的特质股票信息在决定分析师预测质量方面起着非常重要的作用。因此，我们采用了可以衡量企业信息不对称性的公司特质性风险和分析师预测误差来作为企业财务信息质量的产出，并对此进行了检验。

1. 特质性风险

参考 Morck 等（2000），我们首先使用了公司股票特质性风险（Idiosyncratic Risk，*Idio_Risk*）这一衡量企业价格信息性的指标来表示企业的信息不对称。高特质风险意味着低信息不对称，反之亦然。关于公司特质性风险的衡量，我们以 Sharpe 等著名学者中从经典的资本资产定价模型（Capital Asset Pricing Model，CAPM）估计的贝塔系数来衡量企业的特质性风险，CAPM 模型公司如下：

$$R_i = R_f + \beta \times (R_m - R_f) \tag{5-20}$$

其中，R_i 为股票预期回报率；R_f 为无风险回报率；R_m 为市场期望回报率；$R_m - R_f$ 为股票市场溢价；β 为股票的特质性风险。

具体而言，我们使用一个财经年度内，经无风险回报率调整的日股票回报率（包括股息），对同一年内经无风险回报率调整的日价值加权市场指数回报率进行回归，最终得到了公司股票的年度特质性风险。本节构建特质性风险的数据来自 CRSP。

2. 分析师预测误差

参考 Lang 等（1996）、Krishnaswami 和 Subramaniam（1999）的研究方法，我们构造了分析师预测误差变量（Analyst Forecasting Error，*Analyst_Error*）来衡量企业的信息不对称。高分析师预测误差意味着高度的信息不对称，反之亦然。分析师预测误差模型如下：

$$Forecasting\_Error_{i,m} = \frac{\left| ActualEPS_{i,t} - Median(ForecastEPS_{i,m}) \right|}{Price_{i,m}} \tag{5-21}$$

其中，$ActualEPS_{i,t}$ 表示公司 i 在 t 年的每股实际收益（Actual Earnings Per Stock）；$Median(ForecastEPS_{i,m})$ 表示公司 i 在月份 m 每股预测收益（Forecasting Earnings Per Stock）的中位数；$Price_{i,m}$ 表示公司 i 在月份 m 的平均股价；$Forecasting\_Error_{i,m}$ 表示公司 i 在月份 m 的分析师预测误差。在得到公司每个月的分析师预测误差后，我们通过取平均值得到了公司的年分析师预测误差 $Forecasting\_Error_{i,t}$。本节构建分析师预测误差数据来自 Thomson Reuters 中的 I/B/E/S。

（五）控制变量

本章控制的公司层面的控制变量包括：公司年龄［ln（Age）］、公司规模［ln（AT）］、资产负债率（Lev）、机构投资者持股比例（Ins_Own_Percent）、CEO 持股比例（CEO_Own_Percent）、CEO 股票期权实值［ln（Stock_Option）］、董事会规模［ln（Board_Size）］、独立董事占比（Independent_Percent）、常规低技能劳动力占比（Routine_Percent）、适合工作年龄劳动力占比（Mid_Age_Percent）、高学历劳动力占比（Ad_Degree_Percent）和男性劳动力占比（Male_Percent）。因为以上控制变量的相关定义和构造方式与第四章相应的控制变量一致，所以我们在此不再赘述，具体可参见第四章第三节。

我们控制公司年龄和公司规模是因为两者均与公司内部管理人和外部投资者之间的信息不对称有关；控制公司杠杆率是因为大量文献，如 Jensen 和 Meckling（1976）、Parrino 和 Weisbach（1999）、陆正飞等（2006），都普遍认为财务杠杆与公司治理有着密切的关系，从而必然会影响到企业经理人对财务信息质量的操纵动机；控制 Ins_Own_Percent、ln（Board_Size）和 Independent_Percent，是因为更大规模的董事会、更高的独立董事占比或机构投资者持股比例往往意味着企业受到更强有效的外部监管，从而有助于降低代理成本提高财务信息质量。我们控制 CEO_Own_Percent 和 ln（Stock_Option）是因为较高的股份持有可以给 CEO 更多的投票权和话语权，而 CEO 作为最主要的企业管理决策者，在企业财务信息的披露过程中有着举足轻重的作用。我们控制劳动力结构相关变量，是因为按照技能偏向理论（Acemoglu，2002），人工智能技术的引进必然会造成企业劳动力的需求结构发生改变，这同样也会直接影响到智能机器人对人类劳动力的替代过程。

与第四章略有不同的是，参考 Lin 等（2015）的研究，因为真实盈余管理与企业现金流量相关，所以在盈余管理回归中，我们控制了总资产标准化的企业经营活动现金流（CFO/AT）和企业经营性现金流波动率（CFO_Volatility）来控制公司的经营现金流。

上述变量的具体定义参见附录中附表 C1。

三、描述性统计

首先，我们在表 5-2 中汇报了本章基准回归结果使用的所有变量的描述性统计信息。所有价值变量均以百万（美元）为单位，所有变量均在 1% 和 99% 水平上进行了缩尾。

表 5-2　描述性统计

变量	均值	中位数	标准差	最小值	最大值
$US\_Exposure$	4.197	3.890	5.786	0.000	20.410
$US^{IV}\_Exposure$	5.381	4.784	2.807	0.000	27.125
$US\_Exposure（Industry）$	4.208	1.913	5.835	0.032	49.166
$US^{IV}\_Exposure（Industry）$	4.992	2.415	3.048	0.094	55.298
$\|AM\|$	0.059	0.041	0.450	0.000	1.362
$\|RM\|$	0.063	0.045	0.511	0.000	1.531
$\|TM\|$	0.072	0.064	0.706	0.000	1.899
$TM（positive）$	0.035	0.028	0.514	0.000	1.899
$TM（negative）$	−0.038	−0.032	0.622	−1.814	0.000
$Fraud$	0.053	0.000	0.225	0.000	1.000
$Idio\_Risk$	0.031	0.025	0.015	0.022	0.178
$Analyst\_Error$	0.039	0.011	0.058	0.001	0.760
$\ln（Age）$	2.376	2.285	1.029	0.000	4.111
$\ln（AT）$	4.927	5.215	2.915	−3.496	11.465
Lev	0.419	0.397	0.482	0.000	0.982
$Ins\_Own\_Percent$	0.557	0.529	0.346	0.000	1.000
$CEO\_Own\_Percent$	0.035	0.007	0.061	0.000	0.672
$\ln（Board\_Size）$	2.033	2.025	0.671	1.386	2.639
$Independent\_Percent$	0.697	0.714	0.138	0.000	0.917
$Routine\_Percent$	0.291	0.273	0.198	0.022	0.431
$Mid\_Age\_Percent$	0.614	0.620	0.083	0.113	0.915
$Ad\_Degree\_Percent$	0.632	0.675	0.106	0.540	0.705
$Male\_Percent$	0.864	0.902	0.503	0.208	1.000
CFO/AT	0.061	0.052	0.421	−0.095	0.291
$CFO\_Volatility$	0.172	0.049	0.343	0.019	0.189
$Stock\_Option$	0.019	0.002	0.102	0.000	11.216
$Xopr（millions）$	1544.400	135.150	4724.594	0.057	34853.000
$AT（millions）$	2055.648	179.317	6219.520	0.003	44569.800

变量	均值	中位数	标准差	最小值	最大值
Sales（millions）	1843.694	148.268	5690.218	0.000	42278.000
Sales/AT	1.169	0.906	1.135	0.000	6.600
Labor_Intensity	0.008	0.007	0.011	0.000	0.203
Analyst_Flo	10.029	7.000	8.795	1.000	67.000

从表 5-2 中可以看到，美国智能化指数的均值和中位数分别是 4.197 和 3.890，这也就意味着在美国，人类劳动力和智能机器人的对应关系大约为 1000∶4。$|AM|$ 的均值和中位数分别为 0.059 和 0.041，$|RM|$ 的均值和中位数分别为 0.063 和 0.045，本章的盈余管理量级与 Bergstresser 和 Philippon（2006）、Yu（2008）和 Lin 等（2015）等经典盈余管理研究的统计数据基本一致。同时，本章样本中的应计和真实盈余管理变量都显示出了一定的偏态性。我们还可以看到，公司特质性风险的均值和标准差分别为 0.031 和 0.015，这与 Kim 和 Lu（2017）中描述的统计数据相似；此外，分析师预测的平均误差为 0.039，但其标准差为 0.058，最大值达到了 0.760，说明本章样本个体间的信息透明度存在着较大的差异。

首先，我们在不考虑 2004～2015 年控制变量的缺失数据的情况下，选取了企业整体盈余管理 $|TM|$ 作为企业财务信息质量的代表，绘制了涵盖 15 个行业超过 13000 个观测值的美国智能化指数与公司财务信息质量之间相关性的变化趋势图。图 5-1 和图 5-2 分别展示了公司层面和行业层面的相关性情况。

图 5-1 汇报了公司层面美国智能化指数与财务信息质量之间的相关性。我们可以看到在本章样本中，随着公司层面智能化指数的增加，企业的整体盈余管理（$|TM|$）总体上呈现下降趋势，此现象在趋势分布的角度表明了人工智能技术采用后，企业的财务信息质量的确会有所提高。

图 5-2 显示了美国智能化指数与财务信息质量之间关系的行业趋势。我们可以看到：总体上，随着智能化指数的增加，整体盈余管理（$|TM|$）呈下降趋势，这与图 5-1 一致。此外，图 5-2 还显示了行业之间智能化指数的显著异质性，如"汽车与其他交通工具制造业"和"电子制造业"均显示出了高程度的智能化水平，而其他行业，如"建筑业"和"教育研发业"的智能化程度则相对较低。

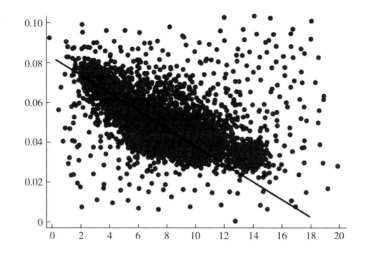

图 5-1　美国智能化指数与财务信息质量关系散点图

注：横轴为智能化指数；纵轴为整体盈余管理；实线为趋势线。

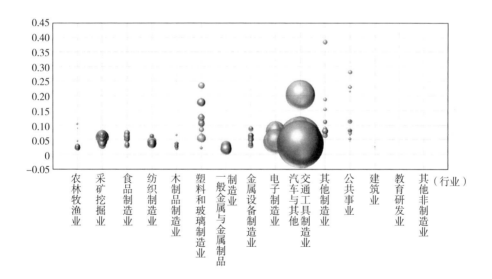

图 5-2　美国智能化指数与财务信息质量关系行业趋势图

注：横轴代表本章所定义的 15 个专有行业（15_Industry）；纵轴代表整体盈余管理；圆形大小代表行业智能化指数大小。

第四节　实证策略与识别

一、模型

我们的基准回归模型如下：

$$Y_{i,t}=\beta_0+\beta_1 US\_Exposure_{i,t}+\beta_2 X_{i,t}+\lambda_i+\lambda_t+\xi_{i,t} \tag{5-22}$$

其中，$Y_{i,t}$ 为美国市场中公司 i 在 t 年的财务信息质量变量；$US\_Exposure_{i,t}$ 为美国市场中公司 i 在 t 年的智能化指数；$X_{i,t}$ 为时变控制变量；λ_i 和 λ_t 分别为公司固定影响和年份固定效应；$\xi_{i,t}$ 为方程残差。本章研究使用了 Bootstrapping 方法来估计稳健标准误。

二、研究方法

本章在基准回归中所使用的研究方法主要为工具变量估计两阶段最小二乘（2SLS）回归，即参考 Acemoglu 和 Restrepo（2020a）的研究方法，采用了丹麦、芬兰、法国、意大利和瑞典五个国家行业层面智能化指数的平均数作为行业层面工具变量，并通过每家公司不同行业销售收入的占比作为权重对行业工具变量进行了加权，得到了公司层面的工具变量。本章 15 个专有行业的划分、行业层面工具变量的构造依据和方法以及公司层面工具变量的构造方法均与第四章相一致，因此在此不再赘述，具体可参见第四章第四节。本章的 2SLS 第一阶段结果参见附录中附表 C8。

第五节　智能机器人对公司财务信息质量影响的
基准回归结果

一、盈余管理

（一）整体盈余管理

本章首先考察了机器人对应计、真实和全整体盈余管理的影响。我们分别检验了没有时变控制变量和包含时变控制变量的回归。在本节我们只着眼于最能体现企业盈余管理水平的整体盈余管理指标。

盈余管理的 OLS 结果参见附录中附表 C2。结果表明，在包含控制变量的情况下，智能化指数与应计、真实和整体盈余管理均在 1% 的显著性水平上呈负相关。例如，在包含控制变量的情况下，千人劳动力下智能机器人数量每增加 1 个单位，可使 $|TM|$ 降低相当于其 13.46% 标准差大小的量级。这些结果表明，采用人工智能技术可以显著降低企业的盈余管理水平。

为了解决智能化指数变量中潜在的内生性问题，我们估计了工具变量的 2SLS 回归。附录中附表 C8 中 Panel A 和 Panel B 的第（1）～第（3）列分别呈现了三种测度盈余管理无时变控制变量和有时变控制变量的第一阶段回归结果。结果表明，美国智能化指数，与所选取的工具变量呈显著正相关。我们还可以看到，我们的 2SLS 第一阶段结果都通过了工具变量弱识别检验，例如，具有时变控制变量的 $|TM|$ 第一阶段的 F 统计量为 321.13。

表 5-3 汇报了 2SLS 第二阶段的估计结果。Panel A 汇报了没有时变控制变量的结果，Panel B 汇报了具有时变控制变量的结果。与 OLS 的结果一致，2SLS 第二阶段回归结果同样显示了机器人可以在 1% 的显著性水平上显著降低应计、真实和整体盈余管理。例如，千人劳动力下智能机器人数量每增加 1 个单位，可使 $|TM|$ 降低相当于其 14.73% 标准差大小的量级。我们的研究结果表明，智能机器人的确可以显著减少盈余管理，以此提高企业的财务信息质量，这一结果支持了我们的研究假设 1B。

表 5-3　智能机器人对盈余管理的影响

变量	Panel A			Panel B		
	（1） $\lvert AM \rvert$	（2） $\lvert RM \rvert$	（3） $\lvert TM \rvert$	（1） $\lvert AM \rvert$	（2） $\lvert RM \rvert$	（3） $\lvert TM \rvert$
US_Exposure	−0.043*** （0.013）	−0.050*** （0.017）	−0.069*** （0.020）	−0.071*** （0.026）	−0.077*** （0.029）	−0.104*** （0.036）
ln（Age）				−0.198 （0.145）	−0.226 （0.175）	−0.263 （0.219）
ln（AT）				−0.014 （0.012）	−0.053*** （0.015）	−0.091*** （0.030）

续表

变量	Panel A			Panel B		
	（1）$\lvert AM \rvert$	（2）$\lvert RM \rvert$	（3）$\lvert TM \rvert$	（1）$\lvert AM \rvert$	（2）$\lvert RM \rvert$	（3）$\lvert TM \rvert$
Lev				0. 131 * (0. 072)	0. 046 (0. 037)	0. 174 (0. 124)
Ins_Own_Percent				−0. 096 (0. 074)	−0. 105 * (0. 061)	−0. 041 (0. 045)
CEO_Own_Percent				0. 112 ** (0. 056)	0. 197 ** (0. 088)	0. 091 ** (0. 038)
ln（Board_Size）				−0. 019 (0. 012)	−0. 009 (0. 008)	−0. 021 (0. 023)
Independent_Percent				−0. 062 * (0. 036)	−0. 027 (0. 029)	−0. 034 * (0. 018)
Routine_Percent				0. 169 ** (0. 072)	0. 175 ** (0. 082)	0. 249 ** (0. 097)
Mid_Age_Percent				−0. 053 ** (0. 025)	−0. 061 ** (0. 031)	−0. 112 ** (0. 050)
Ad_Degree_Percent				−0. 078 ** (0. 032)	−0. 083 ** (0. 033)	−0. 131 ** (0. 056)
Male_Percent				−0. 009 * (0. 005)	−0. 006 (0. 005)	−0. 013 (0. 009)
CFO/AT				−0. 035 * (0. 020)	−0. 190 (0. 141)	−0. 051 * (0. 028)
CFO_Volatility				−0. 146 ** (0. 071)	−0. 033 * (0. 018)	−0. 107 ** (0. 054)
Stock_Option				0. 067 ** (0. 034)	0. 081 ** (0. 037)	0. 096 ** (0. 049)
Firm FE & Year FE	YES	YES	YES	YES	YES	YES
Observations	11450	10775	10660	11450	10775	10660

注：此表汇报了人工智能对盈余管理影响的 2SLS 第二阶段估计结果。Panel A 和 Panel B 分别为无控制变量和包含控制变量的回归分析。第（1）~第（3）列分别汇报了 $\lvert AM \rvert$、$\lvert RM \rvert$ 和 $\lvert TM \rvert$ 的检验结果。变量的具体定义参见附录中附表 C1。本章使用 Bootstrapping 方法估计了稳健标准误。*、**、***分别代表回归系数在 10%、5%、1%的置信区间上显著。

从表 5-3 中我们还可以看到，$CEO\_Own\_Percent$ 与 $|TM|$ 呈正相关关系，这与 Bergstresser 和 Philippon（2006）的研究结论是一致的，即意味着在 CEO 的总收益与其持有的股票或期权价值越密切相关的公司中，企业对财务信息的操纵会更加明显。$Independent\_Percent$ 与 $|TM|$ 呈负相关关系，这与 Osma（2008）的结论一致，这说明独立董事作为外部监管的一部分，的确能够有效抑制公司的会计信息操纵行为。此外，$Routine\_Percent$ 与 $|TM|$ 呈正相关，$Ad\_Degree\_Percent$ 与 $|TM|$ 呈负相关。这些结果表明，在常规低技能工人较多的行业中运营的公司倾向于进行更多的盈余管理，而在高等教育人口较多的州运营的公司则倾向于进行较少的盈余管理。

（二）上调和下调盈余管理

公司操纵收益主要有两个原因：一是提高公司业绩，使其在资本市场上可以吸引更多的投资者；二是减少公司收益，以逃避纳税的义务。在上述检验中，本章的三个盈余管理变量均以绝对值的形式进行了检验，这也就意味着本章的研究既包含了向上调的盈余管理，也包含了向下调的盈余管理。在这一部分中，我们参考 Lin 等（2015）的研究方法，分别检验了机器人对上调和下调盈余管理的影响。

我们首先用 0 值替代负值构造了正向，即向上调的盈余管理变量；又用 0 值替代正值构造了负向，即向下调的盈余管理变量。为了简洁，本部分我们只汇报了包含所有时变控制变量的 2SLS 第二阶段估计结果。表 5-4 中的 Panel A 和 Panel B 分别汇报了正向盈余管理和负向盈余管理的结果。

如表 5-4 的 Panel A 所示，我们发现智能机器人显著降低了向上调的正向盈余管理。例如，千人劳动力下智能机器人的数量每增加 1 个单位，可以在 5% 的显著性水平上显著降低相当于 TM（$Positive$）11.48% 标准差大小的量级。在 Panel B 中，我们发现机器人显著增加了向下调的负向盈余管理。例如，千人劳动力下智能机器人数量每增加 1 个单位，可以在 1% 的显著性水平上显著提升相当于 TM（$Negative$）6.91% 标准差大小的量级。这些结果表明，人工智能技术对于两种方向的盈余管理，的确都起到了抑制的作用，既可以抑制向上调的盈余管理，以防止企业误导投资者；也可以抑制向下调的盈余管理，以防止企业逃税。

表 5-4　智能机器人对正向和负向盈余管理的影响

变量	Panel A			Panel B		
	(1) AM(Positive)	(2) RM(Positive)	(3) TM(Positive)	(1) AM(Negative)	(2) RM(Negative)	(3) TM(Negative)
US_Exposure	-0.037*** (0.014)	-0.039*** (0.015)	-0.059*** (0.021)	0.027*** (0.010)	0.035** (0.013)	0.043** (0.016)
ln (Age)	-0.115 (0.112)	-0.149 (0.141)	-0.107 (0.119)	0.066 (0.058)	0.072 (0.128)	0.083 (0.097)
ln (AT)	-0.005 (0.005)	-0.017** (0.008)	-0.033** (0.015)	-0.007 (0.009)	0.027** (0.013)	0.046** (0.020)
Lev	0.052* (0.030)	0.024 (0.023)	0.072 (0.065)	-0.073 (0.077)	-0.022 (0.020)	-0.091 (0.080)
Ins_Own_Percent	-0.042 (0.040)	-0.056* (0.033)	-0.017 (0.021)	0.049 (0.042)	0.042 (0.026)	0.022 (0.029)
CEO_Own_Percent	0.042* (0.023)	0.094** (0.045)	0.035** (0.015)	-0.059** (0.030)	-0.087** (0.042)	-0.049** (0.023)
ln (Board_Size)	-0.011 (0.007)	-0.004 (0.004)	-0.012 (0.016)	0.007 (0.005)	0.005 (0.009)	0.007 (0.010)
Independent_Percent	-0.017* (0.010)	-0.004 (0.005)	-0.014* (0.008)	0.012* (0.007)	0.012 (0.014)	0.011 (0.011)
Routine_Percent	0.068** (0.032)	0.080** (0.040)	0.105** (0.045)	-0.074** (0.035)	-0.087** (0.042)	-0.138** (0.054)
Mid_Age_Percent	-0.043** (0.021)	-0.019** (0.009)	-0.022* (0.012)	-0.040** (0.020)	-0.021** (0.011)	-0.034* (0.018)
Ad_Degree_Percent	-0.032** (0.013)	-0.035** (0.014)	-0.062** (0.028)	-0.039** (0.016)	-0.046** (0.019)	-0.066** (0.029)
Male_Percent	-0.004 (0.004)	-0.002 (0.004)	-0.007 (0.005)	0.004 (0.006)	0.003 (0.003)	0.005 (0.004)
CFO/AT	-0.038* (0.022)	-0.130 (0.114)	-0.015* (0.009)	0.056* (0.033)	0.098 (0.075)	0.057* (0.032)
CFO_Volatility	-0.079** (0.039)	-0.031* (0.018)	-0.091* (0.051)	0.092** (0.046)	0.035* (0.020)	0.112* (0.057)

续表

变量	Panel A			Panel B		
	(1) *AM*(*Positive*)	(2) *RM*(*Positive*)	(3) *TM*(*Positive*)	(1) *AM*(*Negative*)	(2) *RM*(*Negative*)	(3) *TM*(*Negative*)
Stock_Option	0.023*	0.041**	0.042*	−0.032*	−0.036**	−0.037*
	(0.012)	(0.020)	(0.022)	(0.017)	(0.018)	(0.020)
Firm FE & Year FE	YES	YES	YES	YES	YES	YES
Observations	11450	10775	10660	11450	10775	10660

注：此表汇报了人工智能对正向和负向盈余管理影响的 2SLS 第二阶段估计结果。Panel A 和 Panel B 分别为正向盈余管理和负向盈余管理的回归分析。第（1）~第（3）列分别汇报了 $|AM|$、$|RM|$ 和 $|TM|$ 的检验结果。变量的具体定义参见附录中附表 C1。本章使用 Bootstrapping 方法估计了稳健标准误。*、**、***分别代表回归系数在 10%、5%、1%的置信区间上显著。

二、会计造假

接下来，我们研究了智能机器人对公司会计造假行为的影响。我们分别检验了无时变控制变量和包含时变控制变量情况下的回归结果。

会计造假的 OLS 结果汇报在附录中附表 C3 中。结果表明，在 5%的显著性水平上，智能化指数与会计造假行为呈负相关，与造假行为被披露的可能性呈正相关。这些结果表明，机器人可以显著减少会计欺诈行为，并增加其被发现的可能性。

为了解决智能化指数潜在的内生性问题，我们估计了工具变量的 2SLS 回归。附录中附表 C8 中 Panel B 的第（4）列展示了表 5-5 所示控制变量下的第一阶段结果。结果表明，美国智能化指数与所选取的工具变量呈显著正相关。我们还可以看到，会计造假第一阶段的 F 统计量为 267.55，即本节的 2SLS 第一阶段回归结果通过了工具变量弱识别检验。

表 5-5 展示了智能机器人对公司会计欺诈行为影响的结果。第（1）列和第（2）列分别报告了公司实施会计造假的可能性和造假被揭发概率的结果。与 OLS 结果一致，2SLS 第二阶段估计结果显示，人工智能可以显著降低企业实施会计造假的可能性，并且可以显著提高造假行为被披露的概率。这些结果表明，智能化程度高的公司更难实施会计造假行为，且其造假行为更容易被发现。

表 5-5 智能机器人对会计造假的影响

变量	（1） *Fraud*	（2） *Detect* $\mid$ *Fraud*
US_Exposure	−0.076 *** （0.013）	0.039 *** （0.012）
ln （*Age*）	−0.062 （0.067）	0.018 （0.021）
ln （*AT*）	−0.186 * （0.111）	0.036 （0.034）
Lev	0.142 ** （0.063）	−0.046 ** （0.020）
Ins_Own_Percent	−0.124 ** （0.052）	0.099 * （0.056）
CEO_Own_Percent	0.233 *** （0.081）	−0.081 *** （0.022）
ln （*Board_Size*）	−0.133 ** （0.066）	0.025 ** （0.011）
Independent_Percent	−0.009 （0.007）	0.002 （0.003）
Routine_Percent	0.085 ** （0.042）	−0.046 ** （0.022）
Mid_Age_Percent	−0.125 ** （0.055）	0.071 ** （0.033）
Ad_Degree_Percent	−0.120 ** （0.061）	0.054 * （0.029）
Male_Percent	−0.012 （0.011）	0.007 （0.010）
Stock_Option	0.044 *** （0.015）	
Constant	−0.305 （0.210）	−0.502 *** （0.164）
Year Dummies	YES	YES

续表

变量	(1) Fraud	(2) Detect $\mid$ Fraud
Observations	10541	10541
Prob>Chi^2 (1)	0.000	
Log Likelihood	−6464	

注：此表汇报了人工智能对会计造假影响的 2SLS 第二阶段估计结果。第（1）列和第（2）列分别为会计造假可能性和造假行为被披露可能性的回归分析。变量的具体定义参见附录中附表 C1。本章使用 Boot-strapping 方法估计了稳健标准误。＊、＊＊、＊＊＊分别代表回归系数在 10%、5%、1%的置信区间上显著。

从表 5-5 中可以看出，*CEO_Own_Percent* 与会计造假行为呈正相关，与造假行为被发现的概率呈负相关，这与 Khanna 等（2015）的结论一致，并暗示 CEO 持股比例与欺诈佣金呈驼峰形关系。*Lev* 与会计造假行为呈正相关，与造假行为被发现的概率呈负相关，这也与 Khanna 等（2015）的结论一致，表明杠杆率较高的公司更容易发生隐秘的会计造假事件。我们还发现，未包含在造假被揭发概率方程之外的变量，CEO 股权实值与造假行为被揭发的可能性呈显著正相关，这与 Efendi 等（2007）的研究结果一致。我们还可以看到，*Routine_Percent* 与会计造假呈正相关，与造假被揭发的概率呈负相关；*Mid_Age_Percent* 与会计造假呈负相关，与造假被揭发的概率呈正相关，这意味着在常规低技能员工较多的行业中运营的企业，更容易犯下财务信息的欺诈行为；而那些在适龄工人较多的行业中运营的公司，其财务信息的欺诈行为往往较少。

三、财务信息质量产出

我们还考察了智能机器人对公司财务信息质量产出，即信息透明度的影响。同样，我们分别检验了无控制变量和包含控制变量情况下的回归结果。

信息透明度的 OLS 结果参见附录中附表 C4。结果表明，在包含控制变量的情况下，智能化指数与公司特质性风险呈正相关，与分析师预测误差呈负相关，且均在 5%的显著性水平上显著。例如，在包含控制变量的情况下，千人劳动力下智能机器人数量每增加 1 个单位，可使 *Idio_Risk* 在 5%的显著性水平上增加相当于其 1.53 倍标准差大小的量级，并且可以使 *Analyst_Error* 在 5%的显著性水平上降低相当于其 67.24%标准差大小的量级。这些结果表明，机器人技术可以显著提高企业的财务信息质量。

为了解决智能化指数潜在的内生性问题，我们用工具变量估计了 2SLS 回归。第一阶段的结果参见附录中附表 C8 的第（5）列和第（6）列。结果表明，美国智能化指数与所选取的工具变量呈显著正相关。我们还可以看到，我们的 2SLS 第一阶段结果通过了工具变量弱识别检验，例如，*Idio_Risk* 和 *Analyst_Error* 的 F 统计值分别为 479.41 和 479.92。

2SLS 的第二阶段估计结果参见表 5-6。Panel A 呈现了没有时变控制变量的回归结果，而 Panel B 呈现了具有时变控制变量的回归结果。从 Panel B 的第（1）列中可以看出，千人劳动力下智能机器人的数量每增加 1 个单位，在 5% 的显著性水平上可以显著增加 *Idio_Risk* 相当于其 1.80 倍标准差大小的量级，这一发现意味着人工智能可以通过使更多有效的公司特质信息暴露于股票市场来提高公司的财务信息质量。从 Panel B 的第（2）列中可以看出，千人劳动力下智能机器人的数量每增加 1 个单位，可以在 5% 的显著性水平上显著降低 *Analyst_Error* 相当于其 82.76% 标准差大小的量级，这一发现表明人工智能可以显著提高分析师预测的精准度。以上结果进一步证明了机器人技术可以显著提高企业的财务信息质量。

从表 5-6 中我们可以看出，*Ins_Own_Percent* 与企业信息透明度呈正相关，这与 Boone 和 White（2015）的结论一致，意味着更高的机构投资者持股会带来更有效的管理信息披露、更精准的分析师跟踪调查和更灵活的公司特质信息流动，从而会降低信息不对称。我们还可以发现，ln（*Board_size*）和信息透明度正相关，这与 Cormier 等（2010）的研究结论一致，即正式监督属性以及自愿治理披露程度可以显著降低信息不对称，这同样也是 *Independent_Percent* 与信息透明度呈正相关的原因。我们还可以看到，*Routine_Percent* 与信息透明度呈负相关，*Ad_Degree_Percent* 与信息透明度呈正相关，这意味着在常规低技能员工较多的行业中运营的公司更倾向于真实地披露信息，而在高学历人口较多的州运营的公司更可能隐瞒他们的真实信息。

表 5-6　智能机器人对财务信息质量产出的影响

变量	Panel A		Panel B	
	（1） *Idio_Risk*	（2） *Analyst_Error*	（1） *Idio_Risk*	（2） *Analyst_Error*
US_Exposure	0.015 (0.010)	−0.060 *** (0.021)	0.027 ** (0.012)	−0.048 ** (0.022)

变量	Panel A		Panel B	
	（1） *Idio_ Risk*	（2） *Analyst_ Error*	（1） *Idio_ Risk*	（2） *Analyst_ Error*
ln（*Age*）			0.073 (0.058)	−0.055 (0.062)
ln（*AT*）			0.037 *** (0.010)	−0.063 *** (0.022)
Lev			−0.101 (0.097)	0.029 (0.031)
Ins_ Own_ Percent			0.087 ** (0.039)	−0.068 *** (0.025)
CEO_ Own_ Percent			−0.125 *** (0.042)	0.154 *** (0.047)
ln（*Board_ Size*）			0.017 ** (0.008)	−0.004 ** (0.002)
Independent_ Percent			0.020 ** (0.010)	−0.011 ** (0.005)
Routine_ Percent			−0.074 * (0.042)	0.112 ** (0.054)
Mid_ Age_ Percent			0.051 * (0.029)	−0.080 ** (0.037)
Ad_ Degree_ Percent			0.033 ** (0.016)	−0.052 ** (0.025)
Male_ Percent			0.017 * (0.010)	−0.014 (0.011)
Stock_ Option			−0.073 *** (0.023)	0.081 *** (0.019)
Firm FE & Year FE	YES	YES	YES	YES
Observations	10533	10354	10533	10354

注：此表汇报了人工智能对财务信息质量产出的 2SLS 第二阶段估计结果。Panel A 和 Panel B 分别汇报了无控制变量和包含控制变量的结果。第（1）列和第（2）列分别为 *Idio_ Risk* 和 *Analyst_ Error* 的回归分析。变量的具体定义参见附录中附表 C1。本章使用 Bootstrapping 方法估计了稳健标准误。 *、 ** 、 *** 分别代表回归系数在 10%、5%、1% 的置信区间上显著。

第六节　渠道分析

采用全自动生产设备后，西门子（Siemens）提高了 10 倍的生产效率，产品合格率也达到了 99.9%。在这种情况下，西门子可以更自信地将产品投入市场，并可以减少生产监督和生产检验的工作，使之前花费几个小时的工作在几分钟内即可完成，这也就意味着公司可以减少大量的企业层级和单位监督成本。此外，全球知名硬盘制造商希捷（Seagate）投资的明尼苏达雅典娜（Athena）半导体制造工厂同样采用全自动机器减少了许多复杂产品的测试工作，使产品的生产层级大大减少，生产工艺周期缩短了 10%，从而减少了企业资源的浪费，并带来了 300% 的投资回报。Hitorec 作为全球知名汽车零部件供应商，其生产环节的非计划停机检修会造成每秒 361 美元的损失，为此，Hitorec 公司使用了与物联网相结合的，可以实时监控机器并进行排查的先进机器学习设备，这一技术将人工排查机器故障的时间缩短了 100%，其对于企业单位监督成本和企业层级的减小作用是不言而喻的。因此，在引进机器人技术后，由于生产标准化和产品质量的提高，公司生产环节用于监督管理和检验排查的分支机构会大量减少，用于企业层级运营的成本也会大大降低，从而减少了公司资源的损失，增加了企业投入与产出的黏性，进而加强了公司治理，这正是智能机器人提升企业公司治理水平的外源性动机。在本节中，我们将通过考察机器人对于企业销售收入对营业成本黏性的影响来论证这一渠道。本节的结果均为 2SLS 第二阶段估计结果。

层级的减少和单位监督成本的降低均会使企业整个生产过程的管理更加紧凑，人为干预的空间大大减少；而公司资源浪费的减少会提升企业生产投入与最终产出之间的黏性，从而大大降低企业生产过程中人为操纵的可能性，而这些都会提升可以直接反映公司治理状况的企业财务信息质量水平。为了论证这一渠道，本章首先在附录中附表 C5 中证明了智能机器人的使用可以显著降低企业的层级管理费用与监督成本①，帮助企业实现更有效的资源配置，从而证明了智能机器人的确可以提升公司治理。此外，我们还在附录中附表 C6 中展示了 2004～2015 年行业层面智能化指数与企业投入产出黏性的相关性结果，最终我们证明了无论是对于全行业样本还是制造业样本而言，智能机器人的使用都可以显著提升企业生产投入与总产出的黏性。

接下来，我们实证检验了公司层面企业投入与产出之间的敏感度，我们使用了公司层面企业总营业成本与销售收入来测度企业的总投入与总产出。其中，企业营业费用是企业销售的商品和提供的服务的总成本，包括人工成本、材料和设备成本以及制造费用。具体检验结果参见表 5-7，本部分的控制变量与表 5-3 所示相同，相关数据来自美国标准普尔数据库（Compustat）。

如表 5-7 所示，第（1）列汇报了企业销售收入对数值对营业费用对数值的敏感度检验结果。为了控制总资产变化的影响，我们又在第（2）列中汇报了将企业投入与产出按总资产标准化之后的敏感度检验结果。在第（1）列中，我们可以看到企业的投入与产出的敏感度为 0.696，且在 1% 的显著性水平上显著，此结果表明企业总营业费用的对数值每变化 1%，企业的销售收入对数值会变化 0.696%。而从第（1）列的交乘项中可以看到，千人劳动力下的智能机器人数量每增加 1 个单位，会导致此时的投入产出敏感度增加 0.021 个单位。表 5-7 的第（2）列汇报了由总资产标准化后的销售收入和营业费用所得到的敏感度检验结果。在第（2）列中，我们可以看到企业投入与产出的敏感度为 0.551，且在 5% 的显著性水平上显著。这一结果表明按总资产标准化后的企业总营业费用每增加 1 个单位，可以导致按总资产标准化的销售收入增加相当于其 48.55% 标准差大小的量级。而从第（2）列交乘项结果中可以看出，此时千人劳动力下智能机器人每增加 1 个单位，可以增加 0.018 个单位的企业投入产出敏感度。以上结果均表明，机器人技术可以显著增加企业的投入产出黏性，增强企业生产过程中总投入与总产出的相关性，进而降低会计信息操纵的空间，提高企业的财务信息质量。

---

① 因为受数据限制，我们无法获得精确的层级管理费用和监督成本，而单独企业的管理费用（*Xagt*）缺失值过多，所以企业销售和管理费用（*Xsga*）是唯一可替代这一概念的指标。同时，本章所指的层级费用和监督成本主要是针对单位产品而言的，因此为了排除企业生产规模带来的影响和干扰，我们使用了企业总销售收入（*Sale*）标准化后的销售和管理费用来考察智能机器人对层级费用和监督成本的影响。

表 5-7 智能机器人对投入产出黏性的影响

变量	(1) ln（Sales）	(2) Sales/AT
US_Exposure×ln（Xopr）	0.021 ** （0.010）	
ln（Xopr）	0.696 *** （0.110）	
US_Exposure×（Xopr/AT）		0.018 ** （0.009）
Xopr/AT		0.551 ** （0.247）
US_Exposure	0.139 ** （0.055）	0.116 ** （0.059）
ln（Age）	0.089 * （0.053）	0.094 * （0.056）
ln（AT）	0.205 * （0.107）	0.238 （0.171）
Lev	−0.092 （0.091）	−0.112 （0.088）
Ins_Own_Percent	0.152 * （0.084）	0.201 * （0.120）
CEO_Own_Percent	0.199 （0.127）	0.286 （0.203）
ln（Board_Size）	0.099 （0.076）	0.158 （0.103）
Independent_Percent	0.371 ** （0.151）	0.408 ** （0.207）
Routine_Percent	−0.223 ** （0.101）	−0.197 ** （0.088）
Mid_Age_Percent	0.114 ** （0.054）	0.093 ** （0.039）
Ad_Degree_Percent	0.081 ** （0.040）	0.070 * （0.036）
Male_Percent	0.011 （0.010）	0.009 （0.007）
Stock_Option	0.049 （0.115）	0.068 （0.091）

续表

变量	(1) ln（Sales）	(2) Sales/AT
Firm FE & Year FE	YES	YES
Observations	10545	10545

注：此表汇报了人工智能对企业投入产出敏感度影响的 2SLS 第二阶段估计结果。第（1）列和第（2）列分别汇报了对数化投入产出和总资产标准化后的投入产出的结果。变量的具体定义参见附录中附表 C1。本章使用 Bootstrapping 方法估计了稳健标准误。＊、＊＊、＊＊＊分别代表回归系数在 10%、5%、1% 的置信区间上显著。

如前所述，由于资产的折旧、摊销和报废费用也是财务信息的主要操纵项目，我们在附录中附表 C8 中还检验了机器人对销售收入与累计折旧、摊销和报废费用黏性的影响，最终我们证明了采用智能机器人后，销售收入对累计折旧摊销费用的敏感度也得到加强，这与主渠道分析一致，即采用机器人可以增强企业产出和投入之间的相关性，从而增加企业人工操纵财务信息的难度。

第七节　异质性分析

对于不同类型的公司来说，机器人技术的应用可能对其财务信息质量产生不同的影响。在本节中，我们针对受到不同外部监管、处于不同劳动力密度行业以及不同劳动力技能结构和性别结构的企业分别进行了异质性检验。本节我们只关注整体盈余管理（｜TM｜）、公司股票特质性风险（Idio_Risk）和分析师预测误差（Analyst_Error）。本节的结果均为 2SLS 第二阶段的估计结果。

一、外部监管

企业经理人通过操纵盈余或报告虚假的公司业绩来维持投资者的信心，并获取个人利益（Lin et al.，2015）。然而，如果监管力度增大，管理者操纵会计报告的动机就会降低，发现欺诈行为的概率也会增加（Yu，2008）。人工智能技术的运用，可以减少生产过程的人为参与，实现更加标准化的生产，从而在一定程度上可以起到增强监管的作用。因此，在这一部分中，我们将探讨采用智能机器人对财务信息质量的替代性监管效果。

Lang 等（1996）发现，跟随分析师的数量可以表明公司信息环境的丰富性，跟随分析师越多，信息不对称程度越低。同时，Ramalingegowda 和 Yu（2013）发现，机构投资者对上市公司的有效监管有助于提高会计报表的稳健性。因此，参考 Becker 等（1998）的研究方法，我们从 Thomson Reuters 的 I/B/E/S 中获取了跟踪分析师数量（*Analyst_Flo*），以指代企业所受到的外部监管；参考 Ahn 和 Choi（2009）的研发方法，我们还将从 Thomson Reuters 中获取的机构投资者持股比例（*Ins_Own_percent*）来作为企业所受到外部监管的另一个衡量指标。

我们以跟踪分析师数量（*Analyst_Flo*）为例。首先，我们将样本按照 *Analyst_Flo* 的中位数划分为两个子样本：一个是高分析师子样本，另一个是低分析师子样本，然后分别进行了回归检验。结果呈现在表 5-8 的 Panel A 中，我们可以看到，对于 |*TM*| 而言，低分析师子样本受到人工智能的影响要高于高分析师子样本。高子样本和低子样本之间具有 0.115 的差距，且在 1% 的显著性水平上显著。同样，在低分析师子样本中，*Idio_Risk* 和 *Analyst_Error* 受到人工智能的影响也要高于高分析师子样本，高子样本和低子样本的差值分别为 −0.044 和 0.065，且分别在 5% 和 10% 的显著性水平上显著。表 5-8 Panel B 中以机构投资者持股（*Ins_Own_Percent*）进行分组所得到的结果与 *Analyst_Flo* 分组所得到的结果一致，三组检验的差异分别为 0.107、−0.036 和 0.057，且均在 5% 的显著性水平上显著。

表 5-8　异质性分析

	Panel A：*Analyst_Flo*					
	|*TM*|		*Idio_Risk*		*Analyst_Error*	
变量	（1）High	（2）Low	（1）High	（2）Low	（1）High	（2）Low
US_Exposure	−0.024 ** （0.010）	−0.139 *** （0.043）	0.014 ** （0.007）	0.058 *** （0.020）	−0.024 ** （0.010）	−0.089 *** （0.033）
Difference	0.115 ***		−0.044 **		0.065 *	
P value	0.010		0.042		0.060	
Observations	5313	5347	5304	5229	5103	5251

续表

Panel B: *Ins_Own_Percent*

变量	TM		Idio_Risk		Analyst_Error	
	(1) High	(2) Low	(1) High	(2) Low	(1) High	(2) Low
US_Exposure	−0.045** (0.018)	−0.152*** (0.039)	0.013** (0.006)	0.049*** (0.015)	−0.025** (0.012)	−0.082*** (0.021)
Difference	0.107**		−0.036**		0.057**	
P value	0.015		0.020		0.022	
Observations	5301	5359	5300	5223	5223	5131

Panel C: *Labor_Intensity*

变量	TM		Idio_Risk		Analyst_Error	
	(1) High	(2) Low	(1) High	(2) Low	(1) High	(2) Low
US_Exposure	−0.132*** (0.038)	−0.006* (0.003)	0.082*** (0.027)	0.006* (0.003)	−0.090** (0.038)	−0.010* (0.006)
Difference	−0.126***		0.076***		−0.080**	
P value	0.000		0.007		0.041	
Observations	5309	5351	5309	5224	5198	5156

Panel D: *Routine_Percent* (Base)

变量	TM		Idio_Risk		Analyst_Error	
	(1) High	(2) Low	(1) High	(2) Low	(1) High	(2) Low
US_Exposure	−0.133*** (0.040)	−0.035*** (0.013)	0.076*** (0.027)	0.021* (0.011)	−0.101*** (0.030)	−0.027* (0.015)
Difference	−0.098**		0.055*		−0.074**	
P value	0.020		0.064		0.029	
Observations	5309	5351	5341	5192	5224	5130

Panel E: *Male_Percent* (Base)

Variables	TM		Idio_Risk		Analyst_Error	
	(1) High	(2) Low	(1) High	(2) Low	(1) High	(2) Low
US_Exposure	−0.142*** (0.045)	−0.050*** (0.023)	0.080*** (0.030)	0.014** (0.007)	−0.102*** (0.035)	−0.019** (0.009)

续表

	Panel E：*Male_Percent*（Base）					
Variables		*TM*		*Idio_Risk*		*Analyst_Error*
	（1）High	（2）Low	（1）High	（2）Low	（1）High	（2）Low
Difference	−0.092*		0.066**		−0.082**	
P value	0.067		0.034		0.024	
Observations	5341	5319	5332	5201	5135	5219
Controls	YES	YES	YES	YES	YES	YES
Firm FE & Year FE	YES	YES	YES	YES	YES	YES

注：此表汇报了人工智能对公司财务信息质量影响的异质性分析的 2SLS 第二阶段估计结果。Panel A 和 Panel B 汇报了人工智能与外部监管的替代作用；Panel C 汇报了劳动力密度效应；Panel D 和 Panel E 论证了劳动力结构的影响。第（1）列和第（2）列分别汇报了高或低子样本的结果。变量的具体定义参见附录中附表 C1。本章使用 Bootstrapping 方法估计了稳健标准误。*、**、*** 分别代表回归系数在 10%、5%、1%的置信区间上显著。

　　以上结果表明，低监管企业采用人工智能后的效果要显著大于高监管企业。造成这一结果的原因就是高监管企业由于本身就已经具备比较完善的监管机制，因此人工智能对这部分企业发挥作用的空间不是很大，从而没能形成较显著的影响；而对于低监管企业而言，人工智能技术可以有效改善外部监管较弱的现象，从而提高了财务信息质量，这与我们的猜想是一致的，即论证了人工智能具有替代性的外部监管效果。

二、劳动力密度

　　如上所述，智能机器人是通过替代人类劳动力，减少人为干预，使生产过程更加规范，从而加强企业生产投入和产出之间的相关性来提高企业财务信息质量的，这就使人工智能技术对高劳动密集型企业所产生的替代作用可能会更加明显。因此，我们可以猜想的是，高劳动密集型企业的生产总投入在应用机器人技术后与企业产出之间的黏性加强会更加明显，这也使这部分企业的财务信息质量受到人工智能技术的影响可能更加显著。

　　为了验证我们的假设，我们首先在 SIC 4 位行业代码分类标准下，利用 2004 年各行业劳动力人数（千人）与 2004 年各行业的总产值（百万美元）之比，构建了行业层面的劳动力密集程度。我们未使用各行业当期的劳动力数据和产值数据进行计算是为了规避劳动力规模和产业规模变化本身可能对本节结果所造成的影响。在此基础上，我们又利用企业每年在 SIC 4 位行业代码分类标准下，各行业销售收入的占比对行业层面的劳动力密度进行了加权处理，进而得到了公司层面的劳动力密集程度（*Labor_Intensity*）。紧接着，我们按照公司层面的劳动力密集程度的中位数将样本分为高劳动密集型子样本和低劳动密集型子样本。本节构建劳动力密集度的数据来自 BLS。

如表 5-8 中 Panel C 所示，我们发现在高劳动密集度子样本中，智能机器人对财务信息质量的影响比低劳动密集度子样本中更显著。例如，在高和低两组子样本中，$|TM|$ 的系数差异为 -0.126，且在 1% 的显著性水平上显著；*Idio_Risk* 的系数差异为 0.076，且在 1% 的显著性水平上显著；*Analyst_Error* 的系数差异为 -0.080，且在 5% 的显著性水平上显著。这些发现印证了我们的猜想。

三、劳动力结构

由于劳动力结构直接影响到智能机器人对于企业劳动力的替代程度，因此本节分别考察劳动力技能结构和劳动力性别结构对本章基准结论的影响。劳动力技能结构与劳动力性别结构的构建过程与第四章一致，在此不再赘述，详见本书第四章第六节中的第五部分和第六部分。

与第四章一致，在 SIC 4 位行业分类代码下，我们构建了规避劳动力规模和产业规模变化的，使用 2004 年劳动力数据构建的行业层面常规劳动力占比和男性劳动力占比，进而又通过公司每年各行业销售收入的占比计算得到了公司层面的常规低技能劳动力占比和男性劳动力占比，为与控制变量进行区分，我们将其分别表示为了 *Routine_Percent*（*Base*）和 *Male_Percent*（*Base*）。然后，我们按照这两个指标在本章样本中的中位数将样本分为高、低两个子样本，所得结果参见表 5-8 的 Panel D 和 Panel E。

在表 5-8 的 Panel D 中，我们可以看到常规低技能劳动力占比较高的子样本中，人工智能对财务信息质量的影响比在常规低技能劳动力占比较低的子样本中的影响更为显著。$|TM|$、*Idio_Risk* 和 *Analyst_Error* 三组检验的系数差异分别为 -0.098 且在 5% 的显著性水平上显著；0.055 且在 10% 的显著性水平上显著；-0.074 且在 5% 的显著性水平上显著。这些发现论证了对于在常规低技能占比较多的行业中运用的企业，由于其工作内容和性质的因素，其劳动力更可能也更易

于被人工智能所替代，导致其财务信息质量也会更显著地受到人工智能的影响。

同样，在表 5-8 中的 Panel E 中，我们可以看到男性劳动力占比较高子样本中，人工智能对财务信息质量的影响比在男性劳动力占比较低子样本中的影响更为显著。$|TM|$、$Idio\_Risk$ 和 $Analyst\_Error$ 三组检验的系数差异分别为 -0.092 且在 10% 的显著性水平上显著；0.066 且在 5% 的显著性水平上显著；-0.082 且在 5% 的显著性水平上显著。这些发现论证了对于在男性劳动力占比较多的行业中运用的企业，其所从事的工作更有可能是非高科技的劳动型工作，因此这部分劳动力更可能也更易于被人工智能所替代，其财务信息质量也会更显著地受到人工智能的影响。

第八节 稳健性检验

为了证实本章基准回归结果的有效性，我们使用了安慰剂检验、替换智能化指数、替换工具变量构造方式、替换样本和替换盈余管理测度的方式进行了一系列的稳健性检验。此外，我们还控制了其他新技术冲击因素进行了稳健性检验。本节的所有结果均为 2SLS 第二阶段的估计结果。

一、安慰剂检验

因为本节所做检验的方法与第四章均保持一致，所以我们在此对所做检验的细节不再赘述，具体可见本书第四章第七节。最终我们得到的结论是：本章的基准回归结果未受到任何样本起始前的先前趋势的影响，结果如表 5-9 中 Panel A 所示。

表 5-9 安慰剂与控制其他技术冲击检验

	Panel A：安慰剂检验		
变量	(1) $|TM|$	(2) $Idio\_Risk$	(3) $Analyst\_Error$
$US\_Exposure$	0.003 (0.005)	0.001 (0.002)	-0.009 (0.014)
Observations	10570	10284	10118

续表

Panel B: 控制其他技术冲击			
变量	(1) $\|TM\|$	(2) Idio_Risk	(3) Analyst_Error
US_Exposure	−0.094*** (0.033)	0.023** (0.009)	−0.027** (0.013)
Observations	10660	10533	10354

Panel C: 替换盈余管理计算方式					
变量	(1) $\|TM\|$	(2) $\|TM\|$	(3) $\|TM\|$	(4) $\|TM\|$	(5) $\|TM\|$
US_Exposure	−0.093** (0.037)	−0.101** (0.050)	−0.082** (0.040)	−0.089*** (0.030)	−0.090*** (0.031)
Observations	10517	10410	10421	10225	10660
Controls	YES				
Firm FE and Year FE	YES				

注：此表所有结果均为 2SLS 的第二阶段估计结果。Panel A 汇报了安慰剂检验的结果；Panel B 汇报了增加其他技术冲击控制变量后的稳健性检验结果；Panel C 汇报了更换盈余管理计算方法后的结果。变量的具体定义参见附录中附表 C1。本章使用 Bootstrapping 方法估计了稳健标准误。*、**、*** 分别代表回归系数在 10%、5%、1% 的置信区间上显著。

二、替换智能化指数

同样，由于本部分替换智能化指数的方法均与第四章相应的方法保持了一致，因此本章在此只做简单描述，具体细节可见本书第四章第七节。

在将本章基准回归结果中的使用当期劳动力数据和当期智能机器人数据构建的公司层面智能化指数，分别替换为行业层面智能化指数；或者使用 2004 年的基期劳动力数据构建的公司层面智能化指数；或者使用了 2011 年（包含）之后单独美国市场的智能机器人数据构建的智能化指数重新进行回归检验后，所得结果仍然与基准回归结果相一致，结果如表 5-10 中 Panel A 至 Panel C 所示。

在使用国家层面智能机器人销售收入、国家层面智能机器人年度单价和全球市场智能机器人总存货市值，结合行业层面机器人数量估算出公司层面智能机器人市场存货价值后，我们用此价值代替原智能化指数重新进行了回归检验，所得结果仍然证明机器人技术可以显著提升企业的财务信息质量，结果参见表 5-10 中 Panel D 至 Panel F。

表 5-10　替换智能化指数

Panel A：使用行业层面智能化指数			
变量	(1) |TM|	(2) Idio_Risk	(3) Analyst_Error
US_Exposure	-0.052*** (0.012)	0.018** (0.009)	-0.030* (0.016)
Observations	10660	10533	10354
Panel B：使用基期（2004 年）劳动力数据			
变量	(1) |TM|	(2) Idio_Risk	(3) Analyst_Error
US_Exposure	-0.074*** (0.017)	0.021** (0.010)	-0.029** (0.014)
Observations	10660	10533	10354
Panel C：使用单独美国市场智能机器人数据			
变量	(1) |TM|	(2) Idio_Risk	(3) Analyst_Error
US_Exposure	-0.091*** (0.030)	0.025** (0.012)	-0.042** (0.020)
Observations	10660	10533	10354
Panel D：使用机器人销售收入衡量机器人价值			
变量	(1) |TM|	(2) Idio_Risk	(3) Analyst_Error
Robot Value	-0.033** (0.015)	0.017* (0.009)	-0.027** (0.013)
Observations	10660	10533	10354
Panel E：使用机器人单位售价与市场存量估算机器人价值			
变量	(1) |TM|	(2) Idio_Risk	(3) Analyst_Error
Robot Value	-0.051*** (0.018)	0.023** (0.010)	-0.044** (0.019)
Observations	10660	10533	10354
Robot Value	-0.070*** (0.025)	0.020** (0.008)	-0.039** (0.016)

续表

Panel F：使用全球市场机器人价值估算美国市场机器人价值			
变量	(1) $\mid TM \mid$	(2) *Idio_Risk*	(3) *Analyst_Error*
Observations	10660	10533	10354
Controls	YES	YES	YES
Firm FE and Year FE	YES	YES	YES

注：此表汇报了替换智能化指数的稳健性检验，所有结果均为 2SLS 的第二阶段估计结果。第（1）~第（3）列分别汇报了 $\mid TM \mid$、*Idio_Risk* 和 *Analyst_Error* 的检验结果。变量的具体定义参见附录中附表 C1。本章使用 Bootstrapping 方法估计了稳健标准误。＊、＊＊、＊＊＊分别代表回归系数在 10%、5%、1% 的置信区间上显著。

三、替换工具变量构造方式

在表 5-11 的 Panel A 和 Panel B 中，我们改变了工具变量的构造方式。原基准回归中，我们使用的是丹麦、芬兰、法国、意大利和瑞典五个国家智能化指数的平均值，在表 5-11 的 Panel A 中，我们在这五个欧洲国家的基础上加入了德国，重新构建了这六个欧洲国家的平均值作为行业层面的工具变量，并借此构建了公司层面的工具变量；在 Panel B 中，我们使用了本章中所列出的所有九个欧洲国家①智能化指数的平均值重新进行了工具变量的构建。最终本节所得到的结果与我们的主要结论是一致的。

四、替换样本

在本章样本中，许多美国公司都有海外生产部门，这一因素极有可能影响到我们的主要结论。因此，在本节中，我们删除了海外部门销售额占公司总销售收入 50% 以上的公司样本重新进行了检验，结果呈现在表 5-11 的 Panel C 中。因为部分公司或行业异常高的智能化程度可能会影响我们的样本基准结果的普遍性，所以我们分别剔除了智能化程度在所有行业中排名最高的"汽车及其他交通工具制造业"样本；或剔除了每个行业年度前 1% 智能化指数的样本，结果汇报在表 5-11 的 Panel D 至 Panel E 中。此外，如本书第四章第三节所述，由于我们

---

①　具体可见本章引论，或本书第四章第二节。

无法再将"其他非制造业"样本进行细分，导致我们在表 5-11 的 Panel F 中剔除了"其他非制造业"样本进行了稳健性检验。最终，替换样本后的稳健性检验结果均与本章基准回归结果相一致。

表 5-11　替换工具变量或样本

Panel A：构建工具变量国家中加入德国		
变量	(1) |TM|	(2) Idio_Risk	(3) Analyst_Error
US_Exposure	-0.087***	0.025**	-0.053**
	(0.032)	(0.010)	(0.027)
Observations	10660	10533	10354

Panel B：九大欧洲先进经济体共同构建工具变量		
变量	(1) |TM|	(2) Idio_Risk	(3) Analyst_Error
US_Exposure	-0.078**	0.030**	-0.038**
	(0.032)	(0.014)	(0.017)
Observations	10660	10533	10354

Panel C：剔除海外业务超过 50%的样本		
变量	(1) |TM|	(2) Idio_Risk	(3) Analyst_Error
US_Exposure	-0.093***	0.020**	-0.039**
	(0.032)	(0.008)	(0.018)
Observations	8966	8963	8959

Panel D：剔除"汽车及其他交通工具制造业"样本		
变量	(1) |TM|	(2) Idio_Risk	(3) Analyst_Error
US_Exposure	-0.099***	0.024**	-0.045**
	(0.035)	(0.011)	(0.023)
Observations	10291	10186	10004

Panel E：剔除每个年度行业前 1%智能化指数的样本		
变量	(1) |TM|	(2) Idio_Risk	(3) Analyst_Error
US_Exposure	-0.101***	0.026***	-0.046**
	(0.036)	(0.012)	(0.023)
Observations	10472	10344	10167

续表

	(1)	(2)	(3)
变量	$\lvert TM \rvert$	Idio_Risk	Analyst_Error

Panel F：剔除"其他非制造业"样本

变量	(1) $\lvert TM \rvert$	(2) Idio_Risk	(3) Analyst_Error
US_Exposure	-0.092^{***}	0.030^{**}	-0.042^{**}
	(0.031)	(0.014)	(0.020)
Observations	7539	7533	7526
Controls	YES	YES	YES
Firm FE and Year FE	YES	YES	YES

注：此表汇报了替换智能化工具变量构造方式或替换样本的稳健性检验，所有结果均为 2SLS 的第二阶段估计结果。第（1）~第（3）列分别汇报了 $\lvert TM \rvert$、Idio_Risk 和 Analyst_Error 的检验结果。变量的具体定义参见附录中附表 C1。本章使用 Bootstrapping 方法估计了稳健标准误。＊、＊＊、＊＊＊分别代表回归系数在 10%、5%、1%的置信区间上显著。

五、控制其他技术冲击

与第四章第七节相一致，参考 Ewens 等（2018）和 Jia 等（2020）的研究方法，我们在此部分构建了企业是否属于互联网企业、企业是否应用企业信息系统（Enterprise Systems，ES）两个虚拟变量作为企业信息技术的衡量指标，并将此加入控制变量中。结果如表 5-9 中 Panel B 所示，最终控制了其他技术因素后，人工智能技术仍然可以显著提升公司财务信息质量。

六、替换盈余管理测度

对于上述结果，我们均采用修正琼斯模型计算了应计盈余管理。但应计盈余管理的计算方式其实有很多种，因此我们在此还采用了另外四种方法，即根据原始琼斯模型（Jones，1991）、Teoh 等（1998）的改进版琼斯模型、无形资产琼斯模型（陆建桥，1999）和收益匹配琼斯模型（Kothari et al.，2002）重新计算了应计盈余，具体计算公式可参见附录中附表 C9。然后，我们又基于这四种模型下的应计项目按照基准回归的方法构建了整体盈余管理指标并分别进行了检验，结果参见表 5-9 中 Panel C 的第（1）~第（4）列。此外，对于上述结果，我们均以应计利润与真实项目盈余管理之和的绝对值构建了整体盈余管理。在本部分，我们在表 5-9 Panel C 中的第（5）列以应计利润绝对值和真实盈余管理绝对值之和代替了之前的整体盈余管理并重新进行了回归检验。最终这五种测度下的结果均证明了本章基准回归结果的稳健性。也就是说，智能机器人的确可以显著降低盈余管理。

第九节　结　论

在本章中，我们发现机器人技术可以显著提高企业的财务信息质量。首先，我们发现人工智能显著降低了盈余管理，并且不仅抑制了向上调的盈余管理（为了吸引投资者），也抑制了向下调的盈余管理（为了逃避税收）。此外，我们还发现人工智能显著增加了公司会计造假行为被发现的可能性，并显著提高了企业财务信息质量的产出——信息透明度。为了消除内生性影响，我们将丹麦、芬兰、法国、意大利和瑞典五个国家行业智能化指数的平均值依照美国公司各行业销售收入占比进行了加权，得到了基准回归所要用到的公司层面智能化指数的工具变量，其结果与OLS结果一致。渠道分析发现，智能机器人会使企业的投入和产出之间存在更强的相关性，以此减少人为干预并实现标准化生产来增强企业的财务信息质量。

此外，我们发现低监管企业的财务信息质量受到的影响更为显著，这表明人工智能具有替代性外部监管效应。此外，人工智能对财务信息质量的影响主要集中在劳动强度高、低技能劳动力比例高和男性劳动力比例高的企业，因为此类企业由于工作内容和性质的原因，其劳动力更需要也更易于被智能机器人所替代。

此外，我们还发现，本章的基准回归结果在控制了其他技术冲击因素后依然十分稳健。同时，我们的结论没有受到任何先前趋势的影响。并且，在替换智能化指数性、替换工具变量构造方式、替换样本或替换盈余管理测度进行稳健性检验后，所得的结果均与基准回归结果一致。此外，我们还发现，以智能机器人价值衡量的智能化指数同样能够显著提高企业的财务信息质量。本章的研究结论为政府部门推进智能化政策、提升资本市场透明度提供了实证依据和借鉴意义。

第六章　结论与建议

第一节　研究结论

本书以公司水平面板数据为样本，通过构建行业智能化指数和公司智能化指数，实证证明了智能机器人或人工智能技术可以显著促进公司生产率水平的提升，显著加强企业的公司治理状况，并显著提升公司的财务信息质量。为了消除内生性的影响，本书使用同行业世界其他地域范围内的先进人工智能前沿技术作为工具变量进行了 2SLS 估计，最终所得结果仍然呈现了与 OLS 结果一致的结论。具体总结如下：

第一，智能机器人的应用显著提升了公司的生产率水平。智能机器人大规模地替代了人力劳动力，使企业生产从以前的"人"做主导转变为以"机器"主导，这极大地降低了企业生产对于环境条件的要求并可以实现持续的不间断工作，从而提高了产品产量和生产效率；同时智能机器人在生产过程中的出错率较低，从而在很大程度上提高了产品的合格率。由此可见，智能机器人的使用可以保质保量地实现产品的量化生产，因此其对于公司生产率水平的提升作用是不言而喻的。本书对公司生产率的研究旨在为人工智能促进公司层面的社会生产提供实证证据。

此外，本书还发现机器人技术对于公司生产率的影响在国有企业中相对较弱，这一结论可能与我们的主观感觉略有不符。究其原因，虽然国有企业可能同样引进了大量的先进智能设备，但是由于其生产规模和劳动力规模都相对较大，导致引进的智能机器在其生产环节所能起到的作用相对有限；同时，国有企业由于体制因素和责任原因，即便引进智能设备后，也无法灵活地完成人力劳动力的裁员等安置工作。这两点就使智能机器人未能对国企的劳动力产生较为明显的替代影响，对其生产率的影响也自然相对有限。同时，智能机器人对企业最直观的作用就是替代人力劳动力，因此其对公司生产率的影响在劳动力密集度高的企业中较为明显。再者，智能机器人的影响在产品市场竞争度低的行业中更显著，这是因为根据经典的超产权理论（Tittenbrun，1996；Martin and Parker，1997），在市场竞争的条件下，利润激励机制才能更有效地发挥作用，因此处于高产品市场竞争行业的企业，可能本身就已经具备较为完善的绩效激励机制来促进其生产率的提升，而智能机器人在这部分企业中发挥作用的空间相对较小，即未能形成较为明显的影响。此外，智能机器人的作用在重工业企业中更为显著，这是因为重工业企业通常具备较多的常规低技能劳动力，这部分劳动力更易于也更需要被先进的机器设备所替代，因此智能机器人对这部分企业的生产率形成了较为明显的影响。

第二，智能机器人的应用显著提升了企业的公司治理水平。人工智能技术的引进，可以极大促进企业绩效水平的提升，在此情况下，企业的高管在考虑个人利益的获取时将更倾向于将个人资产放置在未来具有增长潜力的公司股票中，从而减少了通过某些隐秘方式在公司资源中现时获取个人利益的比例，而这一现象可以极大地降低委托代理关系中的代理成本，使公司经理人与委托人之间保证了更强的目的一致性，进而提高了高管薪酬与企业绩效直接的黏性以及公司的投资效率水平。

此外，我们发现了智能机器人技术对公司治理的提升作用在 CEO 持股比例较低的企业中更加明显，这是因为根据 Durnev 和 Kim（2005）经典的理论模型，当 CEO 持股较多时，其将公司资源转移至个人账户的比例会大大降低，公司治理行为会得到加强，即 CEO 持股较多的公司普遍具有较高的公司治理水平，因而使智能机器人在其中发挥作用的空间相对较小。这一点也与本书提出的智能机器人影响公司治理的渠道一致，即当公司业绩增加或经理人本身持有较多股份，使经理人更看重自身股权价值时，其必定会减少违背股东初衷的私人利益的直接获得，从而增强其与委托人之间的目的一致性，降低代理成本，进而提高公司治理水平。我们还发现智能机器人对公司治理的影响在外部监管较弱的企业中更为明显，即说明智能机器人对于企业生产过程的标准化以及对于生产过程中人为干预的减少，的确与外部监管具有替代的作用。同时，智能机器人的作用在所在产品市场竞争度较弱和劳动力密度较高的企业中更加明显，理由与第一点所陈述的相似，即所在产品市场竞争度较高的企业可能本身就已经具有较高的公司治理水平，因而智能机器人在这部分企业中发挥作用的空间较小；而劳动力密度越大，智能机器人对人力劳动力的替代作用会更加明显，从而对其公司治理也产生了较为明显的影响。再者，智能机器人对公司治理的提升作用在常规低技能占比高的企业中更加明显，这是因为这部分劳动力更需要也更易于被机器人所替代，从而使这部分企业的公司治理也受到了机器人较大的影响；同样，男性劳动力占比高的企业通常从事着常规的体力型非高科技工作任务，这部分劳动力也正是机器人的主要替代对象，因此对这部分企业的公司治理也同样影响较大。

第三，智能机器人的应用显著提升了公司的财务信息治理。公司的财务信息质量是公司治理的重要外在体现。人工智能技术引进之后，企业的生产过程更加标准化，公司资源的浪费会大幅度减少；同时，公司生产信息和财务信息的统计也会更加系统和完备，人为干预的空间较以前会有很大程度的降低，从而使企业生产总投入与总产出之间的黏性增强，进而增大管理人员对企业部分会计科目进行操纵的难度，借此提高了企业的财务信息质量。

此外，我们还发现智能机器人对公司财务信息质量的加强影响在外部监管较弱、劳动力密度较大、常规低技能劳动力或男性劳动力占比较高的企业中更加明显，理由与第二点结论中所论述的基本一致，在此不再赘述。

第二节　政策建议

结合本书所得到的主要结论，我们针对智能机器人在替代人类进行生产经营过程中的种种特征，提出了以下政策性建议：

第一，在我国工业经济建设中，应继续加大人工智能技术的扶持力度，大力推动社会生产的智能化转型以满足社会经济的高质量发展需要。本书的主要结论实证证明了智能机器人的运用可以显著提升企业的生产率水平。结合此部分所采用的样本为中国规模以上工业企业面板数据，以及中国规模以上工业企业产值占据了中国总工业产值90%以上并呈现逐年持续增加势头的现状，我们可以清晰明确地意识到人工智能技术对中国工业经济发展有着巨大促进作用的事实。我国过去和现在都始终在"制造强国"的战略目标下努力着，但这一目标的实现，不能单靠"量产",更重要的是"质变"。因此,在国家最新提出的"新型基础设施建设"政策的引导下,我国各级地方政府应深刻领会相应政策内涵,结合人工智能技术与物联网、云计算以及5G技术相结合的趋势,坚定不移地继续以新发展理念为引领,以技术创新为驱动,建立起数字转型与智能升级相结合的社会生产体系,以进一步实现我国"制造强国"的宏大蓝图。

第二,在资本市场中,同样应加大人工智能技术的运用,以保证上市公司高质量持续运营的同时,提高企业的财务信息质量。

本书主要结论同样证明了智能机器人的运用可以显著提高企业的公司治理水平。结合本部分实证使用了上市公司为样本的情况,我们可以明确地得到智能机器人的使用可以显著提升资本市场企业经营状况的结论。资本市场是现代金融体系的重要组成部分,在全球各国范围内,资本市场所占GDP的比重都在逐年大幅度上升,因此资本市场上市公司对于国民经济的重要性是不言而喻的。而智能机器人技术在上市公司企业生产过程中的运用,可以显著提升企业的公司治理水平,在"以点到面"的效应下,必然会促进资本市场更加健康积极地运营发展。

同时,在资本市场的基础性制度假设中,着力提升上市公司信息透明度是制度假设的根本所在,也是重中之重。本书主要结论明确证明了智能机器人的使用可以显著提升上市公司的信息透明度。因此,在企业生产过程中大力采用人工智能技术,必将有利于降低整个资本市场的信息不对称,从而使外部投资者可以得到更真实、更精准的企业信息来做出自己的投资选择,这样既维护了投资者的投资信心,也促进了资本市场的健康发展。

此外,本书还证明了智能机器人有替代性的外部监管作用,因此采用人工智能技术还可以降低相关部门对上市公司的监管压力,起到"不治自严"的效果。

第三,相关政府部门应着力加大对人工智能所起作用较弱企业的扶持干预力度和监督强度。本书的实证结果明确证明了智能机器人的使用可以促进公司绩效与公司治理,并有着替代性的外部监管作用,同时对于劳动力密集程度低、常规低技能和男性劳动力占比低以及主要业务为轻工业的企业的影响较小。在此结论下,我们可以清晰认识到在相关企业无法受到人工智能技术惠企影响的情形下,相关政府部门应采取积极的政府干预措施来加大对这部分企业的扶持力度和监督强度,以此保证市场经济的均衡稳定发展。

此外,相对较为特别的是我国市场的国有企业,本书的实证研究发现了由于体制因素和本身生产体系过于庞大的原因,我国国有企业的智能化发展一直受到制约，因此其公司绩效和公司治理受到的人工智能惠企政策也相对有限。这就意味着国有企业虽然不属于政府重点扶持的对象，但我们应加大对其的监管力度，以保证国有企业在健康发展的同时，可以更好地起到国民经济增长中的带头作用。

第三节　研究不足与未来研究方向

本书的研究目前主要存在以下两点不足：

第一，在中国市场人工智能技术的研究上，本书主要使用了"中国工业企业数据库"，这一数据库是目前研究中国企业最权威的数据库，其优点是所涵盖的样本包含了中国所有的国有工业企业以及规模以上的非国有工业企业，数据量十分全面，使本书对于中国市场及生产率的研究更具有说服力；同时，使用这一数据库可以计算出制造业行业细分下的劳动力数量，使本书对于行业层面智能化指数的构造更加精确，这是其他数据库所不能实现的。但与此同时，由于这一数据库指标的缺失问题，本书未能将中国的智能化指数匹配到公司层面，此外许多有代表性的异质性检验也无法完成，且本书在此数据库下无法进行相关公司治理的分析，这成了本书研究的一大遗憾。

第二，本书对于人工智能应用程度的衡量指标主要强调的是智能机器人的数量，由于数据的限制，本书未能获得可以衡量人工智能具体价值水平的指标，而人工智能的价值水平也极有可能直接影响到企业的公司绩效与治理水平。尽管本书估算了人工智能的市场存货价值进行了稳健性检验，但是估算的结果可能存在一定的误差，这是本书研究的另一大遗憾。

关于人工智能课题未来的研究方向，结合本书的文献综述及主要研究内容，目前学术界其他关于人工智能的研究主要集中在人工智能对欧美发达经济体的社会经济以及劳动力需求的影响上，而本书主要研究了人工智能对中国工业企业绩效水平，以及美国资本市场企业公司治理行为的影响。由于受数据限制，目前我们无法完成人工智能如何影响中国企业公司治理行为的研究。因此，未来我们将继续搜寻合理可用的数据，在中国特有的政治体制和市场环境下，进一步研究和探讨人工智能技术对公司治理行为所产生的影响。

参考文献

［1］ Acemoglu D. Technical change, inequity, and the labor market ［J］. Journal of Economic Literature, 2002, 40 （1）: 7-72.

［2］ Acemoglu D, Aghion P, Lelarge C, et al. Technology, information, and the decentralization of the firm ［J］. Quarterly Journal of Economics, 2007, 122 （4）: 1759-1799.

［3］ Acemoglu D, Autor D, Hazell J, et al. AI and jobs: Evidence from online vacancies ［R/OL］. NBER Working Paper, URL: https: //www. nber. org/papers/ w28257, 2020a.

［4］ Acemoglu D, Lelarge C, Restrepo P. Competing with robots: Firm-level evidence from France ［J］. AEA Papers and Proceedings, 2020b （110）: 383-388.

［5］ Acemoglu D, Restrepo P. Secular stagnation? The effect of aging on economic growth in the age of automation ［J］. American Economic Review, 2017, 107 （5）: 174-179.

［6］ Acemoglu D, Restrepo P. Low-skill and high-skill automation ［J］. Journal of Human Capital, 2018a, 12 （2）: 204-242.

［7］ Acemoglu D, Restrepo P. Demographics and automation ［R/OL］. NBER Working Paper, URL: https: //www. nber. org/papers/w24421, 2018b.

［8］ Acemoglu D, Restrepo P. The race between man and machine: Implications of technology for growth, factor shares, and employment ［J］. American Economic Review, 2018c, 108 （6）: 1488-1542.

［9］ Acemoglu D, Restrepo P. Automation and new tasks: How technology displaces and reinstates labor ［J］. Journal of Economic Perspectives, 2019a, 33 （2）:

3-30.

[10] Acemoglu D, Restrepo P. The Economics of Artificial Intelligence: An Agenda [M] //Agrawal A K, et al. (eds.). Artificial Intelligence, Automation and Work. Chicago: University of Chicago Press, 2019b.

[11] Acemoglu D, Restrepo P. Robots and jobs: Evidence from U. S. labor markets [J]. Journal of Political Economy, 2020a, 128 (6): 2188-2244.

[12] Acemoglu D, Restrepo P. The wrong kind of AI? Artificial intelligence and the future of labour demand [J]. Cambridge Journal of Regions, Economy and Society, 2020b, 13 (1): 25-35.

[13] Ackerberg D, Caves K, Frazer G. Identification properties of recent production function estimators [J]. Econometrica, 2015, 83 (6): 2411-2452.

[14] Aghion P, Jones B F, Jones C I. Artificial intelligence and economic growth [R/OL]. NBER Working Paper, URL: https://www. nber. org/papers/w23928, 2017.

[15] Agrawal A, Gans J S, Goldfarb A. Exploring the impact of artificial intelligence: Prediction versus judgment [J]. Information Economics and Policy, 2019 (47): 1-6.

[16] Ahn S, Choi W. The role of bank monitoring in corporate governance: Evidence from borrowers' earnings management behavior [J]. Journal of Banking & Financing, 2009, 33 (2): 425-434.

[17] Asmi T L. Current ratio, debt to equity ratio, total asset turnover, return on asset, price to book value sebagai fackor penentu return saham [J]. Management Analysis Journal, 2014, 3 (2): 1-12.

[18] Autor D H, Levy F, Murnane R J. The skill content of recent technological change: An empirical exploration [J]. Quarterly Journal of Economics, 2003, 118 (4): 1279-1333.

[19] Autor D, Salomons A. Is automation labor-displacing? Productivity growth, employment, and the labor share [R/OL]. NBER Working Paper, URL: https://www. nber. org/papers/w24871, 2018.

[20] Autor D H, Salomons A M. Economics of Artificial Intelligence [M] //Agrawal A K, et al. (eds.). Robocalypse Now: Does Productivity Growth Threaten

Employment? Chicago: University of Chicago Press, 2017.

[21] Aw B Y, Roberts M J, Xu D Y. R&D investments, exporting, and the evolution of firm productivity [J]. American Economic Review, 2008, 98 (2): 451-456.

[22] Azeez A A. Corporate governance and firm performance: Evidence from Sri Lanka [J]. Journal of Finance and Bank Management, 2015, 3 (1): 180-189.

[23] Badertscher B A. Overvaluation and the choice of alternative earnings management mechanisms [J]. Accounting Review, 2011, 86 (5): 1491-1518.

[24] Bain J S. Industrial Organization [M]. New York: Wiley Press, 1968.

[25] Beaver W H, Ryan S G. Biases and lags in book value and their effects on the ability of the book-to-market ratio to predict book return on equity [J]. Journal of Accounting Research, 2000, 38 (1): 127-148.

[26] Bebchuk A, Cohen A, Ferrell A. What matters in corporate governance? [J]. Review of Financial Studies, 2009, 22 (2): 783-827.

[27] Bebchuk A, Cohen A. The costs of entrenched boards [J]. Journal of Financial Economics, 2005, 78 (2): 409-433.

[28] Becker C L, Defond M L, Jiambalvo J, Subramanyam K R. The effect of audit quality on earnings management [J]. Contemporary Accounting Research, 1998, 15 (1): 1-24.

[29] Bergstresser D, Philippon T. CEO incentives and earnings management [J]. Journal of Financial Economics, 2006, 80 (3): 511-529.

[30] Berle A, Means G. The Modern Corporation and Private Property [M]. New York: Macmillan, 1932.

[31] Bessen J. Automation and jobs: When technology boosts employment [J]. Economic Policy, 2019, 34 (100): 589-626.

[32] Bhagat S, Bolton B. Corporate governance and firm performance [J]. Journal of Corporate Finance, 2008, 14 (3): 257-273.

[33] Boone A L, White J T. The effect of institutional ownership on firm transparency and information production [J]. Journal of Financial Economics, 2015, 117 (3): 508-533.

[34] Boyer K K. Evolutionary patterns of flexible automation and performance: A

longitudinal study [J]. Management Science, 1999, 45 (6): 824-842.

[35] Brown L D, Caylor M L. Corporate governance and firm performance [J]. Journal of Accounting and Public Policy, 2006, 25 (4): 409-434.

[36] Brynjolfsson E, Hitt L M. Computing productivity: Firm-level evidence [J]. Review of Economics and Statistics, 2003, 85 (4): 793-808.

[37] Brynjolfsson E, Hitt L M. Strength in numbers: How does data-driven decisionmaking affect firm performance [R/OL]. SSRN Working Paper, URL: https://papers.ssrn.com/sol3/papers.cfm? abstract_id=1819486, 2011.

[38] Brynjolfsson E, McAfee A. The Second Machine Age [M]. New York: Norton, 2014.

[39] Brynjolfsson E, Rock D, Syverson C. Economics of Artificial Intelligence [M] //Agrawal A K, et al. (eds). Artificial Intelligence and the Modern Productivity Paradox: A Clash of Expectations and Statistic. Chicago: University of Chicago Press, 2017.

[40] Cai K, Fairchild R, Guney Y. Debt maturity structure of Chinese companies [J]. Pacific-Basin Finance Journal, 2008, 16 (3): 268-297.

[41] Chau G K, Gray S J. Ownership structure and corporate voluntary disclosure in Hong Kong and Singapore [J]. International Journal of Accounting, 2002, 37 (2): 247-265.

[42] Chen J P, Jaggi B. Association between independent non-executive directors, family control and financial disclosures in Hong Kong [J]. Journal of Accounting and Public Policy, 2000, 19 (4-5): 285-310.

[43] Cheng H, Jia R, Li D, et al. The rise of robots in China [J]. Journal of Economic Perspectives, 2019, 33 (2): 71-88.

[44] Cormier D, Ledoux M J, Magnan M, Aerts W. Corporate governance and information asymmetry between managers and investors [J]. Corporate Governance, 2010, 10 (5): 574-589.

[45] Cremers M, Nair B, Wei C. Governance mechanisms and bond prices [J]. Review of Financial Studies, 2007, 20 (5): 1359-1388.

[46] Dahya J, McConnel J J. Outside directors and corporate board decisions [J]. Journal of Corporate Finance, 2005, 11 (1-2): 37-60.

［47］ Dauth W, Findeisen S, Suedekum J, et al. Adjusting to robots: Worker-level evidence ［R/OL］. Opportunity & Inclusive Growth Institute Working Paper, URL: https: //www. diw. de/documents/dokumentenarchiv/17/diw _ 01. c. 606345. de/dauth_ dams_ nov-paper. pdf, 2018.

［48］ Dauth W, Findeisen S, Suedekum J, et al. German robots—The impact of industrial robots on workers ［R/OL］. SSRN Working Paper, URL: https: // papers. ssrn. com/sol3/papers. cfm? abstract_ id＝3039031, 2017.

［49］ DeCanio S J. Robots and humans: Complements or substitutes? ［J］. Journal of Macroeconomics, 2016, 49 (1): 280-291.

［50］ Dechow P M, Kothari S P, Watts R L. The relation between earnings and cash flows ［J］. Journal of Accounting and Economics, 1998, 25 (2): 133-168.

［51］ Dechow P M, Skinner D J. Earnings management: Reconciling the views of accounting academics, practitioners and regulators ［J］. Accounting Horizons, 2000, 14 (2): 235-250.

［52］ Dehaene A, Vuyst V D, Ooghe H. Corporate performance and board structure in Belgian companies ［J］. Long Range Planning, 2001, 34 (3): 383-398.

［53］ Delgado M A, Fariñas J C, Ruano S. Firm productivity and export market: A non-parametric approach ［J］. Journal of International Economics, 2002, 57 (2): 397-422.

［54］ Dewan S, Ren F. Information technology and firm boundaries: Impact on firm risk and return performance ［J］. Information Systems Research, 2011, 22 (2): 369-388.

［55］ Dorantes C, Li C, Peters G F, Richardson V J. The effect of enterprise systems Implementation on the firm information environment ［J］. Contemporary Accounting Research, 2013, 30 (4): 1427-1461.

［56］ Durnev A, Kim E H. To steal or not to steal: Firm attributes, legal environment, and valuation ［J］. Journal of Finance, 2005, 60 (3): 1461-1493.

［57］ Dutta S. Managerial expertise, private information, and pay-performance sensitivity ［J］. Management Science, 2008, 54 (3): 593-626.

［58］ Efendi J, Srivastava A, Swanson E P. Why do corporate managers misstate financial statements? The role of option compensation and other factors ［J］. Journal of

Financial Economics, 2007, 85 (3): 667-708.

[59] Elton E J, Gruber M J, Gultekin M N. Professional expectation: Accuracy and diagnosis of errors [J]. Journal of Financial and Quantitative Analysis, 1984, 19 (4): 351-363.

[60] Eng L L, Mak Y T. Corporate governance and voluntary disclosure [J]. Journal of Accounting and Public Policy, 2003, 22 (4): 325-345.

[61] Ewens M, Nanda R, Rhodes-Kropf M. Cost of experimentation and the evolution of venture capital [J]. Journal of Financial Economics, 2018, 128 (3): 422-442.

[62] Fama E F, Jensen M C. Agency problems and residual claims [J]. Journal of Law and Economics, 1983, 26 (2): 327-349.

[63] Fama E F. Agency problems and the theory of the firm [J]. Journal of Political Economy, 1980, 88 (2): 288-307.

[64] Fang V W, Huang A H, Karpoff J M. Short selling and earnings management: A controlled experiment [J]. Journal of Finance, 2016, 71 (3): 1251-1294.

[65] Ferreira M A, Laux P A. Corporate governance, idiosyncratic risk, and information flow [J]. Journal of Finance, 2007, 62 (2): 951-989.

[66] Frank M Z, Goyal V K. Capital structure decision: Which factors are reliably important? [J]. Financial Management, 2009, 38 (1): 1-37.

[67] Fudenberg D, Tirole J. A theory of income and dividend smoothing based on incumbency rents [J]. Journal of Political Economy, 1995, 103 (1): 75-93.

[68] Färe R, Grosskopf S, Norris M, Zhang Z. Productivity growth, technical progress, and efficiency change in industrialized countries [J]. American Economic Review, 1994, 84 (1): 66-83.

[69] Goldsmith R W. A perpetual inventory of national wealth [R]. NBER Studies in Income and Wealth, 1951.

[70] Gompers P A, Ishii J L, Metrick A. Corporate governance and equity prices [J]. Quarterly Journal of Economics, 2003, 118 (1): 107-155.

[71] Goswami G. Asset maturity, debt covenants, and debt maturity choice [J]. Financial Review, 2000, 35 (4): 51-68.

［72］ Graetz G, Michaels G. Robots at work ［J］. Review of Economics and Statistics, 2018, 100 (5): 753-768.

［73］ Hanson R. Economic growth given machine intelligence ［R/OL］. Berkeley: University of California, URL: https://mason. gmu. edu/~rhanson/aigrow. pdf, 2001.

［74］ Hart O. The market mechanism as an incentive scheme ［J］. Bell Journal of Economics, 1983, 14 (2): 366-382.

［75］ Hartzell J C, Starks L T. Institutional investors and executive compensation ［J］. Journal of Finance, 2003, 58 (6): 2351-2374.

［76］ Healy P M, Palepu K G. Information asymmetry, corporate disclosure, and the capital markets: A review of the empirical disclosure literature ［J］. Journal of Accounting and Economics, 2001, 31 (1-3): 405-440.

［77］ Healy P M, Wahlen J M. A review of earnings management literature and its implications for standard setting ［J］. Accounting Horizons, 1999 (13): 365-383.

［78］ Hémous D, Olsen M. The rise of the machines: Automation, horizontal innovation and income inequality ［J］. American Economic Journal: Macroeconomics, 2002, 14 (1): 179-223.

［79］ Hoberg G, Li Y, Phillips G M. Internet access and U. S. -China innovation competition ［R/OL］. NBER Working Paper, URL: https://www. nber. org/papers/w28231, 2020.

［80］ Hoberg G, Phillips G, Prabhala N. Product market threats, payouts, and financial flexibility ［J］. Journal of Finance, 2014, 69 (1): 293-324.

［81］ Hoberg G, Phillips G. Industry choice and product language ［J］. Management Science, 2018, 64 (8): 3735-3755.

［82］ Hoberg G, Phillips G. Real and financial industry booms and busts ［J］. Journal of Finance, 2010, 65 (1): 45-86.

［83］ Hoesli M. The capital structure of Swiss companies: An empirical analysis using dynamic panel data ［J］. European Financial Management, 2005, 11 (1): 51-69.

［84］ Holmstrom B. Moral hazard in teams ［J］. Bell Journal of Economics, 1982, 13 (2): 324-340.

［85］ Hou K, Robinson D T. Industry concentration and average stock returns

[J] . Journal of Finance, 2006, 61 (4): 1927-1956.

[86] Hutton A P, Marcus A J, Tehranian H. Opaque financial reports, R2, and crash risk [J] . Journal of Financial Economics, 2009, 94 (1): 67-86.

[87] International Federation of Robotics. World Robotics: Industrial Robots [Z] . Germany, 2017.

[88] Januszewski S I, Köke J, Winter J K. Product market competition, corporate governance and firm performance: An empirical analysis for Germany [J] . Research in Economics, 2002, 56 (3): 299-332.

[89] Jennifer M F. Consequences of financial reporting quality on corporate performance: Evidence at the international level [J] . Estudios de Economía, 2014, 14 (1): 49-88.

[90] Jensen M, Meckling W. Theory of the firm: Managerial behavior, agency costs and ownership structure [J] . Journal of Financial Economics, 1976, 3 (4): 305-360.

[91] Jia N, Rai A, Xu X. Reducing capital market anomaly: The role of information technology using an information uncertainty Lens [J] . Management Science, 2020, 66 (2): 979-1001.

[92] Jones J J. Earnings management during import relief investigations [J] . Journal of Accounting Research, 1991, 29 (2): 193-228.

[93] Karuna C. Industry product market competition and corporate governance [R/OL] . SSRN Working Paper, URL: https://papers.ssrn.com/sol3/papers.cfm? abstract_id=1215201, 2008.

[94] Kessides L N. Advertising, sunk costs, and barriers to entry [J] . Review of Economics and Statistics, 1986, 68 (1): 84-95.

[95] Keynes J M. Essays in Persuasion [M] //Economic Possibilities for Our Grandchildren. New York: Harcourt Brace, 1932: 331-332.

[96] Khanna V, Kim E H, Lu Y. CEO connectedness and corporate fraud [J] . Journal of Finance, 2015, 70 (3): 1203-1252.

[97] Kim E H, Lu Y. Executive suite independence: Is it related to board independence? [J] . Management Science, 2017, 64 (3): 1-19.

[98] Kim E H, Li Y, Lu Y, et al. How seasoned equity offerings affect firms:

Evidence on technology, employment, and performance［R/OL］. SSRN Working Paper, URL：https：//papers. ssrn. com/sol3/Papers. cfm? abstract_id=3115902, 2018.

［99］ Klein A. Audit committee, board of director characteristics, and earnings management［J］. Journal of Accounting and Economics, 2002, 33（3）：375-400.

［100］ Korinek A, Stiglitz J E. Artificial Intelligence and its implications for income distribution and unemployment［R］. National Bureau of Economic Research, 2017.

［101］ Kothari S P, Laguerre T E, Leone A J. Capitalization versus expensing：Evidence on the uncertainty of future earnings from capital expenditures versus R&D outlays［J］. Review of Accounting Studies, 2002（7）：355-382.

［102］ Krishnaswami S, Subramaniam V. Information asymmetry, valuation, and the corporate spin-off decision［J］. Journal of Financial Economics, 1999, 53（1）：73-112.

［103］ Kromann L, Skaksen J R, Sørensen A. Automation, labor productivity and employment：A cross country comparison［R/OL］. CBER Working Paper, https：//www. researchgate. net/publication/349761323_Automation_labor_productivity_and_employment_-a_cross_country_comparison, 2011.

［104］ Lang L, Ofek E, Stulz R. Leverage, investment, and firm growth［J］. Journal of Financial Economics, 1996, 40（1）：3-29.

［105］ Lang M H, Lundholm R J. Corporate disclosure policy and analyst behavior［J］. Accounting Review, 1996, 71（4）：467-492.

［106］ Lankisch C, Prettner K, Prskawetz A. Robots and the skill premium：An automation—based explanation of wage inequality［J/OL］. Hohenheim Discussion Papers in Business, Economics and Social Sciences No. 29-2017, URL：https：//www. econstor. eu/handle/10419/169370, 2017.

［107］ Leuz C, Nanda D, Wysocki P D. Earnings management and investor protection：An international comparison［J］. Journal of Financial Economics, 2003, 69（3）：505-527.

［108］ Levinsohn J, Petrin A. Estimating production functions using inputs to control for unobservables［J］. Review of Economic Studies, 2003, 70（2）：317-341.

［109］ Li M, Lu Y, Phillips G. CEOs and the product market：When are powerful CEOs beneficial? [J]. Journal of Financial and Quantitative Analysis, 2019, 54 (6): 2295-2326.

[110] Lin C, Officer M S, Zhan X. Does competition affect earnings management? Evidence from a natural experiment [R/OL]. SSRN Working Paper, URL: https://papers.ssrn.com/sol3/papers.cfm? abstract_id=2357783, 2015.

[111] Liu N, Bredin D. Institutional investors, over-investment and corporate performance [C/OL]. CEA Conference Paper, URL: http://www.ceauk.org.uk/2010-conference-papers/full-papers/Ningyue-Liu-CEA-final.pdf, 2010.

[112] Li Y Y. Information transparency and corporate performance-evidence from China's multi-tiered capital market system [J]. Journal of Statistics and Management Systems, 2019, 22 (1): 73-96.

[113] Lucas R. Asset prices in an exchange economy [J]. Econometrica, 1978, 46 (6): 1429-1445.

[114] Margaritis D, Psillaki M. Capital structure, equity ownership and firm performance [J]. Journal of Banking & Finance, 2010, 34 (3): 621-632.

[115] Martin S, Parker D. The impact of privatisation: Ownership and corporate performance in the UK [M]. London: Routledge, 1997.

[116] Massimo D G, Gianmarco I P O, Marcello P. Openness to trade and industry cost dispersion: Evidence from a panel of Italian firms [J]. Journal of Regional Science, 2008, 48 (1): 97-129.

[117] Michaels G, Natraj A, Reenen J V. Has ICT polarized skill demand? Evidence from eleven countries over twenty-five years [J]. Review of Economics and Statistics, 2014, 96 (1): 60-77.

[118] Morck R, Yeung B, Yu W. The information content of stock markets: Why do emerging markets have synchronous stock price movement? [J]. Journal of Financial Economics, 2000, 58 (1-2): 215-260.

[119] Nesbitt S L. Long-term rewards from shareholder activism: A study of the "CalPERS effect" [J]. Journal of Applied Corporate Finance, 1994, 6 (4): 75-80.

[120] Nordhaus W D. Are we approaching an economic singularity? Information technology and the future of economic growth [R/OL]. NBER Working Paper, URL:

https：//www. nber. org/papers/w21547，2015.

［121］Ohlson J A. Earnings, book values and dividends in security valuation ［J］. Contemporary Accounting Research，1995（11）：661−687.

［122］Olley S，Pakes A. The dynamics of productivity in the telecommunications equipment industry ［J］. Econometrica，1996，64（6）：1263−1297.

［123］Oschinski M，Wyonch R. Future shock? The impact of automation on Canada's labour market ［R/OL］. SSRN Working Paper，URL：https：//papers. ssrn. com/sol3/papers. cfm? abstract_id=2934610，2017.

［124］Osma B G. Board independence and real earnings management：The case of R&D expenditure ［J］. Corporate Governance：An International Review，2008，16（2）：116−131.

［125］Parasuraman R，Molloy R，Singh I L. Performance consequences of automation−induced "complacency" ［J］. International Journal of Aviation Psychology，1993，3（1）：1−23.

［126］Parrino R，Weisbach M S. Measuring investment distortions arising from stockholder−bondholder conflicts ［J］. Journal of Financial Economics，1999，53（1）：3−42.

［127］Porta L R，Lopez−de−Silanes F，Shleifer A，Vishny R. Investor protection and corporate governance ［J］. Journal of Financial Economics，2000，58（1−2）：3−27.

［128］Pound J. Proxy contests and the efficiency of shareholder oversight ［J］. Journal of Financial Economics，1988（20）：237−265.

［129］Rajan R G，Zingales L. Financial dependence and growth ［J］. American Economic Review，1998，88（3）：559−586.

［130］Ramalingegowda S，Yu Y. Institutional ownership and conservatism ［J］. Journal of Accounting and Economics，2013，53（1−2）：98−114.

［131］Reisinger D. Gartner foresees strong IT spending into 2015：10 Key Data Points ［R/OL］. URL：http：//www. eweek. com/it − management/slideshows/gartner−foresees−strong−it−spending−into−2015−10−key−data−points. html，2014.

［132］Richardson S. Over−investment of free cash flow ［J］. Review of Accounting Studies，2006（11）：159−189.

［133］ Roychowdhury S. Earnings management through real activities manipulation ［J］. Journal of Accounting and Economics, 2006, 42（3）: 335−370.

［134］ Sachs J D, Kotlikoff L J. Smart machines and long−term misery ［R/OL］. NBER Working Paper, URL: https: //www. nber. org/papers/w18629, 2012.

［135］ Scherer F M. Industrial Market Structure and Economic Performances ［M］. Boston MA: Houghton−Mifflin, 1980.

［136］ Schumpeter J A. The Theory of Economic Development ［M］. Cambridge, MA: Harvard University Press, 1912.

［137］ Shleifer A, Vishny R W. A survey of corporate governance ［J］. Journal of Finance, 1997, 52（2）: 737−783.

［138］ Shleifer A, Vishny R W. Large shareholders and corporate control ［J］. Journal of Political Economy, 1986, 94（3）: 461−488.

［139］ Simerly R L, Li M F. Environmental dynamism, capital structure and per−formance: A theoretical integration and an empirical test ［J］. Strategic Management Journal, 2000, 21（1）: 31−49.

［140］ Strebulaev I A. Do tests of capital structure theory mean what they say? ［J］. Journal of Finance, 2007, 62（4）: 1747−1787.

［141］ Sunder J, Sunder S V, Zhang J. Pilots CEOs and corporate innovation ［J］. Journal of Financial Economics, 2017, 123（1）: 209−224.

［142］ Teoh S H, Welch I, Wong T J. Earnings management and the long−run market performance of initial public offerings ［J］. Journal of Finance, 1998, 53（6）: 1935−1974.

［143］ Tian F, Xu S X. How do enterprise resource planning systems affect firm risk? Post−implementation impact ［J］. MIS Quarterly, 2015, 39（1）: 39−60.

［144］ Titman S, Wessels R. The determinants of capital structure choice ［J］. Journal of Finance, 1988, 43（1）: 1−19.

［145］ Tittenbrun J. Private versus Public Enterprise, in Search of the Economic Rationale for Privatisation ［M］. London: Janus Publishing Company, 1996.

［146］ Vicker J, Yarrow G K. Privatization: An Economic Analysis ［M］. Cam−bridge: The MIT Press, 1988.

［147］ Visser E, Parasuraman R. Adaptive aiding of human − robot teaming:

Effects of imperfect automation on performance，trust，and workload［J］．Journal of Cognitive Engineering and Decision Making，2011，21（2）：270-297.

［148］Watts R L，Zimmerman J L. Agency problems，auditing，and the theory of the firm：Some evidence［J］．Journal of Law and Economics，1983，26（3）：613-633.

［149］Williamson O E. Corporate finance and corporate governance［J］．Journal of Finance，1988，43（3）：567-591.

［150］Yu F. Analyst coverage and earnings management［J］．Journal of Financial Economics，2008，88（2）：245-271.

［151］Zahra S A，Pearce J A. Boards of directors and corporate financial performance：A review and integrative model［J］．Journal of Management，1989，15（2）：291-334.

［152］Zeira J. Workers，machines，and economic growth［J］．Quarterly Journal of Economics，1998，113（4）：1091-1117.

［153］Zhang M B. Labor-technology substitution：Implications for asset pricing［J］．Journal of Finance，2019，74（4）：1793-1839.

［154］Zhu C. Big data as a governance mechanism［J］．Review of Financial Studies，2018，32（5）：2021-2061.

［155］蔡跃洲，陈楠．新技术革命下人工智能与高质量增长、高质量就业［J］．数量经济技术经济研究，2019（5）：3-20.

［156］曹静，周亚林．人工智能对经济的影响研究进展［J］．经济学动态，2018（1）：103-115.

［157］陈信元，江辉．股东制衡与公司价值：模型与经验证据［J］．数量经济技术经济研究，2004（11）：102-110.

［158］陈彦斌，林晨，陈小亮．人工智能、老龄化与经济增长［J］．经济研究，2019（7）：47-63.

［159］程虹，陈文津，李唐．机器人在中国：现状、未来与影响——来自中国企业—劳动力匹配调查（CEES）的经验证据［J］．宏观质量研究，2018（3）：1-21.

［160］程虹，王泽宇，陈佳．机器人与工资：基于劳动力质量中介效应的解释——来自中国企业综合调查（CEGS）的经验证据［J］．宏观质量研究，

2020，8（3）：1-13.

[161] 程虹，袁璐雯．机器人使用、工艺创新与质量改进——来自中国企业综合调查（CEGS）的经验证据［J］．南方经济，2020（1）：46-59.

[162] 德勤咨询公司．中国人工智能产业白皮书［R/OL］．URL：http：//www.080910t.com/downloads/deloitte-cn-innovation-ai-whitepaper-zh.pdf，2018.

[163] 范从来，盛天翔，王宇伟．信贷量经济效应的期限结构研究［J］．经济研究，2012（1）：81-92.

[164] 郭凯明．人工智能发展、产业结构转型升级与劳动收入份额变动［J］．管理世界，2019，35（7）：60-77+202-203.

[165] 韩民春，冯乐兰．工业机器人应用对我国劳动力就业影响的研究［J］．工业经济研究，2020（6）：117-122.

[166] 韩民春，乔刚．工业机器人对制造业劳动力就业的结构性影响与地区差异［J］．产经评论，2020（3）：49-63.

[167] 何小钢，梁权熙，王善骝．信息技术、劳动力机构与企业生产率［J］．管理世界，2019（9）：65-80.

[168] 胡鞍钢．未来经济增长取决于全要素生产率提高［J］．政策，2003（1）：29-30.

[169] 胡一帆，宋敏，张俊喜．中国国有企业民营化绩效研究［J］．经济研究，2006（7）：49-60.

[170] 李波，蒋殿春．劳动保护与制造业生产率进步［J］．世界经济，2019（11）：74-98.

[171] 李钢．我国上市公司净资产收益率分布实证分析——以电子通讯行业为例［J］．经济学（季刊），2005（S1）：159-172.

[172] 李庚寅，阳玲．中小企业资本结构与盈利能力的实证研究——基于中小企业板中小企业上市前后数据的比较分析［J］．产经评论，2010（1）：132-144.

[173] 李苏苏，叶祥松，张少华．中国制造业企业全要素生产率测度研究［J］．学术研究，2020（3）：105-113.

[174] 李扬．融资规模结构对上市公司绩效影响分析［J］．管理世界，2011（4）：175-177.

[175] 李增福，董志强，连玉君．应计项目盈余管理还是真实活动盈余管

理? ——基于我国 2007 年所得税改革的研究 ［J］. 管理世界，2011a（1）：121-134.

［176］李增福，曾庆意，魏下海. 债券契约、控制人性质与盈余管理 ［J］. 经济评论，2011b（6）：88-96.

［177］梁权熙，曾海舰. 独立董事制度改革、独立董事的独立性与股价崩盘风险 ［J］. 管理世界，2016（3）：144-159.

［178］刘冲，吴群锋，刘青. 交通基础设施、市场可达性与企业生产率 ［J］. 经济研究，2020（7）：140-158.

［179］刘小玄. 中国工业企业的所有制结构对效率差异的影响——1995 年全国工业企业普查数据的实证分析 ［J］. 经济研究，2000（2）：17-25+78-79.

［180］刘小玄，李利英. 企业产权变革的效率分析 ［J］. 中国社会科学，2005（2）：4-16+204.

［181］鲁晓东，连玉君. 中国工业企业全要素生产率估计：1999-2007 ［J］. 经济学（季刊），2012，11（2）：541-558.

［182］陆建桥. 中国亏损上市公司盈余管理实证研究 ［J］. 会计研究，1999（9）：25-35.

［183］陆正飞，韩霞，常琦. 公司长期负债与公司行为关系研究——基于中国上市公司的实证分析 ［J］. 管理世界，2017（5）：51-65.

［184］陆正飞，韩霞，常琦. 公司长期负债与投资行为关系研究——基于中国上市公司的实证分析 ［J］. 管理世界，2006（1）：120-128.

［185］马建堂. 中国行业集中度与行业绩效 ［J］. 管理世界，1993（1）：131-136.

［186］聂辉华，江艇，杨汝岱. 中国工业企业数据库的使用现状和潜在问题 ［J］. 世界经济，2012（5）：142-158.

［187］潘红波，韩芳芳. 纵向兼任高管、产权性质与会计信息质量 ［J］. 会计研究，2016（7）：19-26+96.

［188］戚聿东. 中国产业集中度与经济绩效关系的实证研究 ［J］. 管理世界，1998（4）：99-106.

［189］权小锋，尹洪英. 中国式卖空机制与公司创新——基于融资融券分布扩容的自然实验 ［J］. 管理世界，2017（1）：128-144+187-188.

［190］沈倩，许敏. 房地产上市公司资本结构对公司绩效影响的实证分析

［J］．商业经济研究，2015（27）：85-87.

［191］盛丹，刘灿雷．外部监管能够改善国企经营绩效与改制成效吗？［J］．经济研究，2016，51（10）：97-111.

［192］苏冬蔚，林大庞．股权激励、盈余管理与公司治理［J］．经济研究，2010（11）：88-100.

［193］苏锦红，兰宜生，夏怡然．异质性企业全要素生产率与要素配置效率——基于1999—2007年中国制造业企业微观数据的实证分析［J］．世界经济研究，2015（11）：109-117+129.

［194］孙永祥，黄祖辉．上市公司的股权结构与绩效［J］．经济研究，1999（12）：23-39.

［195］孙早，侯玉琳．人工智能发展对产业全要素生产率的影响——一个基于中国制造业的经验研究［J］．经济学家，2021（1）：33-44.

［196］谭语嫣，谭之博，黄益平，等．僵尸企业的投资挤出效应：基于中国工业企业的证据［J］．经济研究，2017（5）：175-188.

［197］王孝松，林发勤，李玏．企业生产率与贸易壁垒——来自中国企业遭遇反倾销的微观数据［J］．管理世界，2020（9）：54-67.

［198］王永钦，董雯．机器人的兴起如何影响中国劳动力市场？——来自制造业上市公司的证据［J］．经济研究，2020（10）：159-175.

［199］王玉泽，罗能生，刘文彬．什么样的杠杆率有利于企业创新［J］．中国工业经济，2019（3）：138-155.

［200］吴淑琨．股权结构与公司绩效的U型关系研究——1999-2000上市公司的实证研究［J］．中国工业经济，2002（1）：80-87.

［201］伍利娜，陆正飞．企业投资行为与融资租赁结构的关系——基于一项实验研究的发现［J］．管理世界，2005（4）：99-105.

［202］席强敏，孙瑞东．市场临近、供给临近与企业生产率［J］．经济学（季刊），2020，20（1）：277-298.

［203］肖曙光，杨洁．高管股权激励促进企业升级了吗？——来自中国上市公司的经验证据［J］．南开管理评论，2018（3）：66-75.

［204］徐向艺，李鑫．自由现金流、负债融资与企业过度投资［J］．软科学，2008（7）：124-127+139.

［205］许小年，王燕．中国上市公司的所有制结构与公司治理［J］．经济

研究，1998（7）：105-127.

[206] 亚当·斯密. 国富论 [M]. 郭大力，王亚南，译. 北京：商务印书馆，1965.

[207] 闫雪凌，朱博楷，马超. 工业机器人使用与制造业就业：来自中国的证据 [J]. 统计研究，2020，37（1）：74-87.

[208] 颜爱民，马箭. 股权集中度、股权制衡对企业绩效影响的实证研究——基于企业生命周期的视角 [J]. 系统管理学报，2013，22（3）：385-393.

[209] 杨汝岱. 中国制造业企业全要素生产率研究 [J]. 经济研究，2015（2）：61-74.

[210] 杨天宇，张蕾. 中国制造业企业进入和退出行为的影响因素分析 [J]. 管理世界，2009，189（6）：82-90.

[211] 殷醒民. 论中国制造业的产业集中和资源配置效率 [J]. 经济研究，1996（1）：11-21.

[212] 于李胜，王成龙，王艳艳. 分析师社交媒体在信息传播效率中的作用——基于分析师微博的研究 [J]. 管理科学学报，2019，22（7）：107-126.

[213] 余林徽，陆毅，路江涌. 解构经济制度对我国企业生产率的影响 [J]. 经济学（季刊），2014，13（1）：127-150.

[214] 余淼杰，金洋，张睿. 工业企业产能利用率衡量与生产率估算 [J]. 经济研究，2018（5）：56-71.

[215] 袁渊，左翔. "扩权强县"与经济增长：规模以上工业企业的微观证据 [J]. 世界经济，2011，34（3）：89-108.

[216] 袁知柱，王泽燊，郝文瀚. 机构投资者持股与企业应计盈余管理和真实盈余管理行为选择 [J]. 管理科学，2014，27（5）：104-119.

[217] 张涤新，李忠海. 机构投资者对其持股公司绩效的影响研究——基于机构投资者自我保护的视角 [J]. 管理科学学报，2017，20（5）：82-101.

[218] 张杰，李克，刘志彪. 市场化转型与企业生产效率 [J]. 经济学（季刊），2011，10（2）：210-241.

[219] 张学勇，柳依依，罗丹，等. 创新能力对上市公司并购业绩的影响 [J]. 金融研究，2017（3）：159-175.

[220] 赵春明，李震，李宏兵，彭刚. 机器换人——工业机器人使用与区域

劳动力市场调整［J］．北京师范大学学报（社会科学版），2020（6）：113-127.

　　［221］赵烁，陆瑶，王含颖，等．人工智能对企业价值影响的研究——来自中国智能制造试点示范项目公告的证据［J］．投资研究，2019（9）：84-107.

　　［222］赵烁，施新政，陆瑶，等．兼并收购可以促进劳动力结构优化升级吗？［J］．金融研究，2020（10）：150-169.

　　［223］周煊，程立茹，王皓．技术创新水平越高企业财务绩效越好吗？——基于16年中国制药上市公司专利申请数据的实证研究［J］．金融研究，2012（8）：166-179.

附录 A 智能机器人对公司生产率的影响

附表 A1 第三章定义行业与中国证监会行业分类的匹配关系

本章所定义的行业：	中国证监会行业分类代码
1 采矿挖掘业	0600–1299
2 食品、饮料及烟草制造业	1300–1699
3 纺织品与皮革制造业	1700–1999
4 木制品及家具制造业	2000–2199
5 纸质品制造业及印刷业	2200–2499
6 塑料和化工产品制造业	2500–2999
7 玻璃、陶瓷、石材及矿产品制造业	3000–3099
8 一般金属制造业	3100–3299
9 金属制品制造业（不包含汽车制造业）	3300–3399
10 金属设备制造业	3400–3599
11 电子制造业	3800–4099
12 汽车制造业	3700–3799
13 其他交通工具制造业	4900–4999
14 其他制造业分支	4100–4399
15 电气及水力供应业	4400–4699
16 建筑业	4700–5799
17 教育研发业	7300–7599 8200–8299
18 其他非制造业分支	5800–7299 7600–8199 8300–9000

附表 **A2** 不同插补法比较

数据库插补方法	TFP 测度方法	资本产出弹性 β_k	劳动产出弹性 β_l	$\beta_k + \beta_l$	观测值数量
分层均值插补法	OP	0.3506*** (0.000)	0.4772*** (0.000)	0.8277	1699760
	LP	0.2886*** (0.001)	0.4006*** (0.001)	0.6892	2225488
	ACF	0.3889*** (0.000)	0.4998*** (0.000)	0.8887	2177893
回归插补法	OP	0.3309*** (0.000)	0.4661*** (0.000)	0.7970	1499837
	LP	0.2779*** (0.001)	0.3998*** (0.000)	0.6777	2119970
	ACF	0.3793*** (0.000)	0.4908*** (0.000)	0.8701	1989920
MCMC 多重插补法	OP	0.3884*** (0.000)	0.4889*** (0.000)	0.8773	1773499
	LP	0.3006*** (0.001)	0.4013*** (0.001)	0.7019	2399773
	ACF	0.4001*** (0.000)	0.5037*** (0.000)	0.9038	2193925
PMM 多重插补法	OP	0.4013*** (0.000)	0.4907*** (0.000)	0.8920	1790137
	LP	0.3163*** (0.000)	0.4207*** (0.000)	0.7370	2492407
	ACF	0.4255*** (0.000)	0.5349*** (0.000)	0.9604	2258446

附表 A3 变量定义

变量	定义	数据来源
Panel A：智能化指数		
China_Exposure	中国行业层面的智能化指数，即第三章所定义的 18 个行业分类下，每个行业每千名劳动力中的智能机器人数量	机器人数据来自国际机器人联合会（IFR），中国分行业劳动力数据来自"中国工业企业数据库"，其他国家劳动力数据来自欧洲劳动力统计局（EU KLEMS）
$China^{IV}\_Exposure$	中国行业层面的智能化指数的工具变量。在第三章所定义的 18 个行业分类下，通过每个行业每千名劳动力中的智能机器人数量构建了每个国家的智能化指数，参考 Acemoglu 和 Restrepo（2020a），根据指数分布情况，使用了美国、丹麦和瑞典三个国家平均智能化指数的 70% 作为中国行业层面智能化指数的工具变量	
Panel B：全要素生产率		
$\ln(TFP^{OP})$	参考 Olley 和 Pakes（1996），按照 OP 法计算得到的全要素生产率，取自然对数	
$\ln(TFP^{LP})$	参考 Levinsohn 和 Petrin（2003），按照 LP 法计算得到的全要素生产率，取自然对数	"中国工业企业数据库"
$\ln(TFP^{ACF})$	参考 Ackerberg 等（2015），按照 ACF 法计算得到的全要素生产率，取自然对数	
Panel C：控制变量及其他变量		
HHI	证监会行业大类分类代码（2 级代码）下，每个行业前 10 大公司销售收入占行业总销售收入的比重	
$\ln(Age)$	公司成立年限+1，取自然对数	
$\ln(AT)$	公司总资产合计（千元），取自然对数	
Lev	公司总负债与总资产的比值	
SOE	公司性质虚拟变量，国企取 1，非国企取 0	
$\ln(Wage\_Per)$	公司本年应付工资总额（千元）除以从业人员数量，取自然对数	
$\ln(Capital\_Density)$	证监会行业大类分类代码下，行业层面"资产总额/就业人数"（千元/人），取自然对数	"中国工业企业数据库"
$\ln(Average\_Scale)$	证监会行业大类分类代码下，行业层面"年末资产总额/企业单位数"，取自然对数	
*Sales_Average_Growth*3	企业连续三年销售收入增长率的平均值	
ROA	企业的总资产收益率（return of assets），为净利润与总资产的比值	

续表

变量	定义	数据来源
ROE	企业的净资产收益率（return of equity），为净利润与股东权益的比值	
Tech_Advance	企业 DEA 法得到的 TFP 分解因素中的技术进步因素，主要衡量企业生产技术的创新程度	"中国工业企业数据库"
Tech_Efficiency	企业 DEA 法得到的 TFP 分解因素中的技术效率增长因素，主要衡量企业现有生产技术利用的有效程度	

附表 A4 2SLS 第一阶段估计结果

	(1) $\ln(TFP^{OP})$	(2) $\ln(TFP^{LP})$	(3) $\ln(TFP^{ACF})$
Panel A：无控制变量组			
解释变量/被解释变量	*China_Exposure*		
$China^{IV}\_Exposure$	0.966*** (0.052)	0.962*** (0.059)	0.957*** (0.044)
Observations	1790137	2492407	2258446
Adjusted R^2	0.841	0.850	0.853
F-Statistics	355.11	289.44	480.17
Prob>F	0.000	0.000	0.000
Controls	—	—	—
Firm FE	YES	YES	YES
Province-Year FE	YES	YES	YES
Panel B：包含控制变量组			
解释变量/被解释变量	*China_Exposure*		
$China^{IV}\_Exposure$	0.981*** (0.043)	0.971*** (0.045)	0.963*** (0.040)
Observations	1765992	2459960	2239553
Adjusted R^2	0.849	0.817	0.860
F-Statistics	550.22	488.13	588.17
Prob>F	0.000	0.000	0.000
Controls	YES	YES	YES
Firm FE	YES	YES	YES

续表

	(1) ln（TFP^{OP}）	(2) ln（TFP^{LP}）	(3) ln（TFP^{ACF}）
Province-Year FE	YES	YES	YES

注：此表汇报了 2SLS 第一阶段估计结果。Panel A 和 Panel B 分别汇报了无控制变量和包含基准回归控制变量情况下的结果。第（1）~第（3）列分别汇报了 ln（TFP^{OP}）、ln（TFP^{LP}）和 ln（TFP^{ACF}）的第一阶段估计结果。变量的具体定义参见附录中附表 A3，"Controls" 代表控制变量。括号内数据为 Bootstrapping 方法估计所得的稳健标准误。＊、＊＊、＊＊＊分别代表回归系数在 10%、5%、1%的置信区间上显著。

附表 A5　机器人影响公司生产率的 OLS 结果

变量	Panel A			Panel B		
	(1) ln（TFP^{OP}）	(2) ln（TFP^{LP}）	(3) ln（TFP^{ACF}）	(1) ln（TFP^{OP}）	(2) ln（TFP^{LP}）	(3) ln（TFP^{ACF}）
China_Exposure	0.782＊＊＊ （0.300）	1.007＊＊＊ （0.370）	0.890＊＊＊ （0.201）	0.807＊＊＊ （0.230）	1.183＊＊＊ （0.416）	0.995＊＊＊ （0.236）
HHI				−0.098 （0.083）	−0.372 （0.290）	−0.185 （0.149）
ln（Age）				−0.096＊＊ （0.047）	0.075 （0.090）	−0.105＊＊ （0.051）
ln（AT）				0.055 （0.041）	0.033＊ （0.019）	0.037 （0.029）
Lev				0.100 （0.079）	0.090 （0.070）	0.106 （0.086）
SOE				0.065 （0.050）	0.072 （0.057）	0.029 （0.019）
ln（Wage_Per）				0.093＊ （0.055）	0.105＊＊ （0.048）	0.092＊＊ （0.038）
ln（Capital_Density）				0.016 （0.010）	0.038 （0.029）	0.020 （0.016）
Firm FE	YES	YES	YES	YES	YES	YES
Province-Year FE	YES	YES	YES	YES	YES	YES
Adjusted R^2	0.718	0.729	0.805	0.729	0.745	0.817
Observations	1790137	2492407	2258446	1765992	2459960	2239553

注：Panel A 和 Panel B 分别为无控制变量和包含控制变量下的回归结果。第（1）~（3）列分别汇报了 ln（TFP^{OP}）、ln（TFP^{LP}）和 ln（TFP^{ACF}）的检验结果。变量的具体定义参见附录中附表 A3。括号内数据为 Bootstrapping 方法估计所得的稳健标准误。＊、＊＊、＊＊＊分别代表回归系数在 10%、5%、1%的置信区间上显著。本部分使用了第三章所定义的 18_Indus^{China} 行业分类标准。

附录 B 智能机器人对公司治理的影响

附表 B1 第四章定义行业与国际标准行业分类代码的对应关系

本章所定义的 15 个行业	国际标准行业分类（SIC）代码
1 农林牧渔及狩猎业	0100-0999
2 采矿挖掘业	1000-1499
3 食品、饮料及烟草制造业	2000-2199
4 纺织品与皮革制造业	2200-2399 3100-3199
5 木制品、家具及纸制品制造业和印刷业	2400-2599 2600-2799
6 塑料和化工产品，玻璃、陶瓷、石材及矿产品制造业	2800-3099 3200-3299
7 一般金属及金属制品（不包含汽车）制造业	3300-3399 3400-3499
8 金属设备制造业	3500-3599
9 电子制造业	3600-3699 3800-3899
10 交通工具制造业	3700-3799
11 其他制造业分支	3900-3999
12 电气及水力供应业	4900-4999
13 建筑业	1500-1799
14 教育研发业	8200-8299 8700-8799

本章所定义的15个行业	国际标准行业分类（SIC）代码
15 其他非制造业分支	4000–4899 5000–6999 7000–8199 8300–8699 8800–9999

附表B2　变量定义

变量	定义	数据来源
	Panel A：智能化指数	
$US\_Exposure$	美国公司层面千人劳动力下的智能机器人数量。根据美国每个公司每个行业（第四章所定义的15个专有行业）的销售收入占比以及美国每个行业（第四章所定义的15个专有行业）千人劳动力下的智能机器人数量，即 $US^{IV}\_Exposure$（$Industry$）加权所得	机器人数据来自国际机器人联合会（IFR）；劳动力数据来自欧洲劳动力统计局（EU KLEMS）
$US^{IV}\_Exposure$	$US\_Exposure$ 的工具变量。根据美国每个公司每个行业（本章所定义的15个专有行业）的销售收入占比以及 $US^{IV}\_Exposure$（$Industry$）加权所得	
$US\_Exposure$（$Industry$）	美国行业层面（第四章所定义的15个专有行业）千人劳动力下的智能机器人数量	
$US^{IV}\_Exposure$（$Industry$）	$US\_Exposure$（$Industry$）的工具变量。测度方式为：在本章所定义的15个专有行业分类下，丹麦、芬兰、法国、意大利和瑞典五个国家每千人劳动力下智能机器人数量的平均值	
	Panel B：公司治理	
$Sgr3$	三年期的销售收入增长率	Compustat
$Ebitda/AT$	企业总资产标准化后的税息折旧及摊销前利润	
$Tobin's\ Q$	企业总资产标准化后的企业普通股本市场价值与总负债的账面价值之和	
$\ln$（CEO_Pay）	CEO 的薪酬（百万美元），取自然对数	ExecuComp
$\ln(CEO+top4\_Pay)$	CEO 及除 CEO 外其他薪酬最高前四高管的薪酬总和，取自然对数	
$Investment\_Efficiency$	企业 $t+1$ 期的资本支出与研发费用和（$Capx+Xrd$）与 t 期总投资（$Capx+Xrd-Sppe$）的比值，取自然对数	Compustat
$Over\_Investment$	定义企业新投资为企业总投资（$Capx+Xrd-Sppe$）减去企业维护现有资产的投资（Dp）。企业的过度投资即为企业新投资作为被解释变量时方程的残差	

续表

变量	定义	数据来源
Panel C：控制变量及其他变量		
ln（Age）	1 加上企业首次出现在 CRSP 以来的年限，取自然对数	CRSP
ln（AT）	企业总资产（百万美元），取自然对数	Compustat
Lev	企业总负债与企业总资产的比值	
Ins_Own_Percent	企业机构投资者持股的比例	Thomson Reuters
CEO_Own_Percent	企业 CEO 持股的比例	ExecuComp
ln（Stock_Option）	CEO 拥有的股票期权的实值（百万美元），包括可行权和不可行权的股票期权，加 1 取自然对数	ExecuComp
ln（Board_Size）	企业董事会的总人数，取自然对数	ISS
Independent_Percent	企业董事会中独立董事的占比	ISS
Routine_Percent	公司层面支付给从事常规低技能劳动力工资占总工资支出的比率。这一指标由 SIC 四位行业分类代码下的每一个行业常规低技能劳动力工资所占比例按照每一个行业销售收入的占比进行加权赋重所得	OES、Compustat
Mid_Age_Percent	公司层面 20~54 岁员工所占的比例。这一指标由 SIC 四位行业分类代码下的每一个行业 20~54 岁员工占比按照每一个行业销售收入占比进行加权赋重所得	CPS
Ad_Degree_Percent	美国州级层面大学获得大学及高等教育文凭员工所占比例	
Male_Percent	公司层面男性劳动力所占比例。这一指标是由 SIC 四位分类代码标准下每一个行业男性劳动力占比按照每一个行业销售收入占比进行加权赋重所得	BLS
ln（Shareholder_Wealth）	流通股总价值（流通股数量×股价），取自然对数	Compustat
Labor_Intensity	首先在第四章 15 个专有行业下，根据行业 2004 年的劳动力数量（千人）与总产值（百万美元）的比值构建了 2004 年行业层面劳动力密集度，进而再通过每家公司每一年各行业销售收入占总销售收入的比重进行加权，从而得到公司层面的劳动力密集度	BLS
HHI	产品市场集中度。该值越大，市场竞争度越小	
Fluidity	产品市场流动性。反映企业周围产品市场每年变化程度的指标，该值越大，市场竞争度越大	Gerard Hoberg 和 Gordon Phillips 数据图书馆
Similarity	产品市场相似性。反映企业周围产品市场相似程度的指标，该值越大，市场竞争度越大	

附表 B3　2SLS 第一阶段估计结果

	(1) Sgr3	(2) Ebitda/AT	(3) Tobin's Q	(4) Pay for Performance Sensitivity	(5) Investment_ Opportunity	(6) Over_ Investment
Panel A：无控制变量组						
解释变量/被解释变量	US_ Exposure					
$US^{IV}\_Exposure$	0.822*** (0.040)	0.903*** (0.045)	0.871*** (0.042)	0.800*** (0.055)	0.871*** (0.037)	0.882*** (0.041)
Observations	11170	11208	11184	11079	11162	11124
Adjusted R^2	0.820	0.801	0.792	0.802	0.794	0.805
F-Statistics	440.12	433.17	467.29	233.07	590.16	489.28
Prob>F	0.000	0.000	0.000	0.000	0.000	0.000
Controls	NO	NO	NO	NO	NO	NO
Firm FE & Year FE	YES	YES	YES	YES	YES	YES
Panel B：包含控制变量组						
解释变量/被解释变量	US_ Exposure					
$US^{IV}\_Exposure$	0.897*** (0.038)	0.937*** (0.038)	0.896*** (0.044)	0.839*** (0.058)	0.890*** (0.045)	0.901*** (0.052)
Observations	11170	11208	11184	11079	11162	11124
Adjusted R^2	0.885	0.815	0.847	0.814	0.813	0.820
F-Statistics	571.11	619.59	423.94	208.14	390.94	298.22
Prob>F	0.000	0.000	0.000	0.000	0.000	0.000
Controls	YES	YES	YES	YES	YES	YES
Firm FE & Year FE	YES	YES	YES	YES	YES	YES

注：此表汇报了 2SLS 第一阶段估计结果。Panel A 和 Panel B 分别汇报了无控制变量和包含控制变量情况下的结果。第（1）~（6）列分别汇报了 Sgr3、Ebitda/AT、Tobin's Q、Pay for Performance Sensitivity、Investment_ Opportunity 和 Over_ Investment 的第一阶段估计结果。对于 Pay for Performance，我们使用了 $t-1$ 期的 US_ Exposure 和 $US^{IV}\_Exposure$ 和 t 期的其他控制变量；对于其他回归，所有变量均为第 t 期。变量的具体定义参见附录中附表 B2。第四章使用 Bootstrapping 方法估计了稳健标准误。*、**、*** 分别代表回归系数在 10%、5%、1% 的置信区间上显著。"Controls"代表控制变量。

附表 **B4** 智能机器人对公司绩效影响的 OLS 结果

变量	Panel A			Panel B		
	（1）	（2）	（3）	（4）	（5）	（6）
	Sgr3	Ebitda/AT	Tobin's Q	Sgr3	Ebitda/AT	Tobin's Q
US_Exposure	0.017**	0.031***	0.084**	0.076***	0.097***	0.187***
	（0.008）	（0.010）	（0.040）	（0.023）	（0.033）	（0.071）
ln（Age）				−0.883*	−0.151*	0.502
				（0.486）	（0.092）	（0.322）
ln（AT）				−0.070*	0.027	−0.098
				（0.041）	（0.021）	（0.106）
Lev				−0.075	0.136	−0.283
				（0.054）	（0.168）	（0.198）
Ins_Own_Percent				0.617**	0.492**	0.145
				（0.260）	（0.221）	（0.124）
CEO_Own_Percent				−0.768	0.039	−0.035
				（0.614）	（0.028）	（0.043）
ln（Board_Size）				−0.270	0.080**	0.181*
				（0.186）	（0.041）	（0.094）
Independent_Percent				0.007*	0.009**	0.014**
				（0.004）	（0.004）	（0.006）
Routine_Percent				−0.202**	−0.214**	−0.320**
				（0.094）	（0.096）	（0.147）
Mid_Age_Percent				0.080**	0.091**	0.181**
				（0.033）	（0.041）	（0.079）
Ad_Degree_Percent				0.091**	0.104*	0.192**
				（0.038）	（0.060）	（0.086）
Male_Percent				0.029	0.034	0.051
				（0.024）	（0.030）	（0.042）
ln（Stock_Option）				−0.194	−0.011	−0.029
				（0.140）	（0.007）	（0.018）
Constant	0.913***	−0.560***	1.092***	0.322***	−0.415	0.618***
	（0.221）	（0.085）	（0.159）	（0.055）	（0.265）	（0.143）
Firm FE & Year FE	YES	YES	YES	YES	YES	YES
Observations	11170	11208	11184	11170	11208	11184
Adjusted R²	0.541	0.558	0.726	0.464	0.501	0.682

注：Panel A 和 Panel B 分别为无控制变量和包含控制变量的回归分析。第（1）~第（3）列分别汇报了 Sgr3、Ebitda/AT 和 Tobin's Q 的检验结果。变量的具体定义参见附录中附表 B2。第四章使用 Bootstrapping 方法估计了稳健标准误。*、**、*** 分别代表回归系数在 10%、5%、1%的置信区间上显著。

智能机器人对公司治理的影响研究

附表 **B5** 智能机器人对薪酬绩效敏感度影响的 **OLS** 结果

变量	Panel A		Panel B	
	(1) $\ln(CEO\_Pay)_t$	(2) $\ln(CEO+top4\_Pay)_t$	(1) $\ln(CEO\_Pay)_t$	(2) $\ln(CEO+top4\_Pay)_t$
$US\_Exposure_{t-1} \times$ $\ln(Shareholder\_Wealth)_t$	0.034** (0.016)	0.046** (0.022)	0.089*** (0.033)	0.094*** (0.035)
$\ln(Shareholder\_Wealth)_t$	0.059** (0.025)	0.073** (0.037)	0.107** (0.053)	0.118** (0.054)
$US\_Exposure_{t-1}$	0.015** (0.007)	0.016* (0.009)	0.039*** (0.014)	0.045** (0.020)
$\ln(Shareholder\_Wealth)_{t-1}$	0.056** (0.024)	0.077** (0.030)	0.110* (0.060)	0.133** (0.056)
$\ln(Age)$			−0.019 (0.025)	−0.023 (0.020)
$\ln(AT)$			0.019 (0.013)	0.054 (0.040)
Lev			−0.051 (0.052)	−0.065 (0.052)
$Ins\_Own\_Percent$			0.038** (0.019)	0.058* (0.032)
$CEO\_Own\_Percent$			−0.097 (0.123)	−0.125 (0.137)
$\ln(Board\_Size)$			0.020 (0.021)	0.014 (0.021)
$Independent\_Percent$			0.027** (0.013)	0.019* (0.010)
$Routine\_Percent$			−0.194** (0.077)	−0.180** (0.064)
$Mid\_Age\_Percent$			0.079*** (0.027)	0.062** (0.030)
$Ad\_Degree\_Percent$			0.097** (0.042)	0.086** (0.035)
$Male\_Percent$			0.035 (0.022)	0.027 (0.020)
$\ln(Stock\_Option)$			0.017 (0.030)	0.048 (0.063)

续表

变量	Panel A		Panel B	
	（1） ln(CEO_Pay)$_t$	（2） ln(CEO+top4_Pay)$_t$	（1） ln(CEO_Pay)$_t$	（2） ln(CEO+top4_Pay)$_t$
Constant	0.118*** （0.032）	0.121*** （0.030）	0.225*** （0.074）	0.251*** （0.080）
Observations	11079	11079	11079	11079
Firm FE and Year FE	YES	YES	YES	YES
Adjusted R^2	0.454	0.415	0.572	0.543

注：Panel A 和 Panel B 分别为无控制变量和包含控制变量的回归分析。第（1）～（2）列分别汇报了 ln（CEO_Pay）$_t$ 和 ln（CEO+top4_Pay）$_t$ 的检验结果。未标注时间区间的控制变量均为第 t 期。变量的具体定义参见附录中附表 B2。第四章使用 Bootstrapping 方法估计了稳健标准误。*、**、***分别代表回归系数在 10%、5%、1%的置信区间上显著。

附表 B6　智能机器人对投资效率影响的 OLS 结果

变量	Panel A		Panel B	
	（1） Investment_Opportunity	（2） Over_Investment	（1） Investment_Opportunity	（2） Over_Investment
US_Exposure	0.012*** （0.004）	−0.028** （0.013）	0.054*** （0.019）	0.038** （0.017）
ln（Age）			−0.010 （0.072）	0.390** （0.195）
ln（AT）			0.333 （0.231）	0.050* （0.030）
Lev			−0.132 （0.104）	0.086 （0.077）
Ins_Own_Percent			0.124* （0.070）	−0.252 （0.504）
CEO_Own_Percent			−0.189 （0.143）	0.087 （0.096）
ln（Board_Size）			0.067 （0.059）	−0.098 （0.236）
Independent_Percent			0.027*** （0.010）	−0.015*** （0.004）

续表

变量	Panel A		Panel B	
	（1） *Investment_Opportunity*	（2） *Over_Investment*	（1） *Investment_Opportunity*	（2） *Over_Investment*
Routine_Percent			−0.155** （0.062）	0.121** （0.059）
Mid_Age_Percent			0.040** （0.020）	−0.032** （0.015）
Ad_Degree_Percent			0.052** （0.025）	−0.044** （0.019）
Male_Percent			0.014 （0.009）	−0.018 （0.020）
ln（*Stock_Option*）			−0.035 （0.030）	0.022 （0.024）
Constant	−0.826** （0.338）	−0.034 （0.021）	−1.047*** （0.173）	−1.007 （0.964）
Firm FE & Year FE	YES	YES	YES	YES
Observations	11162	11124	11162	11124
Adjusted R^2	0.095	0.679	0.100	0.767

注：Panel A 和 Panel B 分别为无控制变量和包含控制变量的回归分析。第（1）~（2）列分别汇报了 *Investment_Opportunity* 和 *Over_Investment* 的检验结果。变量的具体定义参见附录中附表 B2。第四章使用 Bootstrapping 方法估计了稳健标准误。*、**、*** 分别代表回归系数在 10%、5%、1%的置信区间上显著。

附录 C　智能机器人对公司财务信息质量的影响

附表 C1　变量定义

变量	定义	数据来源
	Panel A：智能化指数	
$US\_Exposure$	美国公司层面千人劳动力下的智能机器人数量。根据美国每个公司每个行业（第五章所定义的 15 个专有行业）的销售收入占比以及美国每个行业（第五章所定义的 15 个专有行业）千人劳动力下的智能机器人数量，即 $US^{IV}\_Exposure$（$Industry$）加权所得	
$US^{IV}\_Exposure$	$US\_Exposure$ 的工具变量。根据美国各公司每个行业（第五章所定义的 15 个专有行业）销售收入占比以及 $US^{IV}\_Exposure$（$Industry$）加权所得	机器人数据来自国际机器人联合会（IFR）；劳动力数据来自欧洲劳动力统计局（EU KLEMS）
$US\_Exposure$（$Industry$）	美国行业层面（第五章所定义的 15 个专有行业）千人劳动力下的智能机器人数量	
$US^{IV}\_Exposure$（$Industry$）	$US\_Exposure$（$Industry$）的工具变量。测度方式为：在第五章所定义的 15 个专有行业分类下，丹麦、芬兰、法国、意大利和瑞典五个国家每千人劳动力下智能机器人数量的平均值	
	Panel B：财务信息质量	
$\lvert AM \rvert$	基于可操纵性应计利润的盈余管理，取绝对值	
$\lvert RM \rvert$	基于真实经营活动的盈余管理，取绝对值	
$\lvert TM \rvert$	未取绝对值的应计盈余管理和真实盈余管理相加后，取绝对值	Compustat
TM（$positive$）	将取绝对值前的整体盈余管理的负值替换为 0	
TM（$negative$）	将取绝对值前的整体盈余管理的正值替换为 0	

续表

变量	定义	数据来源
Fraud	虚拟变量，如果企业实施会计造假，则为 1；否则为 0	SEC 诉讼公告；SSCAC
Detect | Fraud	在企业已发生会计造假的前提下，造假行为被揭发的可能性	
Idio_Risk	使用同期股票的日收益数据估计出的 CAMP 模型残差的标准误	CRSP
Analyst_Error	月度实际每股收益与预测每股收益差额绝对值与月度平均股价的比率，再将月度预测误差取平均值得到年度分析师预测误差	I/B/E/S、CRSP
	Panel C：控制变量与其他变量	
ln （*Age*）	1 加上企业首次出现在 CRSP 以来的年限，取自然对数	CRSP
ln （*AT*）	企业总资产（Total Assets, *AT*；单位：百万美元），取自然对数	Compustat
Lev	企业总负债与企业总资产的比值	Compustat
Ins_Own_Percent	企业机构投资者持股的比例	Thomson Reuters
CEO_Own_Percent	企业 CEO 持股的比例	
ln （*Stock_Option*）	CEO 拥有的股票期权的实值（百万美元），包括可行权和不可行权的股票期权，加 1 取自然对数	ExecuComp
ln （*Board_Size*）	企业董事会的总人数，取自然对数	ISS
Independent_Percent	企业董事会中独立董事的占比	
Routine_Percent	公司层面支付给从事常规低技能劳动力工资占总工资支出的比率。这一指标由 SIC 四位行业分类代码下的每一个行业常规低技能劳动力工资所占比例按照每一个行业销售收入的占比进行加权赋重所得	OES、Compustat
Mid_Age_Percent	公司层面 20~54 岁员工所占的比例。这一指标由 SIC 四位行业分类代码下的每一个行业 20~54 岁员工占比按照每一个行业销售收入占比进行加权赋重所得	CPS
Ad_Degree_Percent	美国州级层面大学获得大学及高等教育文凭员工所占比例	CPEU
Male_Percent	公司层面男性劳动力所占比例。这一指标是由 SIC 四位分类代码标准下每一个行业男性劳动力占比按照每一个行业销售收入占比进行加权赋重所得	BLS
CFO/AT	公司经营活动净现金流（Operating Activities Net Cash Flow, *OANCF*）与总资产（*AT*）的比值	Compustat
CFO_Volatility	*t*−4 期到 *t* 期经营活动净现金流（*OANCF*）的标准差	

续表

变量	定义	数据来源
Labor_Costs	全行业企业总投入的测度，包括工资、奖金及员工福利在内的总劳动力补偿	
Input_Costs	制造业企业总投入的测度，为行业购买劳动力、资本和中间生产商品和服务产出所支付货币付款	BLS
Production_Value	行业层面劳动力费用和设备费用总和	
AT	企业总资产原值（Total Assets，*AT*）	Compustat
Xopr（*millions*）	企业总营业成本（Total Operating Expenses，*XOPR*）	
Sales（*millions*）	企业总营业收入（*SALE*）	Compustat
Analyst_Flo	跟踪分析师的数量	I/B/E/S
Labor_Intensity	首先在第五章 15 个专有行业下，根据行业 2004 年的劳动力数量（千人）与总产值（百万美元）的比值构建了 2004 年行业层面劳动力密集度，进而再通过每家公司每一年各行业销售收入占总销售收入的比重进行加权，从而得到公司层面的劳动力密集度	BLS

Panel D：盈余管理计算过程变量

变量	定义	数据来源
$TA_{i,t}$	总应计盈余：*IBC* 减去（*OANCF−XIDOC*）。*IBC*[Income before Extraordinary Items（*Cash Flow*）]是未付特殊项目前收益（现金流）；（*OANCF−XIDOC*）是经营活动现金流，*OANCF* 是经营活动净现金流，*XIDOC*[Extraordinary Items and Discontinued Operations（*Cash Flow*）]是非常规项目和非连续性经营现金流	
$AT_{i,t-1}$	上一会计年度企业总资产（Compustat 中简称 *AT*，即 Total Assets 缩写）	
$\Delta SALE_{i,t}$	当前会计年度与上一会计年度的营业收入（Sales Revenue，*SALE*）变化额	Compustat（所有价值变量的单位均为：亿美元，定义中所列简写均为 Compustat 的数据标识）
$PPE_{i,t}$	企业的不动产、厂房和设备的总值（The Gross Property，Plant，and Equipment，*PPEGT*）	
$\Delta AR_{i,t}$	当前会计年度与上一会计年度的应收账款（Accounts of Total Receivables，*RECT*）	
$COGS_t$	商品成本（Cost of Goods，*COGS*）	
ΔINV_t	当前会计年度与上一会计年度企业存货（Inventory，*INVT*）的变动额	
$PROD_{i,t}$	生产成本（Production Costs）：$PROD_{i,t} = COGS_{i,t} + \Delta INV_{i,t}$	
CFO_t	经营活动现金流，同（*OANCF−XIDOC*）	

续表

变量	定义	数据来源
$DISEXP_{i,t}$	可支配费用（Discretionary Expenses），为企业研发费用（Research and Development Expenses, XRD）、广告费用（Advertising Expenses, XAD），以及企业销售和管理费用（Selling, General and Administrative Expenses, XSGA）的总和。参考 Roychowdhury（2006）的方法，若 XRD 和 XAD 缺失，但 XSGA 可获得，则 XRD 与 XAD 可取 0	Compustat（所有价值变量的单位均为：亿美元，定义中所列简写均为 Compustat 的数据标识）

附表 C2　智能机器人对盈余管理影响的 OLS 结果

变量	Panel A			Panel B		
	（1） $\mid AM \mid$	（2） $\mid RM \mid$	（3） $\mid TM \mid$	（1） $\mid AM \mid$	（2） $\mid RM \mid$	（3） $\mid TM \mid$
US_Exposure	−0.035 ** （0.009）	−0.039 *** （0.014）	−0.065 *** （0.023）	−0.064 *** （0.024）	−0.069 *** （0.026）	−0.095 *** （0.030）
ln（Age）				−0.201 （0.142）	−0.070 * （0.040）	−0.197 （0.154）
ln（AT）				0.006 （0.021）	−0.029 *** （0.011）	−0.058 ** （0.027）
Lev				0.148 * （0.077）	0.063 * （0.035）	0.195 （0.131）
Ins_Own_Percent				−0.120 （0.077）	0.074 （0.059）	−0.003 （0.108）
CEO_Own_Percent				0.045 ** （0.021）	0.063 ** （0.031）	0.105 ** （0.053）
ln（Board_Size）				−0.002 （0.043）	−0.024 （0.025）	−0.055 （0.051）
Independent_Percent				−0.010 ** （0.004）	−0.007 ** （0.003）	−0.012 * （0.007）
Routine_Percent				0.075 ** （0.036）	0.082 ** （0.035）	0.104 ** （0.041）
Mid_Age_Percent				−0.070 ** （0.034）	−0.079 ** （0.038）	−0.121 ** （0.055）
Ad_Degree_Percent				−0.075 ** （0.036）	−0.077 ** （0.031）	−0.108 ** （0.049）

续表

变量	Panel A			Panel B		
	(1) |AM|	(2) |RM|	(3) |TM|	(1) |AM|	(2) |RM|	(3) |TM|
Male_Percent				−0.008* (0.004)	−0.005 (0.005)	−0.016* (0.009)
CFO/AT				−0.039* (0.020)	−0.057** (0.023)	−0.095** (0.040)
CFO_Volatility				−0.155** (0.074)	−0.045** (0.019)	−0.123** (0.056)
Stock_Option				0.016* (0.009)	0.014* (0.007)	0.021* (0.012)
Constant	0.672*** (0.098)	0.519*** (0.081)	0.907*** (0.125)	0.875*** (0.171)	0.799*** (0.121)	1.526*** (0.247)
Firm FE & Year FE	YES	YES	YES	YES	YES	YES
Observations	10660	10533	10354	10660	10533	10354
Adjusted R^2	0.329	0.361	0.391	0.208	0.377	0.288

注：Panel A 和 Panel B 分别为无控制变量和包含控制变量的回归分析。第（1）～第（3）列分别汇报了 \|AM\|、\|RM\| 和 \|TM\| 的检验结果。变量的具体定义参见附录中附表 C1。第五章使用 Bootstrapping 方法估计了稳健标准误。*、**、*** 分别代表回归系数在 10%、5%、1% 的置信区间上显著。

附表 C3 智能机器人对会计造假影响的 OLS 结果

变量	(1) Fraud	(2) Detect|Fraud
US_Exposure	−0.059** (0.027)	0.024** (0.011)
ln（Age）	−0.037 (0.025)	0.014 (0.011)
ln（AT）	−0.027 (0.021)	0.016 (0.010)
Lev	0.026* (0.015)	−0.019* (0.010)
Ins_Own_Percent	−0.123*** (0.022)	0.078** (0.034)

续表

变量	（1） *Fraud*	（2） *Detect ∣ Fraud*
CEO_Own_Percent	0. 084 *** （0. 022）	0. 040 *** （0. 014）
ln（*Board_Size*）	−0. 041 ** （0. 017）	0. 020 * （0. 011）
Independent_Percent	−0. 004 （0. 003）	0. 008 （0. 006）
Routine_Percent	0. 127 ** （0. 052）	−0. 061 ** （0. 024）
Mid_Age_Percent	−0. 081 ** （0. 037）	0. 039 ** （0. 018）
Ad_Degree_Percent	−0. 094 ** （0. 042）	0. 046 ** （0. 050）
Male_Percent	−0. 013 （0. 010）	0. 010 （0. 008）
Stock_Option	0. 018 *** （0. 006）	
Constant	−0. 139 （0. 093）	−0. 211 *** （0. 074）
Year Dummies	YES	YES
Observations	10541	10541
Prob>Chi2（1）	0. 000	
Log Likelihood	−2673	

注：Panel A 和 Panel B 分别为无控制变量和包含控制变量的回归分析。第（1）列和第（2）列分别汇报了 *Fraud* 和 *Detect ∣ Fraud* 的检验结果。变量的具体定义参见附录中附表 C1。第五章使用 Bootstrapping 方法估计了稳健标准误差。*、**、***分别代表回归系数在 10%、5%、1%的置信区间上显著。

附表 C4　智能机器人对信息透明度影响的 OLS 结果

变量	Panel A		Panel B	
	（1） *Idio_Risk*	（2） *Analyst_Error*	（1） *Idio_Risk*	（2） *Analyst_Error*
US_Exposure	0. 010 （0. 006）	−0. 043 ** （0. 020）	0. 023 ** （0. 010）	−0. 039 ** （0. 016）

续表

变量	Panel A		Panel B	
	（1） *Idio_Risk*	（2） *Analyst_Error*	（1） *Idio_Risk*	（2） *Analyst_Error*
ln（Age）			0.088 (0.079)	−0.028 (0.019)
ln（AT）			0.140 *** (0.010)	−0.104 ** (0.046)
Lev			−0.137 (0.128)	0.017 (0.019)
Ins_Own_Percent			0.083 ** (0.039)	−0.058 *** (0.015)
CEO_Own_Percent			−0.483 ** (0.193)	0.027 ** (0.013)
ln（Board_Size）			0.003 (0.021)	0.074 (0.117)
Independent_Percent			0.000 * (0.000)	−0.003 *** (0.001)
Routine_Percent			−0.215 ** (0.102)	0.016 ** (0.007)
Mid_Age_Percent			0.033 ** (0.015)	−0.100 ** (0.044)
Ad_Degree_Percent			0.040 ** (0.018)	−0.069 *** (0.022)
Male_Percent			0.020 (0.027)	−0.017 (0.015)
Stock_Option			−0.225 ** (0.113)	0.018 ** (0.009)
Constant	−1.087 *** (0.147)	0.413 *** (0.081)	−0.966 *** (0.175)	1.033 *** (0.323)
Firm FE & Year FE	YES	YES	YES	YES
Observations	10533	10354	10533	10354
Adjusted R^2	0.841	0.455	0.855	0.484

注：Panel A 和 Panel B 分别为无控制变量和包含控制变量的回归分析。第（1）列和第（2）列分别汇报了 *Idio_Risk* 和 *Analyst_Error* 的检验结果。变量的具体定义参见附录中附表 C1。第五章使用 Bootstrapping 方法估计了稳健标准误。*、**、*** 分别代表回归系数在 10%、5%、1% 的置信区间上显著。

附表 C5　智能机器人对层级费用和监督成本的影响

变量	$Xsga/Sale$
$US\_Exposure$	-0.053^{**}
	(0.025)
$\ln(Age)$	0.120
	(0.116)
$\ln(Total\_Assets)$	0.533^{**}
	(0.225)
Lev	-0.128
	(0.091)
$Ins\_Own\_Percent$	0.090
	(0.107)
$CEO\_Own\_Percent$	-0.197
	(0.207)
$\ln(Board\_Size)$	0.025^{*}
	(0.013)
$Independent\_Percent$	0.007^{*}
	(0.004)
$Routine\_Percent$	0.122^{**}
	(0.060)
$Mid\_Age\_Percent$	-0.074^{*}
	(0.040)
$Ad\_Degree\_Percent$	-0.102
	(0.073)
$Male\_Percent$	-0.094^{*}
	(0.055)
$\ln(Stock\_Option)$	-0.042
	(0.030)
Firm FE & Year FE	YES
Observations	10693

注：此表呈现结果为 2SLS 第二阶段估计结果。我们使用 $Xsga$ 替代了企业的层级管理费用和监督成本，并使用销售收入（$Sale$）排除了生产规模的影响。变量的具体定义参见附录中附表 C1。第五章使用 Boot-strapping 方法估计了稳健标准误。$*$、$**$、$***$ 分别代表回归系数在 10%、5%、1% 的置信区间上显著。

附表 C6 智能机器人对行业层面生产投入产出黏性的影响

变量	（1）全行业	（2）制造业
	ln（Production_Value）	
US_Exposure（Industry）×ln（Labor_Costs）	0.125**	
	（0.053）	
ln（Labor_Costs）	0.363***	
	（0.134）	
US_Exposure（Industry）×ln（Input_Costs）		0.142**
		（0.059）
ln（Input_Costs）		0.171***
		（0.048）
Nor_Exposure（Industry）	1.148***	0.571**
	（0.438）	（0.191）
ln（Industry_Size）	0.382**	0.105**
	（0.153）	（0.055）
ln（Employment_Num）	0.116	0.078
	（0.097）	（0.096）
ln（Hour_Num）	0.038*	−0.084
	（0.023）	（0.093）
HHI	−0.267*	−0.089*
	（0.141）	（0.048）
Industry FE and Year FE	YES	YES
Observations	1920	888

注：此表呈现结果为 2SLS 第二阶段回归结果。我们定义了美国劳动力统计局（Bureau of Labor Statistics，BLS）所提供的行业层面劳动力费用和设备费用总和（Value of Production）的对数值［ln（Production_Value）］作为行业产出的测度。对于行业投入的测度分为两种：对于制造业，我们使用 BLS 提供的行业购买劳动力、资本和中间生产商品和服务产出所支付货币付款（Combined Inputs Cost）的对数值［ln（Input_Costs）］作为行业投入的测度标准；因为"Combined Inputs Cost"在 BLS 中只存在于制造业行业中，所以对于全行业投入的衡量，我们使用了包括工资、奖金及员工福利在内的总劳动力补偿（Labor Compensation）的对数值［ln（Labor_Costs）］作为了测度。US_Exposure（Industry）为第五章所定义 15 个专有行业下的行业智能化指数，回归中其余的行业分类均为 BLS 所提供的 SIC 四级行业分类标准。第（1）列和第（2）列分别汇报了全行业与制造业的结果。变量的具体定义参见附录中附表 C1。第五章使用 Bootstrapping 方法估计了稳健标准误差。*、**、***分别代表回归系数在 10%、5%、1%的置信区间上显著。

附表 C7　智能机器人对收入折旧黏性的影响

变量	(1) ln（Sales）	(2) Sales/Assets
US_Exposure×ln（Dpact）	0.045** （0.021）	
ln（Dpact）	0.158*** （0.059）	
US_Exposure×（Dpact/Assets）		0.037** （0.015）
Dpact/Assets		0.096** （0.038）
US_Exposure	0.267** （0.107）	0.193** （0.077）
ln（Age）	0.107 （0.098）	0.099 （0.080）
ln（Total_Assets）	0.580* （0.329）	0.449 （0.313）
Lev	−0.142 （0.119）	−0.159 （0.110）
Ins_Own_Percent	0.191 （0.159）	0.223** （0.113）
CEO_Own_Percent	−0.420* （0.232）	−0.339** （0.156）
ln（Board_Size）	0.149 （0.098）	0.251 （0.104）
Independent_Percent	0.462* （0.260）	0.604** （0.300）
Routine_Percent	−0.332** （0.163）	−0.279** （0.126）
Mid_Age_Percent	0.178** （0.075）	0.144** （0.070）
Ad_Degree_Percent	0.180*** （0.063）	0.162** （0.071）
Male_Percent	0.031 （0.025）	0.026 （0.030）
Stock_Option	−0.077 （0.086）	−0.104 （0.118）

续表

变量	（1） ln（Sales）	（2） Sales/Assets
Firm FE & Year FE	YES	YES
Observations	10482	10482

注：此表汇报了人工智能对企业销售收入与折旧损耗黏性影响的 2SLS 第二阶段估计结果。Dpact（Accumulated depreciation，depletion and amortization）为企业的累计折旧、摊销和报废费用。第（1）～（2）列分别汇报了对数化销售收入与折旧和总资产标准化后的销售收入与折旧的结果。变量的具体定义参见附录中附表 C1。第五章使用 Bootstrapping 方法估计了稳健标准误。*、**、*** 分别代表回归系数在 10%、5%、1% 的置信区间上显著。

附表 C8　2SLS 第一阶段估计结果

	（1） |AM|	（2） |RM|	（3） |TM|	（4） Fraud	（5） Idio_Risk	（6） Analyst_Error
Panel A：无控制变量组						
解释变量/ 被解释变量	US_Exposure					
$US^{IV}\_Exposure$	0.901 *** （0.044）	0.879 *** （0.053）	0.873 *** （0.052）	—	0.894 *** （0.047）	0.911 *** （0.050）
Observations	18426	17775	17660	—	19533	18354
Adjusted R^2	0.811	0.788	0.803	—	0.791	0.825
F-Statistics	420.20	276.35	282.12	—	362.21	332.92
Prob>F	0.000	0.000	0.000	—	0.000	0.000
Controls	—	—	—	—	—	—
Firm FE & Year FE	YES	YES	YES	YES	YES	YES
Panel B：包含控制变量组						
解释变量/ 被解释变量	US_Exposure					
$US^{IV}\_Exposure$	0.933 *** （0.039）	0.892 *** （0.049）	0.887 *** （0.049）	0.862 *** （0.053）	0.909 *** （0.041）	0.931 *** （0.042）
Observations	11450	10775	10660	10541	10533	10354
Adjusted R^2	0.822	0.804	0.815	0.793	0.811	0.840
F-Statistics	584.38	330.76	321.13	267.55	479.41	479.92
Prob>F	0.000	0.000	0.000	0.000	0.000	0.000

续表

	（1） $\|AM\|$	（2） $\|RM\|$	（3） $\|TM\|$	（4） Fraud	（5） Idio_Risk	（6） Analyst_Error
Controls	YES	YES	YES	YES	YES	YES
Firm FE & Year FE	YES	YES	YES	YES	YES	YES

注：此表汇报了 2SLS 估计的第一阶段结果。Panel A 和 Panel B 分别汇报了无控制变量和包含基准回归控制变量情况下的结果。第（1）~（6）列分别汇报了 $\|AM\|$、$\|RM\|$、$\|TM\|$、Fraud、Idio_Risk 和 Analyst_Error 的第一阶段估计结果。变量的具体定义参见附录中附表 B3。第五章使用 Bootstrapping 方法估计了稳健标准误。*、**、*** 分别代表回归系数在 10%、5%、1% 的置信区间上显著。"Controls" 代表控制变量。

附表 C9　其他应计盈余管理的计算方式

原始琼斯模型 （Jones，1991）	$\dfrac{TA_{i,t}}{AT_{i,t-1}}=\beta_0+\beta_1\dfrac{1}{AT_{i,t-1}}+\beta_2\dfrac{\Delta SALE_{i,t}}{AT_{i,t-1}}+\beta_3\dfrac{PPE_{i,t}}{AT_{i,t-1}}+\xi_{i,t}$	
Teoh 等 （1998） 改进版 琼斯模型	$\dfrac{TA_{i,t}}{AT_{i,t-1}}=\beta_0+\beta_1\dfrac{1}{AT_{i,t-1}}+\beta_2\dfrac{\Delta SALE_{i,t}}{AT_{i,t-1}}+\xi_{i,t}$ $NA_{i,t}=\hat\beta_0+\hat\beta_1\dfrac{1}{AT_{i,t-1}}+\hat\beta_2\dfrac{(\Delta SALE_{i,t}-\Delta AR_{i,t})}{AT_{i,t-1}}$ $DA_{i,t}=(TA_{i,t}/AT_{i,t-1})-NA_{i,t}$	
无形资产 琼斯模型 （陆建桥， 1999）	$\dfrac{TA_{i,t}}{AT_{i,t-1}}=\beta_0+\beta_1\dfrac{1}{AT_{i,t-1}}+\beta_2\dfrac{\Delta SALE_{i,t}}{AT_{i,t-1}}+\beta_3\dfrac{PPE_{i,t}}{AT_{i,t-1}}+\beta_4\dfrac{IA_{i,t}}{AT_{i,t-1}}+\xi_{i,t}$ $NA_{i,t}=\hat\beta_0+\hat\beta_1\dfrac{1}{AT_{i,t-1}}+\hat\beta_2\dfrac{(\Delta SALE_{i,t}-\Delta AR_{i,t})}{AT_{i,t-1}}+\hat\beta_3\dfrac{PPE_{i,t}}{AT_{i,t-1}}+$ $\hat\beta_4\dfrac{IA_{i,t}}{ASSET_{i,t-1}}$	IA（Intangible Assets）为公司无形资产与其他长期资产的综合 $DA_{i,t}=(TA_{i,t}/AT_{i,t-1})-NA_{i,t}$
收益匹配 琼斯模型 （Kothari et al.， 2002）	$\dfrac{TA_{i,t}}{AT_{i,t-1}}=\beta_0+\beta_1\dfrac{1}{AT_{i,t-1}}+\beta_2\dfrac{\Delta SALE_{i,t}}{AT_{i,t-1}}+\beta_3\dfrac{PPE_{i,t}}{AT_{i,t-1}}+\beta_4\dfrac{ROA_{i,t}}{AT_{i,t-1}}+\xi_{i,t}$ $NA_{i,t}=\hat\beta_0+\hat\beta_1\dfrac{1}{AT_{i,t-1}}+\hat\beta_2\dfrac{(\Delta SALE_{i,t}-\Delta AR_{i,t})}{AT_{i,t-1}}+\hat\beta_3\dfrac{PPE_{i,t}}{AT_{i,t-1}}+\hat\beta_4\dfrac{ROA_{i,t}}{AT_{i,t-1}}$	ROA 为企业总资产收益率（Return on Assets） $DA_{i,t}=(TA_{i,t}/ASSET_{i,t-1})-NA_{i,t}$